戦後

昭和十八(一九四三)	ガダルカナル島奪取《だつしゅ》される	学徒出陣《がくとしゅつじん》はじまる	伊《い》が無条件降伏《むじょうけんこうふく》、カイロ会談
昭和十九(一九四四)	特攻隊出撃《とっこうたいしゅつげき》はじまる	学童疎開《そかい》はじまる	ノルマンディー上陸作戦
昭和二十(一九四五)	原爆投下《げんばく》、ポツダム宣言受諾《せんげんじゅだく》	ラジオでの天皇《てんのう》放送	ヤルタ会談、独《どく》が降伏《こうふく》
	太平洋戦争終戦		
昭和二十(一九四五)	GHQの占領政策《せんりょうせいさく》はじまる	闇市《やみいち》が各地に登場	国際連合《こくさいれんごう》成立
昭和二十一(一九四六)	日本国憲法公布《けんぽうこうふ》	ソ連、中国からの引揚者《ひきあげしゃ》ぞくぞく	チャーチル「鉄のカーテン」演説《えんぜつ》
昭和二十三(一九四八)	東京裁判《さいばん》…		イスラエル建国
昭和二十五(一九五〇)	レッドパ…	特需《とくじゅ》景気	朝鮮《ちょうせん》戦争はじまる
昭和二十六(一九五一)	日米安全…		サンフランシスコ講和《こうわ》会議
昭和二十九(一九五四)	被災《ひさい》した…港	映画《えいが》『ゴジラ』公開	
昭和三十一(一九五六)	憲法調《けんぽうちょう》…加盟《かめい》	「もはや戦後ではない」	日ソ国交回復《かいふく》
昭和三十五(一九六〇)	新安保《あんぽ》…	安保闘争《あんぽとうそう》	
昭和三十九(一九六四)	東京オリンピック開催《かいさい》	東海道新幹線《しんかんせん》開業	日本がOECD加盟《かめい》
昭和四十七(一九七二)	沖縄県本土復帰《ふっき》		日中国交回復《かいふく》
	…	…	…

「復興《ふっこう》への道のり 1945〜1989」上・下

＊2023年5月刊行

半《はん》藤《どう》先生の「昭《しょう》和《わ》史《し》」で学ぶ非《ひ》戦《せん》と平和

戦争と人びとの暮《く》らし

1926～1945 下

撃《う》ちてし止《や》まむ／学童疎《そ》開《かい》／日本降《こう》伏《ふく》の日

半《はん》藤《どう》一《かず》利《とし》

シリーズ「半藤《はんどう》先生の『昭和史《しょうわし》』で学ぶ非戦《ひせん》と平和」は、二〇二一年に亡《な》くなられた半藤一利《はんどうかずとし》さんの昭和史《しょうわし》に関する四冊《さつ》の著書《ちょしょ》『昭和史《しょうわし》 1926-1945』『昭和史《しょうわし》 戦後篇《へん》 1945-1989』『B面昭和史《しょうわし》 1926-1945』『世界史《せかいし》のなかの昭和史《しょうわし》』をそれぞれ二分冊《ぶんさつ》にして全八巻《かん》にまとめ直し、若《わか》い読者にも読みやすく再編集《さいへんしゅう》したものです。小学五年生以上で学習する漢字にはふりがなをふり、各章冒頭《ぼうとう》にポイントとキーワードをまとめ、巻末《かんまつ》には新たに解説《かいせつ》を加えました。歴史《れきし》学習に役立つよう巻末《かんまつ》に索引《さくいん》も加えています。

本書『戦争と人びとの暮《く》らし 1926-1945 下』は、平凡社《へいぼんしゃ》ライブラリー『B面昭和史《しょうわし》 1926-1945』（二〇一九年、平凡社《へいぼんしゃ》）を底本に再編集《さいへんしゅう》しました。

半藤《はんどう》先生の「昭和史《しょうわし》」で学ぶ非戦《ひせん》と平和

戦争と人びとの暮《く》らし 1926～1945〈下〉 目次

半藤《はんどう》先生の「昭和史《しょうわし》」で学ぶ非戦《ひせん》と平和

戦争と人びとの暮《く》らし 1926~1945〔上〕 目次

第六話

「対米英蘭《らん》戦争を決意」したとき

昭和十四〜十六年

この章の
ポイント

一九三九（昭和十四）年、日中戦争での連戦連勝の象徴《しょうちょう》と見なされ、破竹《はちく》の連勝を続けていた相撲《すもう》の双葉山《ふたばやま》が、七十連勝を前に〝陥落《かんらく》〟し、人びとを大きく落胆《らくたん》させました。戦況《せんきょう》を伝えるニュース映画《えいが》は人気を博し、「集団催眠《しゅうだんさいみん》」のように、国民が国と一緒《いっしょ》になって戦勝をめざすムードが急速に高まっていきました。一方で政府《せいふ》による戦時下の統制《とうせい》も厳《きび》しくなり、「ぜいたくは敵《てき》だ」と書かれた看板《かんばん》が街頭のあちこちに立てられました。そして一九四一（昭和十六）年、太平洋戦争が開戦します。

キーワード

双葉山《ふたばやま》／ゼロ戦試作第一号機／生活刷新《さっしん》／創氏《そうし》改名／斎藤隆夫《さいとうたかお》／ぜいたくは敵《てき》だ／隣組《となりぐみ》／在郷《ざいごう》軍人会／戦陣訓《せんじんくん》／国民学校

昭和十四年（一九三九）

前年の十一月、漢口《かんこう》を攻略《こうりゃく》したものの、兵站《へいたん》はのびきって戦勢《せんせい》は停滞《ていたい》し、ドロ沼《ぬま》の様相を呈《てい》しはじめる。日本軍が占領《せんりょう》しているのは「点と線」。いまや戦争を戦いつづける目的に窮《きゅう》しはじめた首相《しゅしょう》近衛文麿《このえふみまろ》は「日本の戦争目的は東亜永遠《とうあえいえん》の安全を獲得《かくとく》しうる新秩序《ちつじょ》の建設《けんせつ》にある」と第三次声明を発表、大いに謳《うた》いあげたものの、対米英交渉《こうしょう》といい、中国問題といい、新たに外交懸案《けんあん》となろうとする日独《にちどく》軍事同盟《どうめい》といい、さまざまな難問解決《なんもんかいけつ》の困難《こんなん》さに首相《しゅしょう》自身がすっかり嫌気《いやけ》がさしている。それよりも近《この》衛《え》は知らなかったが、その声明以前に、支那《しな》事変の年内解決《かいけつ》の見通しを失っている陸軍は、十二月六日にこれ以上の進攻《しんこう》作戦を打ち切り、持久戦《じきゅうせん》へと戦略方針《せんりゃくほうしん》を変えていたのである。

やることなすこといすかの嘴《はし》と食《く》い違《ちが》い、傷口《きずぐち》を広げて近衛《このえ》は内閣《ないかく》を放りだした。そして十四年一月に平沼騏一郎内閣《ひらぬまきいちろうないかく》が成立する。しかし、この内閣《ないかく》は一言で評《ひょう》すれば、近衛内閣《このえないかく》以上に無策無能《むさくむのう》であったということになろう。というよりも、大日本帝《てい》国《こく》そのものが国内状況《じょうきょう》よりも、激《はげ》しく変転する世界情勢《じょうせい》に振《ふ》り回《まわ》されてしまっていた、といったほうが正確《せいかく》である。

平沼内閣《ひらぬまないかく》がまず取り組んだのは、広田弘毅内閣《ひろたこうきないかく》のときに結んだ日独防共協定《にちどくぼうきょうきょうてい》を、さらに拡大《かくだい》してソ連を対象《たいしょう》とする軍事同盟《どうめい》にしようという大問題であった。大賛成《さんせい》する陸軍にたいして、米内光政《よないみつまさ》海相《かいしょう》、山本五十六《やまもといそろく》次官、井上成美《いのうえしげよし》軍務局長を支柱《しちゅう》とする海軍は真《ま》ッ向《こう》から反対。春から夏にかけて、首相《しゅしょう》・外相《がいしょう》・蔵相《ぞうしょう》・陸相《りくしょう》・海相《かいしょう》の五相《ごしょう》が集まり、会議につぐ会議で連日揉《も》み合《あ》った。そうしたときに、予想もしなかった大事が連続して起こったのである。

五月十一日、満蒙国境《まんもうこっきょう》ノモンハン付近で日ソ両軍の戦闘《せんとう》がはじまる。

六月十四日、天津《てんしん》で事件《じけん》が起き、日本軍が英租界《そかい》を封鎖《ふうさ》、日英関係が極度に悪化してしまう。

七月二十六日、米国が日米通商航海条約《こうかいじょうやく》（明治四十四年改正調印）の廃棄《はいき》をいきなり通告《つうこく》してくる。

こうした難題《なんだい》の対応《たいおう》にあたふたしているときに、さらに八月二十三日、踏《ふ》んぎりのつかない日本に愛想《あいそ》をつかして、ドイツがソ連との間に不可侵条約《ふかしんじょうやく》を締結《ていけつ》する大事が起こったのである。何のための五相《ごしょう》会議での議論《ぎろん》であったのか。この背信的《はいしんてき》ともいえるナチス・ドイツ外交の正体に、平沼内閣《ひらぬまないかく》はただ驚愕《きょうがく》するばかり。「複雑怪奇《ふくざつかいき》」という名文句《めいもんく》を残して総辞職《そうじしょく》。陸軍大将《たいしょう》阿部信行《あべのぶゆき》を首相《しゅしょう》にいそぎ新内閣《ないかく》が発足《ほっそく》する。その二日後の九月一日、ドイツがポーランドに電撃《でんげき》作戦を開始。英仏《えいふつ》両国がただちにドイツに宣戦布告《せんせんふこく》する。日本があたふたしているうちに、第二次世界大戦がはじまったのである。

この世界大戦の勃発《ぼっぱつ》は、日本が抱《かか》えていたあらゆる問題をいっぺんに吹《ふ》き飛《と》ばした。

では、日本はどうすればいいのか。

◆双葉山《ふたばやま》と無敵皇軍《むてきこうぐん》

私事《わたくしごと》になるかもしれないが、当時のわたくしは熱烈《ねつれつ》な相撲《すもう》ファン、それも二所《にしょ》ケ関《ぜき》部屋の玉ノ海ファンであった。それで昭和十四年となればここはやっぱり、B面としては、双葉山《ふたばやま》七十連勝成らずの話からはじめねばならないことになる。ときに一月十五日の春場所四日目、〝ヤブ入り〟といってお店勤《づと》めの人びとは一斉《いっせい》休日、それに日曜日であり大安の佳日《かじつ》が重なって両《りょう》国国技館《ごくこくぎかん》は満員御礼《おんれい》。さりとて、わたくしがその満員のマス席にいたわけではない。

一月十六日の東京朝日新聞の記事。

「行司《ぎょうじ》式守《しきもり》伊《い》之助《のすけ》の軍扇《ぐんせん》サッと安芸《あき》ノ海《うみ》に揚《あ》がった瞬間《しゅんかん》、鉄傘下《てっさんか》の埋《う》めつくした二万余《あまり》の大観衆《だいかんしゅう》は一時アッと息をのんだ。やがて〝アキノウミー、アキノウミー〟の声一杯《いっぱい》の怒号《どごう》、その声は合して〝ゴーッ〟という嵐《あらし》となって、あとは何が何やら――蒲団《ふとん》が飛ぶ、アナウンサーは〝安芸《あき》ノ海《うみ》、安芸《あき》ノ海嬉《うみうれ》し涙《なみだ》で泣いて居《お》ります。泣いて居《お》ります。蒲団《ふとん》が飛んでいます〟とすっかり興奮《こうふん》して声をしぼる」

そして新聞の大見出しがすさまじい。

「〝不抜《ふばつ》の双葉《ふたば》城〟陥落《かんらく》す」

この「陥落《かんらく》」という言葉が当時の世の中の空気をすべて物語っている。戦前は一月場所が春場所で、五月の夏場所と一年二《ふた》場所であった。しかも一《ひと》場所は十一日間（昭和十二年夏場所から十三日間）。すなわち双葉山《ふたばやま》の六十九連勝は昭和十一年の春場所からはじまり、まる三年半かかっている。連続五場所全勝優勝《ゆうしょう》、そしてその間に日中戦争がはじまり、南京陥落《なんきんかんらく》、広東陥落《かんとんかんらく》、徐州陥落《じょしゅうかんらく》、漢口陥落《かんこうかんらく》と、わが皇軍《こうぐん》は連戦連勝。「無敵双葉《むてきふたば》」もまた連戦連勝、まさしくこの横綱《よこづな》は「無敵皇軍《むてきこうぐん》」を象徴《しょうちょう》するかのような存在《そんざい》であったのである。

その旭日昇天《きょくじつしょうてん》の勢《いきお》いを示《しめ》してきた双葉山《ふたばやま》が〝陥落《かんらく》〟した。新聞記者は日頃《ひごろ》かき馴《な》れた軍事用語をつい使ったのかもしれないが、まさしく時局の推移《すいい》を見事にいい当てていた。無敵皇軍《むてきこうぐん》もいまや無敵《むてき》ではなくなっている。中国大陸の奥《おく》へ奥《おく》へと引きこまれ、武器《ぶき》や食糧《しょくりょう》の補給輸送《ほきゅうゆそう》ままならず、やむなく攻勢《こうせい》作戦は打ち切り、点と線を守っての持久《じきゅう》作戦に入らざるを得《え》なくなった。かなり牽強付会《けんきょうふかい》の説やもしれないが、マルスは双葉山《ふたばやま》の敗北をしてのぼせている大日本帝国《ていこく》にそれとなく教訓を垂《た》れ給《たも》うていたのでもあるまいか。

ところでその日のわたくしである。この四日目の大相撲《おおずもう》は双葉山倒《ふたばやまたお》るですべて終ってしまったかのように思われてしまうが、じつはまだあとに結びの一番、横綱《よこづな》男女《みな》ノ川《がわ》にたいするわが玉ノ海の対戦があったのである。もう日本中が興奮《こうふん》してわんさかわんさかとなって、だれもそのあとの実況《じっきょう》放送なんか聞いていない。恐《おそ》らく日本中でただひとり、ラジオの前で固唾《かたず》をのんで、ただ一途《いちず》に玉ノ海の勝利を祈《いの》りつつ、心のうちでわたくしは精一杯《せいいっぱい》の大声を張《は》りあげていたのである。

「タマノウミィー、ガンバレェーッ」

そんなけなげな（?）少年には、双葉山《ふたばやま》の勝敗なんてどうでもよかったのである。

もう一つ、大きな歓声《かんせい》のあがった挿話《そうわ》もここでかいてしまうことにする。別にラジオ中継《ちゅうけい》があったわけではないから日本中が、というわけではない。岐阜県各務原《かかみがはら》に集まったただ少数の関係者のみの歓声《かんせい》なのであるが、その感激《かんげき》の度合いとなると、両国国技館《りょうごくこくぎかん》のそれに負《ま》けず劣《おと》らずといっても過言《かごん》ではないであろう。

三月十七日、海軍の零式艦上戦闘機《れいしきかんじょうせんとうき》すなわちゼロ戦の試作第一号機が完成した日のことである。もう少しくわしくかけば、試作機の完成検査《けんさ》が行われた日で、第一回の社内試験飛行成功となればその日を試作機完成という区切りにするのが、習わしとなっていた（公式には四月一日が試験飛行実施《じっし》成功の日とされる。さらに海軍当局による試験飛行成功は七月六日）。

「飛行機は、真一文字に、軽い砂煙《すなけむり》の航跡《こうせき》を残しながら、次第《しだい》にそのスピードを増《ま》した。やがて、軽く大地を蹴《け》ったかと思うと、飛行機はふんわりと空中に浮《う》かんだ。（中略《ちゅうりゃく》）

飛行機は、初の飛行を楽しむように、約一〇メートルの高度を保《たも》ったまま、真一文字に五〇〇メートルほど飛んだ後、無事に着陸した。人々がほっとして、互《たが》いに顔を見合わせている間に飛行機は軽快《けいかい》な爆音《ばくおん》を立てながら、元の位置に帰ってきた。

こうして、第一回の社内試験ジャンプ飛行はめでたく終了《しゅうりょう》した。待望の赤ん坊《あかぼう》は五体が完全であったのである。生みの母親も助産婦《じょさんぷ》の操縦士《そうじゅうし》も、これを取《と》り巻《ま》く人々も、ともに歓声《かんせい》をあげたことはいうまでもない」（堀越二郎《ほりこしじろう》・奥宮正武《おくみやまさたけ》『零戦《ぜろせん》』）

恐《おそ》らく、ほんのつかの間の喜《よろこ》びを味わうために、堀越《ほりこし》をはじめ多くの関係者は、寝食《しんしょく》を忘《わす》れるほどに智恵《ちえ》をしぼり、ありったけの努力を傾注《けいちゅう》したのであろう。そのときの歓声《かんせい》は彼《かれ》らにだけ許《ゆる》される、また彼《かれ》らだけにわかりあえる喜《よろこ》びの証《あか》しであった。それは、鉄傘《てっさん》をゆるがすばかりの歓声《かんせい》とはまったく別の、声にもならぬ声であったかもしれないが……。

◆「青春武装《ぶそう》の大絵巻《えまき》」

以上の二話、こじつけ気味の理屈《りくつ》の展開《てんかい》となるが、双葉山《ふたばやま》も零戦《ぜろせん》も、その背景《はいけい》にはドロ沼《ぬま》と化しはじめている日中戦争というものがあった、とみてもそれほど見当違《けんとうちが》いではないと思っている。もちろんばらばらの話で連繫《れんけい》などはない。しかし、国家権力《けんりょく》というものは、こうした国民的な一致《いっち》した歓声《かんせい》というものをどんどんつづけていきたくなるものらしい。非常時《ひじょうじ》、戦時下ともなると、個々《ここ》のアイデンティティではなく、これらを一つに集めた集団《しゅうだん》としてのアイデンティティ、集団《しゅうだん》の結集力、民草《たみくさ》の顔をみんな同じ方向に向けたいという欲求《よっきゅう》を強くする。そのほうが万事《ばんじ》やりやすい。つまり国家ナショナリズム（民族主義《しゅぎ》・国粋主義《こくすいしゅぎ》）の強調ということである。中国との戦争がドロ沼《ぬま》化して、国民が厭戦的《えんせん》・嫌戦的《けんせん》になることを憂慮《ゆうりょ》する。やはり挙国一致《きょこくいっち》。そのためには、ということで、法制《ほうせい》をそのほうに向けて、つぎつぎに変えていった。

国家総動員法《そうどういんほう》は議会をすでに通っている。施行《しこう》もされている。しかし、警防団《けいぼうだん》をつくってみたり（一月二十五日、警防団令《けいぼうだん》公布《こうふ》）、国民精神発揚週間《せいしんはつよう》をはじめてみたり（二月五日〜）したが、実効《じっこう》はそれほどめざましいものではない。ならば中央本部だけでなく、実動部隊をつくって上からの指示《しじ》でどんどん下々のほうに徹底《てってい》させていくにしくはない、権力者《けんりょくしゃ》はそう考える。

国民精神総動員の声が高まってゆく

三月二十八日、かくて国民精神総動《せいしんそうどう》員《いん》委員会が設置《せっち》される。委員長に文部大臣にして元陸軍大将《たいしょう》の荒木貞夫《あらきさだお》が着任《ちゃくにん》。荒木大将《あらきたいしょう》は得意《とくい》の八の字ヒゲをしごいて、「どしどし実効《じっこう》の成果をあげようぞ」と獅子吼《ししく》した。

さっそくにも標語がつくられる。

「遂《と》げよ聖戦《せいせん》　興《おこ》せよ東亜《とうあ》」
「建設《けんせつ》へ　一人残らず　御奉公《ごほうこう》」
「聖戦《せいせん》へ　民《たみ》一億の　体当り」

三月三十日、文部省は指令を発して、「大学各学部の軍事教練は、総長《そうちょう》（又《また》は学長）の指揮《しき》監督《かんとく》の下に学生全員これを受くるものとす」とがっちりと締《し》めあげることとなる。

これは前年の一月の「大学学部教練の振興《しんこう》」と題する陸軍の文書「学校教練を将来必須《しょうらいひっす》課目たらしむる如《ごと》く（中略《ちゅうりゃく》）教授《きょうじゅ》力の充実《じゅうじつ》、配属将校《はいぞくしょうこう》の人選、教材の選択《せんたく》、職員《しょくいん》の理解援《りかいえん》助《じょ》の向上、特に東京帝大《ていだい》の振作《しんさく》を図《はか》ること」にもとづくもので、いよいよ本格的《ほんかくてき》に大学生（とくに東大生）の軍事教練の徹底《てってい》が実行されるのである。

三月三十一日、賃銀統制《ちんぎんとうせい》令が公布《こうふ》された。物価抑制《ぶっかよくせい》を主目的とし、軍需《ぐんじゅ》工場の初給日給（一日十時間）標準額《ひょうじゅんがく》をきめたものである。最高値《さいこうち》で十二歳《さい》五十五銭《せん》、十九歳《さい》一円十五銭《せん》とする。

四月五日、映画《えいが》法が施行《しこう》される。その内容《ないよう》は、脚本《きゃくほん》の事前検閲《けんえつ》、十四歳《さい》未満の児童の入場制限《せいげん》、製作《せいさく》・配給の全面的な許可制《きょかせい》、文化映画《えいが》とニュース映画《えいが》の強制併映《きょうせいへいえい》、俳優《はいゆう》・監督《かんとく》の登《とう》録制《ろくせい》など。もっとも大衆的《たいしゅうてき》な娯楽《ごらく》である映画《えいが》に、当局が眼《め》をつけるのは当然のことではあったろうが、これによって大きな影響力《えいきょうりょく》をもつ（内外問わず）映画《えいが》というものの生殺与奪《せいさつよだつ》の権が、完全に官僚《かんりょう》に握《にぎ》られたことになる。

四月二十七日、満蒙開拓《まんもうかいたく》青少年義勇軍《ぎゆうぐん》の計画が発表される。満洲《まんしゅう》国総務《そうむ》長官の星野直樹《ほしのなおき》が日本の農村青年に向けてハッパをかけた。

「血気にあふれた青年一万人は、フヌケの百万人に勝《まさ》る」

計画は文部省と大日本青年団《せいねんだん》が中心となり、陸軍省と関東軍《かんとうぐん》が側面から応援《おうえん》する、という国をあげてのものとなる。対象《たいしょう》は十六〜十九歳《さい》の青少年である。総勢《そうぜい》十万人が予定されたが、軍部の意図は、農業移民《いみん》だけではなく、満洲《まんしゅう》国防衛《ぼうえい》の兵力としての期待もあった。そして現実《げんじつ》には敗戦までに八万六千人の十分に訓練された青少年が満洲《まんしゅう》国に渡《わた》った。その人たちが敗戦時にどんな悲惨《ひさん》に遭《あ》ったかはかくまでもないであろう。

海を渡った満蒙開拓青少年義勇軍たち（チチハル付近の訓練所で）

　五月十五日、八の字ヒゲの荒木大将《あらきたいしょう》が、文部大臣として東京帝国《ていこく》大学を視察《しさつ》した。そしてその一週間後である。五月二十二日、軍事教育施行《しこう》十五周年を記念して、大々的に「全国学生生徒代表御親閲《ごしんえつ》式」が宮城《きゅうじょう》前広場で挙行された。というのであるが、小学校三年生のわたくしに記憶《きおく》があるはずもない。この日付で思いだすのは「青少年学徒《がくと》ニ賜《たま》ハリタル勅語《ちょくご》」である。あの「ナンジラ青少年学徒《がくと》ノ双肩《そうけん》ニアリ」「文ヲ修《おさ》メ武《ぶ》ヲ練リ、質実《しつじつ》剛健《ごうけん》ノ気風ヲ振励《しんれい》シ、以《もっ》テ負荷《ふか》ノ大任《たいにん》ヲ全クセンコトヲ期セヨ」が、軍事教育十五周年を記念しているものであったとは、ほんとうに露《つゆ》知らないことであった。

　昭和史《しょうわし》にかんする本はずいぶんと読んできたが、このときの宮城《きゅうじょう》前広場の御親閲《ごしんえつ》についてはごく最近までほんとうの話存《ぞん》じなかった。当時の新聞などには「青春武装《ぶそう》の大絵巻《えまき》」などと飾《かざ》りたててかかれていたというのに、である。

「晴れてこの日、朝鮮《ちようせん》、台湾《たいわん》、満洲《まんしゆう》、樺太《からふと》等を含《ふく》む全日本からすぐった中等学校以上一千八百校代表三万二千五百余《よ》名の学生生徒は、大学学部の第一集団《しゆうだん》をはじめ、学校別、地区別によって九集団《しゆうだん》、三十個《こ》大隊、百十個《こ》中隊に編成《へんせい》され、執銃帯剣巻《しつじゆうたいけんまき》ゲートルの武装《ぶそう》も凛々《りり》しく」「新緑滴《したた》る大内山《おおうちやま》を背景《はいけい》にくっきり浮《う》かび上った白木作りの玉座《ぎよくざ》」の前を、「歩武堂々《ほぶどうどう》」分列行進していったのである、そうな。

ただし、じつは表向きの話。ほんとうのところは、当事者であった教育学者原敬吾《はらけいご》氏の回想によると、「当時の大学生は四列縦隊《じゆうたい》の行進ができないほどの状態《じようたい》」であったという。なかんずく、東京帝大《ていだい》の学生の行進はお粗末《そまつ》のかぎりであったとか。

それからわずか四年半後、昭和十八年十月、学徒《がくと》動員で、冷雨にけぶる神宮外苑《じんぐうがいえん》でのそれこそ〝歩武堂々《ほぶどうどう》〟の大行進があった。当時の写真やニュース映画《えいが》でお眼《め》にかかれるように、軍事教練の成果はわずかな年月の間にものの見事にあがったようである。このときは査閲《さえつ》したのが昭和天皇《てんのう》にあらず、東条英機《とうじようひでき》首相兼陸相《しゆしようけんりくしよう》であったが、さぞや胸中大満足《きようちゆう》であったにちがいない。

さっきもかいたように御親閲《ごしんえつ》のことはさっぱり覚えていないけれども、妙《みよう》に記憶《きおく》に残っていることがある。多分この前後のことであったと思う。文部省が日本全国の小中学校に指令した通牒《つうちょう》がある。「小学校低学年児童その他病気などの特殊事情《とくしゅじじょう》にある者を除《のぞ》き、原則的《げんそくてき》に二キロ以内の通学区域《くいき》は乗物を使用せず徒歩通学とする」。この通牒《つうちょう》はわたくしが中学生になったときにも活《い》きていた。「オレの家は学校から二キロぎりぎり、もう十メートルあればよかったのによ」とボヤきにボヤいていた同級生がいた。

◆国民生活刷新《さっしん》案

　以上、何もかもが国民精神総動員委員会《せいしんそうどういんいいんかい》がやったことというわけではない。軍部と心を一つにして、政府《せいふ》がぐんぐん進めた政策《せいさく》であることに間違《まちが》いはない。いつの時代であっても、国の外に敵《てき》を想定し、危機《きき》感を煽《あお》り、挙国一致《きょこくいっち》、精神総動員《せいしんそうどういん》で国民を愛国化すれば、内なる憂《うれ》いはすべて解消《かいしょう》すると、お偉《えら》い人たちは考えるものらしい。いまの日本の、できるかぎりアメリカの「世界戦略《せんりゃく》」に協力すべきだという「積極的平和主義《しゅぎ》」なんか、その最たるものといえる。排他主義《はいたしゅぎ》を正面に押《お》したて、味方は「ここからここまで」ときちんと区分けすることを愛国の本質《ほんしつ》とする、そんな排他的《はいたてき》同調主義《しゅぎ》の時代の到来《とうらい》はほんとうに恐《おそ》ろしいと思うが……。

　昭和十四年ごろの日本はそうした国になっていたと、丁寧《ていねい》に調べれば調べるほどそう思えてくる。それだけではなく、わたくしにもそれらしい実体験がある。たしかに皇軍《こうぐん》は無敵《むてき》である、しかしいまや蔣介石《しょうかいせき》には英米という強い味方がバックについたから、簡単《かんたん》に手をあげないのではないか、とそんなことを口にだそうものなら、弱虫め、腰抜《こしぬ》け、非国民《ひこくみん》、バカモンなどなど、いろいろなありとあらゆる悪罵非難《あくばひなん》が浴びせかけられる。戦争遂行《すいこう》についてちょっとでも不利な条件《じょうけん》をいったが最後、「貴様《きさま》はわが祖国《そこく》が敗《ま》けることを望んでいるのかッ」とどやしつけられた。いや、ゴッツンと殴《なぐ》られるかビンタを張《は》られた。小学生のわたくしでさえ、じつはおやじの口真似《くちまね》「日本は敗《ま》ける」をしたにすぎないのであるが、たっぷりとそんな痛《いた》い目に遭《あ》わされたことがしばしばであった。

そんな理屈《りくつ》はB面らしくないので休題として、この時代を知るためにもう少し年表風の時勢《じせい》の動きを進めると、五月二十九日、文部省は小学校五・六年と高等科の男子に武道《ぶどう》（柔道《じゅうどう》・剣道《けんどう》）を課することをきめた。

六月十六日、国民精神総動員委員会《せいしんそうどういん》が生活刷新《さっしん》案を決定しひろく一般《いっぱん》に通告《つうこく》する。毎月一日を興亜《こうあ》記念日とし、歓楽《かんらく》をつつしんで皇軍将兵《こうぐんしょうへい》に国民の感謝《かんしゃ》の意を表する日にせねばならぬというのである。いまやわが国は、日本を中心とするアジアの新秩序再編成《ちつじょさいへんせい》のため、遠く中国大陸にまで押《お》し出《だ》して皇軍《こうぐん》は敵《てき》と戦っている。なのに銃後《じゅうご》の国民が遊《あそ》び呆《ほう》けているのはよろしくない。この日は遊ぶことをいっさいやめて、全国民が戦場にいると同じ思いで、節約に励《はげ》もうではないか、という趣旨《しゅし》の通告《つうこく》がおごそかに上から下りてきたのである。

昭和二十年八月の敗戦まで、国民の個人《こじん》生活を干渉《かんしょう》するこまごまとした法令や通告《つうこく》が、この辺からどんどんでてくることになるのであるが、いってみればこれがそのハシリということになろうか。

かくて毎月一日はカフェー、酒場、料理屋、ダンスホール、麻雀《マージヤン》クラブ、ビリヤードそのほかの遊技場《ゆうぎじよう》や、いわゆる風俗営業《ふうぞくえいぎよう》はすべてこの日は休みとなる。かりに開くことがあっても早仕舞《はやじま》いで、酒はいっさいだしてはならぬ。さらにネオン全廃《ぜんぱい》、中元《ちゆうげん》や歳暮《せいぼ》の贈答廃止《ぞうとうはいし》。家庭では一汁一菜《いちじゆういつさい》とし、学校では弁当《べんとう》は梅ぼし一つの「日の丸弁当《べんとう》」が奨励《しようれい》される。このほかに神社参拝《さんぱい》、勤労奉仕《きんろうほうし》、とにかく国家のタメになることはすべて行い、遊びに類することは残らず禁止《きんし》となっていく。

ついでに学生の長髪禁止《ちようはつきんし》。六月十一日の読売新聞にすでにこんな記事が載《の》っている。

「精神総動員《せいしんそうどういん》の本元たる文部省でも銃後《じゆうご》の力の源泉《げんせん》である学生・生徒に対して一層《いつそう》の自奮《じふん》をうながし、この国民的運動に参加させる。その具体策《ぐたいさく》としては、左の諸点《しよてん》を中心として新たな通牒《つうちよう》が発せられることになる模様《もよう》である。

一、男子学生に対しては、戦時下の学生らしく緊褌《きんこん》一番、長髪《ちようはつ》・美髪《びはつ》を廃止《はいし》してマル刈《が》りとし、禁酒禁煙《きんしゆきんえん》を断行《だんこう》させる。

一、女子学生の服装《ふくそう》、服飾《ふくしよく》が華美《かび》に流れすぎている傾向《けいこう》があるので、これを戒《いまし》めるとともに、女学生らしからざる口紅《くちべに》、白粉《おしろい》、頰紅《ほおべに》の使用を禁止《きんし》し、退廃的《たいはいてき》なパーマネントを廃止《はいし》させる。

一、制服《せいふく》、制帽《せいぼう》、靴《くつ》の新調禁止《きんし》、学用品の節約の一層《いつそう》の徹底化《てつていか》」

この通牒《つうちよう》の煽《あお》りをうけて、われら小学生はこのときいらいグリグリのイガ栗《ぐり》頭の丸坊主《まるぼうず》が奨励《しょうれい》された。われら悪ガキはお金持のお坊《ぼ》っちゃん刈《が》りが丸坊主《まるぼうず》になるのに快哉《かいさい》を叫び、「荒《あら》木《き》さんは偉《えら》い人だなあ」などと絶讃《ぜっさん》を惜《お》しまなかった。そのくせ、夏休みがはじまるとすぐにはじまった早朝ラジオ体操《たいそう》の会のため、早起きしなければならなくなってブウブウ。これも文部省の指令による「国民心身鍛錬《たんれん》運動」のためと教えられて、たちまちに豹変《ひょうへん》してヒゲの大《たい》将《しょう》の悪口をさんざんにいっていたのであるから、世話がない。

悪ガキがイガ栗《ぐり》頭になるなんていう話は大したことではなかった。それよりも忘《わす》れずにかいておかねばならないのは、七月八日の国民徴用令《ちょうようれい》の公布《こうふ》（十五日施行《しこう》）のほうである。

じつはこの年の一月七日には国民職業能力申告令《しょくぎょうのうりょくしんこく》という剣呑《けんのん》な法令が公布《こうふ》されていたのである。これによって十六歳《さい》から四十九歳《さい》までの特殊技能《とくしゅぎのう》をもっている男子は、みずから申告《しんこく》して、能力申告《のうりょくしんこく》手帳の交付をうけることがきまっていた。今日的にいえばマイカードということになる。航空機技術者《こうくうきぎじゅつしゃ》、造船技術者《ぞうせんぎじゅつしゃ》、化学技術者《ぎじゅつしゃ》、冶金技術者《やきんぎじゅつしゃ》、電気技術者《ぎじゅつしゃ》、建築技術者《けんちくぎじゅつしゃ》、気象技術者《きしょうぎじゅつしゃ》、無線電信通信士《つうしんし》、潜水夫《せんすいふ》などなど百三十四種類の技術者《ぎじゅつしゃ》たちの手帳である。

では、なんら技能《ぎのう》をもたぬ（たとえば文科系《ぶんかけい》の大学卒）連中はどうなるのか。

「ロシア語、スペイン語、蒙古《もうこ》語等を修《おさ》めたもので十六歳《さい》以上五十歳《さい》未満の男子も申告《しんこく》の必要があり、ロシア文学の米川正夫《よねかわまさお》氏らも登録リストの中に収《おさ》められている」（東京朝日新聞　一月二十一日付）

ということで、その他の文科系《ぶんかけい》はどうも戦争のためには役に立たない連中に組み入れられたらしい。当局はこの能力申告《のうりょくしんこく》にもとづいて職業《しょくぎょう》カードを作成して一人ひとり区分しておく。そして七月の国民徴用令《ちょうようれい》のさいに役に立たぬ連中を真っ先に大いに役立てたのである。とにかく、戦争のために不急不要と思われる職業《しょくぎょう》にあるものを、必要に応《おう》じて徴用令《ちょうようれい》書（白ガミといった）を発して、引《ひ》っ張《ぱ》りだすことが可能《かのう》になった。

なんの特殊技能《とくしゅぎのう》ももたぬわがおやじ殿《どの》なんか、まさに徴用《ちょうよう》要員の一人であったことに間違《まちが》いない。それで無理して区会議員選挙に打ってでて、悪戦奮闘《ふんとう》、ビリから三番目で当選し、白ガミ要員をまぬがれたようなのである。それでも戦争が終ってからも長いこと、一杯《いっぱい》きこしめすと大ボヤキにボヤいていたのを思いだすことができる。

「とにかくオレの大嫌《でえきれ》えなのは一に憲兵《けんぺい》、二に特高《とっこう》（特別高等警察《とくべつこうとうけいさつ》）、三に国民勤労《きんろう》動員署《しょ》であったなあ」

すべては国家総動員法《そうどういんほう》に発することなのであるが、たしかに国民のだれにとってものんびり安穏《あんのん》には生きにくい時代がボヤボヤしている間に到来《とうらい》していたのである。

◆第二次世界大戦の勃発《ぼっぱつ》

国家総動員法《そうどういんほう》にもとづく国内の戦時体制《たいせい》強化の流れをもっぱらかいてきたが、このかんにも世界情勢《じょうせい》に翻弄《ほんろう》される政治《せいじ》の激動《げきどう》は、いっそうはげしさをますいっぽうとなっていた。日独《にちどく》軍事同盟《どうめい》をめぐる陸海軍の大論戦《だいろんせん》、満蒙国境《まんもうこっきょう》をめぐってのノモンハン事件《じけん》、大陸での天津事件《てんしんじけん》、それにともなう七月二十六日のアメリカからの六カ月の猶予《ゆうよ》期間をもって日米通商航海条約廃《こうかいじょうやくはい》棄《き》の通告《つうこく》と、息もつかせぬ大問題の続発である。

すべてA面の史実《しじつ》であり、あえて目をつむってきたが、国民がそうした事実の何もわからずにいたわけではない。少しでも政治《せいじ》に関心ある人びとは熱心に新聞を読む。五月三十一日、汪《おう》兆銘《ちょうめい》、上海《しゃんはい》より日本海軍機で空路来日、政府首脳《せいふしゅのう》と会談。六月七日、満蒙開拓《まんもうかいたく》青少年義勇軍《ぎゆうぐん》二千五百人の壮行式《そうこうしき》、神宮競技場《じんぐうきょうぎじょう》で挙行。八日、東京市内を行進。七月十五日、東京芝浦《しばうら》付近でダイナマイトを所持していた沖仲仕《おきなかし》が逮捕《たいほ》される。海軍次官山本五十六《やまもといそろく》、内大臣湯浅倉平《ゆあさくらへい》、宮内《くない》大臣松平恒雄《まつだいらつねお》らの暗殺《あんさつ》計画が発覚。主謀者本間憲一郎《しゅぼうしゃほんまけんいちろう》らも逮捕《たいほ》される。七月十七日、天《てん》津事件《しんじけん》に抗議《こうぎ》して、東京・英大使館前で反英デモ一万五千人。八月十九日、「ソ満国境《こっきょう》ハルハ河畔《かはん》で、ソ蒙《もう》軍から攻撃《こうげき》」。その四日後には、ドイツ・ソ連不可侵条約《ふかしんじょうやく》が締結《ていけつ》されたのである。

新聞報道《ほうどう》からだけでも、そうした事実を知ることができた。その上に巷《ちまた》に飛ぶ噂《うわさ》からも、ノモンハンの戦場では、無敵《むてき》のはずの日本軍が苦戦しているさまがそれとなく察せられた。さらには、何とかという皇族《こうぞく》の将校《しょうこう》が、上官の命令もきかず勝手に後方の陣地《じんち》に下がったので、敵《てき》前逃亡《ぜんとうぼう》にあらずやと問題になっている、ということまでひそひそと囁《ささや》かれている。ほんとうは早くソ連と和睦《わぼく》を結んだほうがいいんだ、という声もかなり大きくなりつつあった。そうしたときに、独《どく》ソ不可侵条約《ふかしんじょうやく》を突如《とつじょ》として全世界にドイツ政府《せいふ》が公表したのである。平沼内閣《ひらぬまないかく》はもとより、国民もこれにはア然となる。腹立《はらだ》たしい思いを味わう人も多かった。

日独防共協定《にちどくぼうきょうきょう》というのはソ連を共通の敵《てき》として結ばれたものではなかったのか。ノモンハンで無敵皇軍《むてきこうぐん》の将兵《しょうへい》が血を流している当面の敵《てき》ソ連と、盟友《めいゆう》のはずのドイツが不可侵条約《ふかしんじょうやく》を結ぶなんて大事を、日本政府《せいふ》はいまのいままで気がつかなかったのか。朝日新聞は、ベルリン特派《とくは》員守山義雄《いんもりやまよしお》記者との国際《こくさい》電話の応答《おうとう》を載《の》せた。

「本社　わが大使館の反応《はんのう》はどうでしたか。

守山《もりやま》　平然としていますね。面目玉《めんぼくだま》は潰《つぶ》れたわけですが。

本社　ドイツの民衆《みんしゅう》はどんな風にしてこの対ソ協定を迎《むか》えていますか。

守山《もりやま》　それはもう大歓迎《だいかんげい》で非常《ひじょう》な喜《よろこ》び方です。ベルリンの街は蘇《よみがえ》ったようで活気を帯びております。昨日までは非常《ひじょう》に憂鬱《ゆううつ》だったのです。いよいよ今度は戦争は避《さ》けられないと信じているような状態《じょうたい》で非常《ひじょう》に心配していたのですが、そこへこのモスコーとの協定成立で戦争の危機《きき》が去ったという感じで、ドイツ人はもう大変な喜《よろこ》びようです」

いまから思えば、日本は政府《せいふ》も軍もいいようにソ連のスターリン首相《しゅしょう》の政略《せいりゃく》・戦略《せんりゃく》に翻弄《ほんろう》されていた、と評《ひょう》するほかはない。いや、ドイツ総統《そうとう》ヒトラーもスターリンに手玉にとられていたといっていいか。独《どく》ソ両政府《せいふ》は、条約《じょうやく》の裏側《うらがわ》で、ポーランド分割《ぶんかつ》の独《どく》ソの境界線《きょうかいせん》をひそかにきめた。ソ連は座《ざ》したまま、大きな獲物《えもの》を掌中《しょうちゅう》におさめることができたことになる。のちに明らかになった。このとき、スターリンは喜色満面《きしょくまんめん》でいったという。

「ついに全世界がおれのポケットに入った！」と。

このへんの事情《じじょう》は、わたくしは拙著《せっちょ》『ノモンハンの夏』（文春文庫）でかなり詳細《しょうさい》にかいているから略《りゃく》すが、当時の新聞を眼《め》を皿にして閲《けみ》しても、ドイツの背信《はいしん》を責《せ》めた記事はほとんどみつからない。「複雑怪奇《ふくざつかいき》」ぐらいですむ話ではない。なのに、国民もこれを流行語にして笑いとばした。「いやあ、昨夜は呑《の》みすぎて頭が複雑怪奇《ふくざつかいき》だ」などと。いったいこの国の人の好《よ》さは〝底抜《そこぬ》け〟と評《ひょう》されても文句《もんく》がいえないのかもしれない。

九月一日、国民精神総動員《せいしんそうどういん》委員会が六月にきめた「興亜《こうあ》記念日」がいよいよ実行に移《うつ》された日である。わたくしの記憶《きおく》にはまったくないが、当時の記録によれば、まず午前四時半にサイレンがいっせいに鳴《な》り響《ひび》いて、国民は叩《たた》き起《お》こされる。一家そろって宮城遥拝《きゅうじょうようはい》、それから中国大陸やノモンハンの戦場で戦う前線将兵《しょうへい》の武運《ぶうん》を祈《いの》る。そしてこの日は一日じゅう、歌舞音曲《かぶおんぎょく》の中止、酒類の販売《はんばい》中止、ネオンサインの消灯。家庭では一汁一菜《いちじゅういっさい》そして禁煙《きんえん》。委員会の実行部員が警察官《けいさつかん》ともども市内の盛《さか》り場《ば》を巡回《じゅんかい》し、各店の自粛《じしゅく》ぶりを視察《しさつ》してまわっていた。

が、この日未明、ヨーロッパではドイツ陸軍のルントシュテット、ボック両元帥指揮《げんすいしき》の百五十万の機甲《きこう》部隊が、南北からポーランド国境《こっきょう》を越《こ》えていた。二千機以上の戦爆《せんばく》連合の大編隊《だいへんたい》が、あわただしく集められたポーランド軍を攻撃《こうげき》し粉砕《ふんさい》した。

午前十時少し前、ヒトラーの国会での演説《えんぜつ》がラジオから流れでた。この日までのドイツ国民の平和への熱情《ねつじょう》と限《かぎ》りない忍耐《にんたい》を強調したあと、「爆弾《ばくだん》にたいしては爆弾《ばくだん》をもって断乎《だんこ》として報《むく》いるまでである。勝利か、しからずんば死」

ヒトラーは、いまよりドイツの一兵士《へいし》として戦うであろう、と二度くり返した。

「私《わたし》は勝利の日まで、神聖《しんせい》にして貴重《きちょう》な兵士《へいし》の制服《せいふく》を脱《ぬ》がないであろう」

九月三日、ポーランドを救《すく》うため、英仏《えいふつ》はドイツに宣戦《せんせん》を布告《ふこく》する。世界じゅうが憂慮《ゆうりょ》していた大戦争がはじまったのである。

四日付の大阪朝日新聞はこう報《ほう》じた。

「号外が電柱に貼《は》り出されるやマグネットに吸《す》いつく鉄粉《てっぷん》のごとく、たちまち黒山のひとだかりだ。『遂《つい》にやったぞ』『僕《ぼく》はイギリスは絶対《ぜったい》に立つまいと思っていたが』と甲論乙駁《こうろんおつばく》。しかしどこか明るさがある。『三年越《ご》しの支那《しな》事変がここでどんな新局面を展開《てんかい》するか。日本の対外地位はいよいよ重大だ。ぼやぼやせずにしっかりやろうぜ』と大いに自粛自戒《じしゅくじかい》する声もたのもしく聞こえる」

ほんとうに大阪市民がこんな会話をかわしたかどうか、それはわからない。が、ヨーロッパで大戦争が起こり、政府《せいふ》はこれに不介入《ふかいにゅう》を宣告《せんこく》したが、結果としてドロ沼《ぬま》の日中戦争そして日本の国情《こくじょう》にも大きく影響《えいきょう》してくるであろうことは、だれにでも予感されたことであった。そのあらわれとして、九月半ばにノモンハン停戦《ていせん》協定が成立した。国民はホッと一息つきながら、新聞紙上でドイツ軍の電撃《でんげき》作戦の行方《ゆくえ》を追い、そしてラジオで武蔵《たけぞう》の活躍《かつやく》に耳をすましていた。

九月五日から徳川夢聲《とくがわむせい》の『宮本武蔵《みやもとむさし》』（吉川英治《よしかわえいじ》原作）の朗読《ろうどく》がはじまっていた。これがすこぶるつきの名演《めいえん》で、だれもがその時間を心待ちにして聞きほれたのである。

◆何でもかんでも統制《とうせい》令

のちに第二次世界大戦となる戦争はヨーロッパでたしかにはじまっている。しかし、よく知られるように、独《どく》ソ両軍のポーランド侵略《しんりゃく》、そして分割《ぶんかつ》のあと、十月下旬《げじゅん》ごろから奇妙《きみょう》なことに戦火が大きく燃《も》え広《ひろ》がることなくどことなく治まり、宣戦布告《せんせんふこく》をしたままの睨《にら》み合《あ》いがつづくことになる。歴史家《れきしか》はこれを「まやかしの戦争 phony war」とよぶが、あるいは大戦争の前にやってくる「かりそめの平和」といったほうがいいかもしれない。そして日本国民もまた、中国戦線もすっかり膠着《こうちゃく》してしまい、新聞も記事に窮《きゅう》しはじめ、その後の数カ月間、いってみれば〝平和〟を愉《たの》しむような気分になっていったのである。

しかし、平沼内閣《ひらぬまないかく》にかわった阿部信行内閣《あべのぶゆきないかく》にとっては、そんな悠長《ゆうちょう》なことをいっていられる情勢《じょうせい》ではなかった。日独同盟《にちどくどうめい》問題も天津事件《てんしんじけん》問題もふっ飛んだが、残ったのはアメリカからの通商航海条約廃棄《こうかいじょうやくはいき》の通告《つうこく》、つまりイギリスに加えてアメリカもまた敵性《てきせい》国家の相貌《そうぼう》をあらわにしてきたことである。しかも条約《じょうやく》を結び盟友《めいゆう》となっているドイツは、英仏《えいふつ》と完全に敵対《てきたい》関係にあり、いつ大々的に戦火を交えるかわからない状態《じょうたい》にある。一言でいえば世界情勢《じょうせい》は明日にでも激変《げきへん》しようとしている。

元陸軍大臣で陸軍大将《たいしょう》、陸軍の大御所《おおごしょ》である宇垣一成《うがきかずしげ》の『日記』にある時局観を、ちょっと引いておくのも意味あることであろうか。

「何というても血は水よりも濃《こ》い、イザというときにはアングロサクソンは協同する、米としてはなに英などに追随《ついずい》するかとの触込《ふれこ》みでいるけれども、永《なが》い歴史《れきし》を通じてみれば、多くの場合、英は米を引摺《ひきず》りておる、米は英に追随《ついずい》している。（中略《ちゅうりゃく》）最近の日米通約廃棄《はいき》の通告《つうこく》をうけては恐《おそ》らく迷夢《めいむ》も一時に醒《さ》めたことと思惟《しい》する」

そんなときなのである、やることなすことうまくいかない政府《せいふ》がいくら挙国一致《きょこくいっち》、国民精神《せいしん》総動員《そうどういん》を叫《さけ》び、興亜奉公《こうあほうこう》・戦争協力を訴《うった》えても、盧溝橋事件《ろこうきょうじけん》いらい二年余《あまり》もたって国民の間には厭戦《えんせん》あるいは嫌戦《けんせん》気分が流れはじめ、好戦的になろうとしない。〝かりそめの平和〟を満《まん》喫《きつ》し、劇場《げきじょう》や映画館《えいがかん》は満員御礼《おんれい》、街中や盛《さか》り場《ば》は軍需《ぐんじゅ》景気で沸《わ》きたっている。いきおい物価《ぶっか》が上がりはじめてとまらない。こういうとき、権力《けんりょく》をもつもののやることはいつの時代であっても同じことなのかもしれない。すでにふれたように、危機意識《ききいしき》を煽《あお》りたて、とにかく何でもかんでも法律《ほうりつ》をつくってきびしく統制《とうせい》し、制限《せいげん》し、国民の意識《いしき》を戦争のほうへ向けさせようとするのである。内閣《ないかく》が代わろうと同じである。

すなわち閣議《かくぎ》は、十月十八日に、勅令《ちょくれい》をもって価格《かかく》等統制《とうせい》令、地代家賃《やちん》統制《とうせい》令、賃金臨時《ちんぎんりんじ》措置《そち》令、会社職員給与臨時措置《しょくいんきゅうよりんじそち》令を公布《こうふ》し、二十日から実施《じっし》とした。要はさかのぼって九月十八日現在《げんざい》の価格《かかく》のままにクギづけにしようという政策《せいさく》である。ヨーロッパではいまや戦乱《せんらん》がはじまり、物価《ぶっか》が上昇《じょうしょう》し、その影響《えいきょう》をうけて、国内にも物価高《ぶっかだか》、株価騰貴《かぶかとうき》の傾向《けいこう》が現《あら》われ、また輸入品途絶《ゆにゅうひんとぜつ》も見込《みこ》まれる。国はいま非常《ひじょう》なる危機《きき》に直面しているのである。それなのに国民諸君《しょくん》はそのことの理解《りかい》が足らず〝かりそめの平和〟で浮《う》かれている。はなはだ遺憾《いかん》である、というわけで〝九・一八ストップ〟の政策《せいさく》を実施《じっし》する、と政府《せいふ》は説明した。

ところが、現実《げんじつ》はどうであったであろうか。法と権力《けんりょく》で抑《おさ》えたものの、九・一八ストップ令どおりになったのは賃金《ちんぎん》だけで、物価上昇《ぶっかじょうしょう》はストップしなかった。正確《せいかく》には表面上はストップしたが、その値段《ねだん》で物はほとんど買えなかった。どうなったのか。みんな法の裏側《うらがわ》に回ったのである。法網《ほうもう》をくぐって陰《かげ》でこっそり売り買いする。これが「ヤミ」ということにいい得《え》て妙《みょう》の流行語となった。やがてこの言葉は日常語《にちじょうご》となり、戦後の「ヤミ市」が俄然《がぜん》有名になり、昭和四十年代にまで使われる息の長い昭和語となったのはご存知《ぞんじ》のとおり。

いや、それよりもちょっと前の十月十日、じつは当時九歳《さい》であったわたくしが覚えている禁《きん》止令《しれい》が閣議《かくぎ》で決定され、十一月二十五日に公《こう》布《ふ》、十二月一日から実施《じっし》となっている。米穀搗精《べいこくとうせい》等制限令《せいげん》といい、つまり、白米を食することまかりならん、というむごい法律《ほうりつ》。銀シャリよ、さよなら、というわけであるが、このことが妙《みょう》に忘《わす》れられない。一升瓶《いっしょうびん》の中に玄米《げんまい》を入れて、細い丸い棒《ぼう》で上から突《つ》っついて、少しでも白米に近くして食べようと、毎日やらされるこの大労働（？）に、われら悪ガキはみんな悲鳴をひそかにあげていたのである。

江戸前《えどまえ》の鮨屋《すしや》のおやじ連がいっせいに猛反対《もうはんたい》した。白米を酢《す》でしめるのが身上《しんしょう》、七分搗《づ》き以上禁止《きんし》の薄黒《うすぐろ》い米じゃ酢《す》を吸《す》いこまぬ、というのである。

「飯はバラバラ、酢《す》はビチャビチャ、こんな鮨《すし》が握《にぎ》れるかってんだ」

という鮨屋《すしや》のおやじの口真似《くちまね》をして、わがおやじが酔《よ》っぱらって毎晩《まいばん》のようにしきりと怒《いか》りをふりまいていた。

農林省の米穀《べいこく》局長の説明では「第一の理由は長期戦に備《そな》えるため。第二の理由は十分搗《づ》きにすることで精米《せいまい》時の目減《めべ》りが少なくなり、一年に二百万石の節米になる。無駄《むだ》の撲滅《ぼくめつ》ということ。第三の理由は、国民の健康と体位の向上をめざすことにある」ともっともなことであったようである。が、ほんとうの政府《せいふ》の腹《はら》の底を割《わ》ってみれば、結局のところ、戦時下にあって、国家がすべてにおいて危機《きき》に直面しているのにかかわらず、国民が暢気《のんき》に遊興《ゆうきょう》ざんまい、うまいものをたらふく食っているのはけしからん、ということにつきる。

要はくり返しになるが、国家非常時《ひじょうじ》の折柄《おりから》、国民精神総動員《せいしんそうどういん》で戦争に真剣《しんけん》になって向き合えという、そのための強制《きょうせい》なのである。

この政府《せいふ》の国民統制《とうせい》は、物価《ぶっか》と米だけにとどまらない。ジャーナリズムのほうにも向けられた。十一月にはすでに行われていた用紙統制《とうせい》がさらに強化される。結果として新聞・雑誌《ざっし》が整理統合《とうごう》（第一次）されなければならないこととなった。とにかく挙国一致《きょこくいっち》、国民精神一致《せいしんいっち》であり、言論《げんろん》もできるだけ小さくしぼって、監視《かんし》の眼《め》のとどくものにしておいたほうがいいのである。お蔭《かげ》で廃刊《はいかん》させられた雑誌《ざっし》は全国で五百余誌《よし》に及《およ》んだ。政府批判《せいふひはん》をつづけている良心的小雑誌《ざっし》はほとんど息の根をとめられる。

紙の配給がなくなる、という足下《あしもと》に火のついているとき、雑誌《ざっし》ジャーナリズムからの将来《しょうらい》を見通した卓見《たつけん》など望むべくもなくなった。ましてすでに多くの自由な思想家・言論《げんろん》人が引っこまされ、時局便乗家や国粋主義者《こくすいしゆぎしや》が罷《まか》りとおりだしているとき。このあとの総合雑誌《そうごうざっし》は、いまの観点で目次をみて、これぞ時代を代表すると推《お》せる言説と思えるものはほとんどなくなっている。新聞ジャーナリズムはすでに死んでいるが、雑誌《ざつし》ジャーナリズムもこの年からもはや昔《せき》日《じつ》の面影《おもかげ》はなく、日本の「言論《げんろん》の自由」もまた、「さらば、さらば」であったといえる。

◆わが氏名は鉄甚平《てつじんぺい》

どうもB面を中心にした話題を追っていても不景気な話ばかりとなる。そこで少しでも心やすらぐ話題、ということで東京朝日新聞十月四日付を。と、勇んでかくものの、あまり心が温まるわけでもない話かもしれぬ。題して「結婚《けっこん》十訓」。結局はナチス・ドイツの「配偶者選択《はいぐうしゃせんたく》十箇条《かじょう》」にならって、厚生省予防《こうせいしょうよぼう》局民族衛生《えいせい》研究会が発表したものにすぎないとわかって、あとで心底からガッカリしたが。でも、いくらかはいまの時代にあっても参考になる、いや、もしかしたらまったく……。

曰《いわ》く「父兄《ふけい》長上の指導《しどう》を受けよ」、曰《いわ》く「自己《じこ》一生の伴侶《はんりよ》として信頼《しんらい》できる人を選べ」、曰《いわ》く「悪い遺伝《いでん》のない人を選べ」、曰《いわ》く「晩婚《ばんこん》を避《さ》けよ」、曰《いわ》く「健康な人を選べ」、曰《いわ》く「近親結婚《けっこん》を避《さ》けよ」、曰《いわ》く「式の当日結婚届《けっこんとどけ》を」などなど。やっぱり参考にもならないか。写していてもバカバカしくなる。

そして最後の第十訓が、なんと「産めよ殖《ふ》やせよ国のため」ときた。

これは『旧約聖書《きゅうやくせいしょ》』の「創世記《そうせいき》」のなかの「産めよ、殖《ふ》えよ、地に満ちよ」によるものという説もあるが、ナチスの「選択十箇条《せんたくかじょう》」にも「できるだけ多く子供《こども》を持つべし」という一文がある。聖書《せいしょ》ではなくナチスの模倣《もほう》とみたほうが正しかろう。「産めよ、殖《ふ》やせよ」が本格的《ほんかくてき》な標語として一世を風靡《ふうび》するのはまだちょっと先の話であるが、日中戦争のため若者《わかもの》の出征《しゅっせい》がふえ、このころの出生率《しゅっせいりつ》がぐんと減《へ》っていたこともたしか。

このほか、十一月六日、農林省が米の強制《きょうせい》買上制を実施《じっし》。十一月兵役《へいえき》法施行《しこう》令改正公布《こうふ》。十二月六日、小作料統制《とうせい》令公布《こうふ》。二十五日、木炭の配給統制実施《とうせいじっし》。二十六日、商工省・農林省が暴利行為《ぼうりこうい》等取締規則《とりしまりきそく》を公布《こうふ》……と、とにかく法律《ほうりつ》や規則《きそく》でやたらに統制《とうせい》を強化する。

なかでも特筆したいのが十二月十二日の軍機保護法施行規則《ほごほうしこうきそく》改正と同二十六日に公布《こうふ》の「朝鮮戸籍《ちょうせんこせき》令」の改正であった。長くなるので後のほうだけちょっとかくと、祖先《そせん》を重んじ、氏《うじ》を大事にし、儒教《じゅきょう》道徳を信奉《しんぽう》する朝鮮人《ちょうせんじん》にとっては、その氏名を日本式に「創氏《そうし》改名せよ」といわれることは、とうてい許《ゆる》すことのできない暴圧《ぼうあつ》と感じられたのである。

朝鮮総督《ちょうせんそうとく》の南次郎《みなみじろう》陸軍大将《たいしょう》は「総督《そうとく》に背《そむ》くものは、日本領土《りょうど》の外へ出ていって生きるべきである」とまでいい、脅迫政治《きょうはくせいじ》を強引《ごういん》に推《お》し進《すす》めた。あらかじめ六カ月間の期限《きげん》を設《もう》けていたが、期限《きげん》をすぎても三〇パーセントの届出《とどけで》しかなかったという。それでいっそう躍起《やっき》となったため、自殺者《じさつしゃ》まで現《あらわ》れたという。が、そのいっぽうで、創氏《そうし》改名を逆手《さかて》にとって、反逆《はんぎゃく》調の氏名をつくった人も少なくなかった。「田農丙下《へい》」（天皇陛下《てんのうへいか》）とか「南太郎《みなみたろう》」とか。ただし認《みと》められたかどうかはわからない。そして詩人の金素雲《きんそうん》は鉄甚平《てつじんぺい》とした。その意は「自己《じこ》の金（姓《せい》）を失っても甚《はなは》だ平気なり」であったそうな。

日本の芸術家《げいじゅつか》のなかには、これ見よとばかりペンネームを変えた人もある。千田是也《せんだこれや》（新劇《しんげき》の演出家《えんしゅつか》・俳優《はいゆう》）がそれで、千田《せんだ》は住所の千駄ケ谷《せんだがや》から、是也《これや》は朝鮮《ちょうせん》のＫＯＲＥＡからであるそうな。いや、関東大震災《だいしんさい》での朝鮮人殺害《ちょうせんじんさつがい》後の抗議《こうぎ》としての改名であったという説もあるが。

こうして国民精神総動員《せいしんそうどういん》の名のもとに統制《とうせい》、統制《とうせい》で窮屈《きゅうくつ》きわまりない状況《じょうきょう》のもとに、年の暮《くれ》を迎《むか》えた。年末は経済《けいざい》戦強調運動のかけ声も高く、物資《ぶっし》節約・貯蓄奨励《ちょちくしょうれい》・生活刷新《さっしん》でいかねばならないこととなる。やむを得《え》ず百貨店組合では、（一）年末贈答品《ぞうとうひん》の大売出し廃止《はいし》、（二）門松全廃《かどまつぜんぱい》、（三）歳末《さいまつ》年始贈答品《ぞうとうひん》の配達中止などを決定する。もちろん、ショーウィンドウの華美《かび》な陳列《ちんれつ》なんかはもってのほか。さっそく成果が現《あら》われた。

「先月二十二日、門松《かどまつ》のトップを切って松飾《まつかざり》をたてた日本橋区通二丁目の某呉服店《ぼうごふくてん》では、東京府精勤部《せいきんぶ》の厳重《げんじゅう》な注意をうけて、さっそくこの門松《かどまつ》をとりのぞき、自粛《じしゅく》の意を表している」

（報知《ほうち》新聞　十二月一日付）

まさに、漱石《そうせき》ではないが「住みにくさが高じると、安い所へ引き越《こ》したくなる」はずであるが、ドッコイ、われら不敵《ふてき》の日本の民草《たみくさ》、かならずしもそうではなかったようなのである。そんな上からのさまざまな強圧《きょうあつ》にもめげずに、秋の終りから十五年初めごろにかけての、ほんの数カ月ほどのつかの間の〝平和〟を大いに謳歌《おうか》していたらしい。歌謡曲《かようきょく》は「名月赤城山《あかぎやま》」が大当たり、「何日君再来《ホーリージュンザイライ》」や「チャイナ・タンゴ」や「熱海《あたみ》ブルース」やら、そして「一杯《いっぱい》のコーヒーから」でミス・コロムビアが美声をふるわしていた。映画《えいが》も『純情《じゅんじょう》二重奏《じゅうそう》』『新女性《じょせい》問答』『暖流《だんりゅう》』とメロドラマに押《お》すな押《お》すな。ついでに片岡千恵蔵《かたおかちえぞう》、轟夕起子《とどろきゆきこ》の『清水《しみず》港《みなと》』『続清水港《しみずみなと》』が大当たりしている。当局が、これでは全世界の激変《げきへん》に、いざというとき遅《おく》れをとる、といっそう躍起《やっき》になるのもわからないでもないのであるが……。

昭和十五年（一九四〇）

初代の神武天皇《じんむてんのう》の即位《そくい》の年を元年とする日本独自《どくじ》の年号で数えると、昭和十五年は皇紀《こうき》二六〇〇年の年で、全国民があげて祝うべき記念の年として開幕《かいまく》した。しかし、はたして目出《めで》たい年であったかどうか。前年に廃棄《はいき》を通告《つうこく》されていた日米通商航海条約《こうかいじょうやく》は、明けて間もなくの一月二十六日に完全失効《しっこう》となる。この損《そこ》なわれた日米関係を何とか修復《しゅうふく》しなければ、太平洋の波立ちの治まることはない。年初の阿部《あべ》内閣総辞職《ないかくそうじしょく》をうけて成立した米内光政内閣《よないみつまさないかく》の最優先解決事項《さいゆうせんかいけつじこう》をあげれば、この一事につきた。

しかも、ヨーロッパでは予期していたとおり〝かりそめの平和〟が突如《とつじょ》として終り、西に向けてのドイツの総攻撃《そうこうげき》作戦が開始された。四月九日、ノルウェー、デンマークが侵略《しんりゃく》され、五月十日にはベルギー、オランダそしてフランスへの電撃的侵攻《でんげきてきしんこう》がはじまる。地球が燃《も》え上《あ》がるという激変《げきへん》の中で、七月三日、陸軍中央部はこれからの時局処理方針《しょりほうしん》を決定する。①日独伊《にちどくい》三国枢軸《すうじく》の強化、②南方への進出を決意、という内容《ないよう》である。その上で、米英協調路線を守ろうとする米内《よない》内閣を策謀《さくぼう》によって打倒《だとう》する。そして七月二十二日、その後継《こうけい》にふたたび近衛文麿《このえふみまろ》を登場させる。

近衛《このえ》はそれ以前からこんどこそ陸軍の政治介入《せいじかいにゅう》を阻止《そし》するために、大々的な新体制《しんたいせい》の国民的組織《そしき》をつくり、それを基盤《きばん》に政策《せいさく》を強力に進める計画を練っていた。そんな近衛《このえ》をなぜ陸軍が推《お》したのか。じつは近衛《このえ》なら思うように操縦《そうじゅう》できるという自信が陸軍にあったから、とみるほかはないのである。

案の定であった。いざ首相《しゅしょう》の座《ざ》についてみると、近衛《このえ》は陸軍の主張《しゅちょう》をあっさりと容《い》れ、対外積極方針《ほうしん》を打ちだした。一つは「基本国策要綱《きほんこくさくようこう》」で、世界はいまや歴史的《れきしてき》一大転機に際会《さいかい》しているとの判断《はんだん》のもと、「八紘《はっこう》ヲ一宇《いちう》トスル肇国《ちょうこく》ノ大精神《せいしん》」で世界平和をつくる、と謳《うた》いあげ、もう一つは、それにもとづいて「大東亜《だいとうあ》新秩序《ちつじょ》の建設《けんせつ》」を目指す、というのである。英米にはこの政略《せいりゃく》はヒトラーのヨーロッパ新秩序《ちつじょ》に呼応《こおう》する敵対戦略《てきたいせんりゃく》として受けとられるだけで、友好回復《かいふく》どころの話ではなくなった。

そして、その後に近衛内閣《このえないかく》が行ったことはまさに陸軍の時局処理方針《しょりほうしん》を地でいくものであった。九月二十三日の北部仏印《ふついん》への武力進駐《ぶりょくしんちゅう》開始、そして同月二十七日の日《にち》独伊《どくい》三国同盟《どうめい》の締結《ていけつ》である。こうして対英米戦争への道が大きく切り拓《ひら》かれた。とくに三国同盟《どうめい》は、これ以上にない誤《あやま》った政治《せいじ》決定となった。それはイギリスと、その支《し》援者《えんしゃ》たるアメリカとを準敵国《じゅんてきこく》にすることを意味した。いわゆる「ノー・リターン・ポイント」を超《こ》えた判断《はんだん》といえる。

しかし、日本人はかならずしもそうは思わなかった。友邦《ゆうほう》ドイツの快進撃《かいしんげき》に目を眩《くら》まされ、世論《よろん》は雪崩現象《なだれげんしょう》を起こす。いまこそ南進のチャンスだ、と火事場泥棒《どろぼう》的な気分が国じゅうを満たし、「バスに乗《の》り遅《おく》れるな」という国民的な大合唱となる。結果は、かくまでもない。日米関係は悪化のいっぽう。北部仏印進駐《ふついんしんちゅう》にたいしては屑鉄《くずてつ》の対日輸出《ゆしゅつ》全面禁止《きんし》と、アメリカはきびしい政策《せいさく》で応《おう》じてきた。つぎは石油だ、とだれもが予想した。はたして打開の道はあるのか。

政府《せいふ》はそうなっていっそう日本精神《せいしん》運動に血道をあげて国民を煽《あお》った。この年の秋ごろから、英米、というよりも、いまや米英となって、つまりアメリカを主敵《てき》とみる世論《よろん》は、日本国民の間に燃《も》え盛《さか》るようになっていったのである。

◆◆◆◆◆

◆斎藤隆夫《さいとうたかお》の最後の抵抗《ていこう》

雑誌《ざっし》「文藝春秋《ぶんげいしゅんじゅう》」の十五年新年号に、時代の風潮《ふうちょう》を知るうえに面白《おもしろ》い世論調査《よろんちょうさ》が載《の》っている。東京・神奈川・埼玉・千葉の読者六百九十六人に質問《しつもん》十項《こう》をだしてその回答を得《え》たものである。

「・現状《げんじょう》に鑑《かんが》みて統制《とうせい》を一層《いっそう》強化すべきか
　強化すべし四六一　反対二二八　不明七
・対米外交は強硬《きょうこう》に出るべきか
　強硬《きょうこう》に出る四三二　強硬《きょうこう》はよくない二五五　不明九
・最近の懐《ふところ》具合《ぐあい》は良いか
　良い一〇八　悪い五七三　不明一五」

などなどであるが、これでみると、〝最後の平和〟を愉《たの》しんでいる人びとのいるいっぽうで、そうした悠長《ゆうちょう》な国民的気分にかなり苛々《いらいら》として、もっと指導者《しどうしゃ》による強い国家指導《しどう》を望む声の高くなっているのがわかる。それに「懐《ふところ》具合《ぐあい》」がかなり悪くなっているのも、はなはだよろしからざる気分を助長していたのであろう。それでなくとも統制《とうせい》が強化され、新聞も紙の事情《じじょう》からすべて朝刊《ちょうかん》八ページ、夕刊《ゆうかん》四ページ建てを余儀《よぎ》なくされ、情報量《じょうほうりょう》は減《へ》ってきている。そのことが人びとによりいっそうの思考停止《ていし》をもたらしているのかもしれない。

ついでにかくと、この新年号には日独伊《にちどくい》三国同盟推進派《どうめいすいしんは》の大島浩《おおしまひろし》駐《ちゅう》ドイツ大使、白鳥敏夫《しらとりとしお》駐《ちゅう》イタリア大使のそろい踏《ぶ》みにはじまって、固い時局ものがずらりとならんでいる。社長菊池《きくち》寛《かん》も巻頭《かんとう》に「二千六百年私感《しかん》」というやや張扇《はりおうぎ》的な一文を寄《よ》せている。その結びは何とも評《ひょう》しようのないほど強い言葉になっている。
「果して幾人《いくにん》の日本人が、新しい東亜《とうあ》の黎明《れいめい》に参ずることが出来るだろうか。犠牲《ぎせい》を踏《ふ》み越《こ》え、踏《ふ》み越《こ》え、われわれはこの空前の大事変を乗り切らねばならぬ。かつてわれわれの祖先《そせん》が示《しめ》したような、大勇猛心《ゆうもうしん》が、今ほど必要とされている時代は、二千六百年を通じて、絶無《ぜつむ》なのである」

国よ、もっと強くなれ、勇壮《ゆうそう》たれ、との声が二六〇〇年という節目の年を迎《むか》えて、ぐんぐん昂《たか》まってきていたのであろうか。そんな時代の空気のなかにあって、恐《おそ》らくこれが最後の抵抗《ていこう》といえるであろう特筆したいことが、折からの第七十五議会の衆議院《しゅうぎいん》本会議場において起こっている。A面的な話題となるが、民政党《みんせいとう》の斎藤隆夫《さいとうたかお》議員の軍の威嚇《いかく》をも恐《おそ》れない名演説《めいえんぜつ》「支那《しな》事変処理方針《しょりほうしん》」である。昭和史《しょうわし》に輝《かがや》く記念碑《きねんひ》的演説《えんぜつ》となるので少し長く引用する。

「（いまの世界情勢《じょうせい》の現実《げんじつ》を無視《むし》して）ただいたずらに聖戦《せいせん》の美名《びめい》に隠《かく》れて、国民的犠牲《ぎせい》を閑却《かんきゃく》し、いわく国際正義《こくさいせいぎ》、いわく道義《どうぎ》外交、いわく共存共栄《きょうそんきょうえい》、いわく世界の平和、かくの如《ごと》き雲をつかむような文字を並《なら》べ立《た》て、千載一遇《せんざいいちぐう》の機会を逸《いっ》し、国家百年の大計を誤《あやま》るようなことがありましたならば、現在《げんざい》の政治家《せいじか》は死しても、その罪《つみ》を滅《ほろ》ぼすことはできないのであります」

と頭ごなしに政策批判《せいさくひはん》をした上で、陸軍にたいして、いわば喧嘩《けんか》を売った。
「支那《しな》事変がはじまってからすでに二年半になるが、十万の英霊《えいれい》をだしても解決《かいけつ》しない。どう戦争解決《かいけつ》するのか処理案《しょりあん》を示《しめ》せといいたい」

これにたいして米内《よない》首相《しゅしょう》も、「なかなかうまいことをいう」と感服したが、それは控《ひか》え室《しつ》でのひそひそ話。そんなに物分りのいいはずのない陸軍は「聖戦《せいせん》目的を批判《ひはん》した。聖戦《せい》を冒瀆《ぼうとく》するものだ」と激昂《げきこう》し議員辞職《じしょく》を要求した。しかし、斎藤《さいとう》は「正論《せいろん》をいったまでだ。オレは議員を辞任《じにん》しない。文句《もんく》があるなら除名《じょめい》せよ」と息まいて一歩も引かなかった。これが二月二日のこと。

その後すったもんだと議会は大荒《おおあ》れに荒《あ》れて、三月七日になって本会議で投票ということになる。賛成《さんせい》二九六、反対六、欠席・棄権《きけん》一四四で、斎藤隆夫《さいとうたかお》議員の除名《じょめい》が可決《かけつ》となる。斎藤《さいとう》はその希望どおりになり、さばさばとして議場を去っていった。そしてまた除名《じょめい》に反対した社会大衆党《たいしゅうとう》議員八名も党《とう》から除名《じょめい》された。

そしてこの反戦演説事件《えんぜつじけん》が最終的にもたらしたものは、となると、まことに情《なさ》けないものなのである。三月九日、衆議院《しゅうぎいん》が断乎《だんこ》として「聖戦《せいせん》を貫徹《かんてつ》する」という決議でまとまった。さらに二十五日、親軍派《は》の政党《せいとう》人百余《よ》人が結集して「聖戦貫徹《せいせんかんてつ》議員連盟《れんめい》」を結成し、この非常時《ひじょうじ》に及《およ》んでは全政党《ぜんせいとう》を解散《かいさん》して、強力な一大新党《とう》を結成すべきである、体制《たいせい》を刷新《さっしん》すべきであると、米内《よない》内閣打倒《だとう》、近衛文麿《このえふみまろ》の担《かつ》ぎ出しで活潑《かっぱつ》に動きだす。

すると、担《かつ》がれるとすっかりいい気持ちになる近衛《このえ》は、六月二十四日に枢密院《すうみついん》議長を辞任《じにん》して、新体制《しんたいせい》運動推進《すいしん》の決意表明という呆《あき》れた展開《てんかい》になるのである。斎藤隆夫《さいとうたかお》の最後の抵抗《ていこう》は、せっかくアメリカとの協調を何とか回復《かいふく》しようと努力する米内《よない》内閣の命運をちぢめる結果となった、といえるようなのである。

◆統制《とうせい》そしてまた統制《とうせい》

どうもA面的な話となると自然に力が入って、調子にのってどんどん時間を先へと進めてしまうが、話題をB面に転じ、時間も戻《もど》して、このかんの三月十六日に、内務省《ないむしょう》からの指示《しじ》で、芸能界《げいのうかい》が異変《いへん》に遭遇《そうぐう》させられている。警視総監《けいしそうかん》安倍源基《あべげんき》の名で、新興行取締規則《こうぎょうとりしまりきそく》なるものが公布《こうふ》され、芸能人《げいのうじん》は新たに技芸証《ぎげいしょう》を内務省《ないむしょう》から発行してもらうことになったのである。これも総動員体制《そうどういんたいせい》で戦地慰問《いもん》の白ガミをだすため、という名分があったのであろう。要するに許可《きょか》証《しょう》である。「思想、素行《そこう》、経歴《けいれき》その他不適当《ふてきとう》と認《みと》むるもの」は不許可《きょか》となって、芸能人《げいのうじん》の技芸《ぎげい》証《しょう》がもらえなかった。

お蔭《かげ》で芸者出身の映画女優《えいがじょゆう》の花柳小菊《はなやぎこぎく》は「俳優《はいゆう》と芸者の二足のワラジは不適当《ふてきとう》なり」といわれて、さんざん考えぬいた揚句《あげく》に、やむなく芸者のほうを選んだ。そっちのほうが稼《かせ》ぎが多かったのか。

さらに三月二十八日、内務省《ないむしょう》は世にもばかばかしい命令を、映画《えいが》会社やレコード会社に発した。芸名のなかで、ふまじめ、不敬《ふけい》、外国人と間違《まちが》えやすいものの改名を指示《しじ》してきたのである。漫才《まんざい》のリーガル千太《せんた》・万吉《まんきち》、同じくミス・ワカナ、低音が魅力《みりょく》の歌手のディック・ミネ、東宝映画《とうほうえいが》の藤原釜足《ふじわらかまたり》、日活映画《えいが》の尼《あま》リリスなど、該当者《がいとうしゃ》十六名ぜんぶがアカンとなった。それでリーガルは「柳家《やなぎや》」、ミスは「玉松《たままつ》」、ディック・ミネは「三根耕一《みねこういち》」、藤原釜足《ふじわらかまたり》は「藤原鶏太《ふじわらけいた》」と改名させられる。また、中村《なかむら》メイコは本名が誕生《たんじょう》月の五月からとってメイであったが、メイは敵性《てきせい》語だからけしからんといわれ、「コ」をつけて日本名らしくした。

この技芸証《ぎげいしょう》の徹底《てってい》で芸能人《げいのうじん》の戦地慰問《いもん》・軍隊慰問《いもん》がやりやすくなったのはたしか。もともとは昭和十三年からはじまった慰問《いもん》隊名づけて「わらわし隊」は、このときから二線級三線級もどしどし徴用《ちょうよう》されて組織《そしき》化され、つぎつぎに中国大陸や満洲《まんしゅう》に送りだされていった。昭和十六年八月までに、計三百六十団《だん》、三千二百六十人が参加させられたという。総力戦体制《そうりょくせんたいせい》の名に恥《は》じない芸能人《げいのうじん》の活躍《かつやく》ぶりである。

この十五年の初夏のころに中国へ渡《わた》った「わらわし隊」の漫才《まんざい》界の先達《せんだつ》・砂川捨丸《すながわすてまる》と中村春代《なかむらはるよ》の題して「支那《しな》事変阿呆陀羅経《あほだらきょう》」という漫才《まんざい》の台本が残されている。たとえばの話として引用してみるが、戦場の兵隊たちはこんなどうということのない掛《か》け合《あ》いにもドッと沸《わ》いて、大喜《おおよろこ》びしていたのである。

捨丸《すてまる》「アー、いまの時局、ボロクズ、綿《めん》クズ、糸のクズでもみな大切や、火薬の原料じゃ。火薬というても加薬ウドンと間違《まちが》っちゃいけない。捨《す》てるな紙クズ、タバコの銀紙、空カン、針金《はりがね》、どんなクズでも決して捨《す》てるな。けれど特別あんたばかりは捨《す》ておけじゃ」

春代《はるよ》「なんで、わてを捨《す》てるねんな」

捨丸《すてまる》「あんたはネ」

春代《はるよ》「…………」

捨丸《すてまる》「人間のクズやさかい、役に立たんから捨《す》てておけ、放っとけやがな」

なんでこんな掛《か》け合《あ》いでドッと笑えたのかわからないが、クズも火薬になる、諸事倹約《しょじけんやく》の銃《じゅう》後《ご》の様子が入っていることが受けたのであろうし、当局のお気にも召《め》したのであろう。

政府《せいふ》がこの愚《おろ》かさであると、それに輪をかけるお調子ものがきまってハバをきかせてくる。諸《しょ》事百般《じひやっぱん》からアメリカ色、イギリス色はすべて一掃《いっそう》しよう、という声が高まりだした。

「敵性器具《てきせい》に頼《たよ》るな！」

すなわちマイクロホンで歌うな、にはじまって、以下、プラットホーム↓乗車廊《ろう》、自転車のハンドル↓方向転把《てんぱ》、ビラ↓伝単《でんたん》、パーマネント↓電髪《でんぱつ》、さらにラグビー↓闘球《とうきゅう》、アメフト↓鎧球《がいきゅう》、スキー↓雪艇《せってい》とよぶ。野球のスタルヒンという投手がいる、とにかく横文字名は直せということで須田博《すだひろし》と名を改めよというバカ騒《さわ》ぎ。

医学研究所で目下研究中のペニシリンは、カビで緑色をしているから碧素《へきそ》とよぶときまった。もはや滑稽《こっけい》もきわまって、評《ひょう》すべき言葉もない。

もう一つ、上からの統制《とうせい》といえばニュース映画《えいが》というものがあった。

日中戦争勃発《ぼっぱつ》このかた、その戦況《せんきょう》を伝えるニュース映画《えいが》は大そうな人気を集めた。皇軍《こうぐん》の快《かい》進撃《しんげき》はニュース映画《えいが》によってよく理解《りかい》できる。これによってしか、戦争を目にすることができない。ということで、ニュース映画専門館《えいがせんもんかん》もあっちこっちにできてくる。たとえば新宿《しんじゅく》なら、武蔵野《むさしの》館の裏《うら》の朝日ニュース劇場《げきじょう》、伊勢丹《いせたん》前の新宿《しんじゅく》文化映画劇場《えいがげきじょう》……こうなると、学生がしきりに出入りしても、時局を知るためにはよいことと、口うるさい教師《きょうし》もここは不良の巣窟《そうくつ》だなどと糾弾《きゅうだん》できなくなった。

それにそれまで朝日一社しかつくっていなかったニュース映画《えいが》を、「東日・大毎」「読売」「同盟《どうめい》」などもつくりだし、外国のニュース映画《えいが》も、パラマウントのほかにワーナー・ニュースとか、パテー・ニュースとかいうのもやりはじめた。ヒトラーやイタリアのムッソリーニはこれをどう政治《せいじ》利用しているか。添《そ》えものではなく積極的に、「大衆《たいしゅう》を啓蒙《けいもう》するのにニュース映画《えいが》は有効《ゆうこう》である」とさかんに使っている。戦争指導者《しどうしゃ》はただちにこれを見習え、となって、すぐに思いついたのは、新聞や雑誌《ざっし》と同じようにニュース映画《えいが》もまた当局による指導《しどう》・統制《とうせい》ということである。

すなわち、ニュース映画《えいが》の乱作《らんさく》は面白《おもしろ》くない傾向《けいこう》と当局には感じられ、ただちに手を打つこととなる。四月十六日、新聞・通信社系《けい》の四つのニュース映画《えいが》を一つにしよう、ということで、社団法人《しゃだんほうじん》日本ニュース映画《えいが》社の設立《せつりつ》となり、社員総会《そうかい》が開かれる。社長には同盟《どうめい》通信社の古野《ふるの》伊之助《いのすけ》が就任《しゅうにん》した。

いらい終戦まで、「日本ニュース」の独占《どくせん》となったのであるが、どうも当局の監視《かんし》のもとにワンパターン化し、日の丸を掲《かか》げて万歳《ばんざい》する兵隊たちが毎回でてきて、勝った勝ったとやっている。このために日中戦争が点と線を確保《かくほ》しているにすぎない、ドロ沼《ぬま》である、という〝事実〟が伝わらなくなっていった。

◆名言「ぜいたくは敵《てき》だ」

海軍大将《たいしょう》米内光政《よないみつまさ》とかくと、十四年の平沼内閣《ひらぬまないかく》のときの海相《かいしょう》としての、山本《やまもと》・井上《いのうえ》とならべて海軍良識派《りょうしきは》の三羽ガラスの見事といえる活躍《かつやく》が大きく映《うつ》ってしまう。それで何となくけなしにくいのであるが、首相《しゅしょう》としての米内《よない》となると、これもういけません、というほかはない。率直《そっちょく》にいってほとんどみるべき仕事はしていないというのが正しかろう。

かき忘《わす》れているわけではないが、ヨーロッパでは〝まやかしの戦争〟が突如《とつじょ》として五月十日に終り、ドイツ軍の電撃《でんげき》作戦がほこ先をこんどは西に向け、オランダ軍およびベルギー軍があっという間に席捲《せっけん》された。そしてさらに進撃《しんげき》はフランスへ。ヨーロッパにいたイギリス軍はダンケルクに追いつめられる。逃《に》げだすのにやっとである。かくて六月十四日には完膚《かんぷ》なきまでにフランス軍は撃破《げきは》され、パリにドイツ軍が無血入城したのが十四日、そして二十二日には無《む》条件降伏《じょうけんこうふく》、ヒトラーはパリに意気《いき》高らかに入城する。

そんなときなのである。戦争には不介入《ふかいにゅう》を宣言《せんげん》しているものの、日本国内はこのドイツの快《かい》進撃《しんげき》にすっかり眩惑《げんわく》されている。ドイツは強い、オランダはもちろんフランスやイギリスは弱くてダメだ、という考え方が大方の日本人に定着する。このときに、とくに陸軍と、海軍や外《がい》務省《むしょう》の親ドイツ派《は》の連中の眼《め》は、東南アジアのフランスやオランダの植民地《しょくみんち》に向けられる。日中戦争がうまくいっていないときであるから、いっそう強く惹《ひ》きつけられる。そこにある資源《しげん》が喉《のど》から手のでるくらい欲《ほ》しい。とくに石油である。宗主国《そうしゅこく》がドイツに降伏《こうふく》したいま、その資源《しげん》はどうなるのか。東南アジアに発言権《はつげんけん》のある日本は、いまこそ「千載一遇《せんざいいちぐう》のチャンス」、戦敗国の植民地《しょくみんち》国家の遺産相続《いさんそうぞく》に加わるべきである。火事場泥棒《どろぼう》的な空気が日本中を満たし、「バスに乗《の》り遅《おく》れるな」という昭和史《しょうわし》を飾《かざ》る名言が国民的大合唱となりはじめた。

つまり、そうした急変する世界情勢《じょうせい》をバックにおいてみると、英米友好を基調《きちょう》とする米内《よない》内閣のおかれている国内的条件《じょうけん》は、相当にきびしいものがあった。そこで精々《せいぜい》できるのはさらなる引《ひ》き締《し》め、しかも物資《ぶっし》の統制《とうせい》、ということになろうか。それで横浜《よこはま》と名古屋と京都と神戸では六月一日から、東京と大阪は五日から、砂糖《さとう》とマッチの配給切符制《きっぷせい》を導入《どうにゅう》し実施《じっし》したのであろう。一人一日マッチ五本、砂糖《さとう》は一人当たり一カ月に約三百六十グラム。万事《ばんじ》節約のいわば先駆的政策《せんくてきせいさく》ということになるのである。

これもやむを得《え》ないことと、同情《どうじょう》しつつかいてみても、このあともやたらにくだらないと思える法律《ほうりつ》をつくって、統制《とうせい》することで国家総動員体制《そうどういんたいせい》の実をあげようとしている。これらを「さすが米内《よない》さん」とほめるわけにはいかない。しかも、お終《しま》いに戦時下日本の名言中の〝名言〟といえる「ぜいたくは敵《てき》だ」を歴史《れきし》に残した、のであるから、やっぱりみるべき仕事をしなかったというのが正確《せいかく》な評価《ひょうか》となろう。

この〝名言〟の発端《ほったん》は、七月六日に米内《よない》内閣が公布《こうふ》した「奢侈《しゃし》品等製造販売制限規則《せいぞうはんばいせいげんきそく》」で、翌日《よくじつ》から断乎実施《だんこじっし》を決定した。これを世に七・七禁令《きんれい》という。つまり、この日から「ぜいたく品よ、さようなら。あすは閉《と》じる虚栄《きょえい》の門」ということになった。

「草の根をかじっても聖戦遂行《せいせんすいこう》への総意《そうい》を固め直さねばならない。趣味《しゅみ》の、ぜいたくのといっておれない時勢《じせい》だ」（大阪朝日新聞 七月六日付）

とさっそく新聞は協力の太鼓《たいこ》を叩《たた》いた。中央標語研究会なる民間機関もこれに和した。「身にはボロ着て心に錦《にしき》」。なんだか流行歌的な、七七調のうまい標語であるが、でも、「ぜいたくは敵《てき》だ」にはかなわなかったようである。禁止《きんし》になった主な物は「指輪、ネクタイピン、宝石《ほうせき》類《るい》、高価《こうか》なる白生地羽二重《きじはぶたえ》、丸帯、洋服等」で、たとえば「夏物の背広《せびろ》は百円、時計は五十円、ハンカチは一円、ワイシャツ十円、洋傘《ようがさ》二十五円、玩具《がんぐ》十円、下駄《げた》は七円、靴《くつ》は三十五円、香《こう》水《すい》は五円まで、それ以上は禁止《きんし》」とされた。

百貨店の食堂《しょくどう》なんかもぜいたくは禁止《きんし》で、これからは代用食とすることにきめる。大阪毎日新聞はスクープのごとく百貨店の代用食案出の腕《うで》くらべを大きく報《ほう》じた。

「阪急《はんきゅう》『私《わたし》の方では米の代りにうどんを使って〝うどん寿司《ずし》〟をつくって成功しました』。そごう『うどん、馬鈴薯《ばれいしょ》、玉ねぎをいっしょに油で揚《あ》げたものを〝国策《こくさく》ランチ〟と銘打《めいう》ち、ご飯の代りにそばをのりで巻《ま》いたものを〝そば寿司《ずし》〟として試みています』。百貨店の食堂《しょくどう》は代用食が続々と登場、われわれを喜《よろこ》ばせてくれるであろう」（七月十四日付）

なお、「ぜいたくは敵《てき》だ」の名言に即《そく》して、大きくかかれた看板《かんばん》が街頭にやたらに立てられだしたのは、東京では八月一日から。「日本人なら、ぜいたくは出来ない筈《はず》だ!」とばかりに計千五百本の立《た》て看板《かんばん》。ただしそのときには米内《よない》内閣は総辞職《そうじしょく》して、第二次の近衛文麿内閣《このえふみまろないかく》にかわっていた。ユーモラスな反抗精神《はんこうせいしん》の持ち主がいて、敵《てき》の上に「素《す》」の字をかきこんで、「ぜいたくは素敵《すてき》だ」とやったのは、この年の秋になってからのことである。

この八月一日の永井荷風《ながいかふう》の日記『断腸亭日乗《だんちょうていにちじょう》』には思いがけないことがかかれている。「贅沢《ぜいたく》ハ敵也《てきなり》ト云《い》フ語ハ魯西亜《ロシア》共産党政府創立《きょうさんとうせいふそうりつ》ノ際《さい》、用《もち》タル街頭宣伝《せんでん》語ノ直訳也《ちょくやくなり》ト云《いふ》」

ほんとうであろうか。

余談《よだん》となるが、岡本一平《おかもといっぺい》画伯《がはく》がつくる朗《ほが》らかにして軽快《けいかい》な歌「隣組《となりぐみ》」(飯田信夫《いいだのぶお》作曲)が、徳山璉《とくやまたまき》によって歌われ、はじめてラジオの国民歌謡《かよう》の時間に流れたのは六月二十二日から。「とんとん　とんからりと隣組《となりぐみ》」はわたくしだっていまも歌えるほど流行した。月日からみると米内《よない》内閣のときなのであるが、内務省《ないむしょう》が全国に強制的《きょうせいてき》に隣組《となりぐみ》を設置《せっち》するよう通達したのはこの年の九月で、いくら統制《とうせい》好きだからといって、こっちのほうは米内《よない》内閣とは直接《ちょくせつ》には関係ない。歌の大流行も相当にあとになってからのようである。

◆ドイツとイギリス

七月二十二日、米内《よない》内閣が強引《ごういん》に崩壊《ほうかい》させられて、近衛内閣《このえないかく》が成立した。じつは陸軍の策謀《さくぼう》がものの見事に成功したのである。ヨーロッパ戦争に不関与《かんよ》、ヨーロッパを席捲《せっけん》しつつあるドイツとの軍事同盟《どうめい》を結ぼうとの急接近《きゅうせっきん》に反対、また、日本もドイツばりの「強力な　元政治《せいじ》」をとるべしという声にも耳を貸《か》さない、対米関係の改善《かいぜん》を何とか図《はか》りたいと、やること為《な》すこと反対の方向に進もうとしている米内《よない》内閣の存在《そんざい》が、陸軍にはその戦略《せんりゃく》上から邪魔《じゃま》で仕方がなかったのである。それで軍部大臣現役武官制《げんえきぶかんせい》という奥《おく》の手《て》を使って、これをあざやかに倒《たお》してしまう。

八月一日、近衛《このえ》新内閣《ないかく》はすでに予定稿《こう》としてきめてあった「基本国策要綱《きほんこくさくようこう》」を発表した。

「皇国《こうこく》の国是《こくぜ》は八紘《はっこう》を一宇《いちう》とする肇国《ちょうこく》の大精神《せいしん》に基《もと》き世界平和の確立《かくりつ》を招来《しょうらい》することをもって根本とし、まず皇国《こうこく》を核心《かくしん》とし日満支《にちまんし》の強固なる結合を根幹《こんかん》とする大東亜《だいとうあ》の新秩序《ちつじょ》を建設《けんせつ》するにあり。これがため、皇国《こうこく》自ら速《すみやか》に新事態《じたい》に即応《そくおう》する不抜《ふばつ》の国家態勢《たいせい》を確立《かくりつ》し、国家の総力《そうりょく》を挙げて右国是《こくぜ》の具現《ぐげん》に邁進《まいしん》す」

いっていることはじつに立派《りっぱ》である。八紘一宇《はっこういちう》の大精神《せいしん》といい、東亜《とうあ》新秩序《ちつじょ》といい、だれもこの大理想に文句《もんく》のつけようもない。そのために国内態勢《たいせい》を刷新《さっしん》する……なんてことが、現実《げんじつ》の日本にはたしてできることなのか。中国との戦争でもうニッチもサッチもいかない状況《じょうきょう》に陥《おちい》っているのである。しかも、いまや強国英米が〝敵《てき》〟として眼《め》の前に立ち塞《ふさが》っている。しかし、当時のわが国民は「できる、いや、しなくてはならないのだ」と本気で思わせられた。ほかに道はない、そう思わせられた。思想的・精神的《せいしんてき》そして知的にも逼迫《ひっぱく》してきて、大戦争に率《そっ》先《せん》して身を寄《よ》せていく空気が生じてきたのである。幻想《げんそう》と武力《ぶりょく》こそが国家指導《しどう》に必要である、というよくいわれる原理が正しいといやでも思わせられる。

そして事実としては、第二次近衛内閣《このえないかく》が成立した七月二十二日、太平洋戦争への道が決定的になった、といってもいいのである。外相松岡洋右《がいしょうまつおかようすけ》、陸相東条英機《りくしょうとうじょうひでき》など、対英米強硬派《きょうこうは》がぞくぞくと閣僚《かくりょう》に親任《しんにん》された。終戦時の首相《しゅしょう》となった鈴木貫太郎《すずきかんたろう》の、当時の批判《ひはん》はすこぶる手きびしいものがあった。

「松岡《まつおか》ヲ外相《がいしょう》ニシタノハ誰《だれ》カ。近衛《このえ》公トシテハ認識《にんしき》不足モ甚《はなはだ》シ」

しかし、新首相《しゅしょう》の近衛《このえ》は記者会見で大言壮語《たいげんそうご》した。

「米国は、日本の真意をよく了解《りょうかい》して、世界新秩序建設《ちつじょけんせつ》の日本の大事業に、積極的に協力すべきであると思う。米国がわが内閣《ないかく》がやろうとしている日独伊《にちどくい》三国同盟《どうめい》の立場と真意をあえて理解《りかい》せず、どこまでも同盟《どうめい》をもって敵対行為《てきたいこうい》として挑戦《ちょうせん》してくるにおいては、あくまで戦うことになるのはもちろんである」

この大ボラを、近衛《このえ》が本気で考えていたとはとても思えない。大衆《たいしゅう》の「バスに乗《の》り遅《おく》れるな」の大合唱に迎合《げいごう》しての人気とり、とみれば、あるいは理解《りかい》できようか。いや、本気か人気とりかとそんな忖度《そんたく》とは関係なく、近衛内閣《このえないかく》成立に合わせて、世の風潮《ふうちょう》はまさしく新体制《しんたいせい》運動の一色に染《そ》まっていく。たとえば電車に乗って宮城《きゅうじょう》や明治神宮《じんぐう》や靖国《やすくに》神社のそばを通るとき、「宮城《きゅうじょう》前（あるいは明治神宮《じんぐう》前、あるいは靖国《やすくに》神社前）でございます」と車掌《しゃしょう》の声がかかる。

乗客はいっせいに立ってそっちを向いて最敬礼《さいけいれい》しなくてはならなくなる。それが新体制《しんたいせい》運動への参加の一端《いったん》で、これがどんなに馬鹿げていると思えても、ただもう素直《すなお》に従《したが》わねばならない。従《したが》わないヤツは非国民《ひこくみん》のレッテルを貼《は》られ、あとで恐《おそ》ろしいことになる。そしてたちまち通りすぎる電車の中で最敬礼《さいけいれい》したって、それが忠君《ちゆうくん》とか愛国になりはしないのではないか、という陰《かげ》の声もあったためであろうか、間もなくそのときには電車がのろのろと走るようになった。

そしてさらにナチス・ドイツ人気が高まっていく。「近衛《このえ》さんの新体制《しんたいせい》運動の手本はドイツにあるんだ」「ヒトラーにならって強国をつくるんだ」とのひそかな囁《ささや》きが広まって大きな世評《せひよう》となり、ヒトラー著《ちよ》『我《わ》が闘争《とうそう》』（室伏高信訳《むろぶせこうしんやく》、第一書房《しよぼう》、七十八銭《せん》）が売れだしてあれよという間に十万部を突破《とつぱ》する。

作家安岡章太郎《やすおかしようたろう》が『僕《ぼく》の昭和史《しようわし》』に、そうした社会風潮《ふうちよう》にたいする不満というか苛立《いらだ》ちをかいている。

「僕《ぼく》は漠然《ばくぜん》と、ドイツ人は頭が良くて理論的《りろんてき》で全体主義《しゆぎ》国家というものが独創的《どくそうてき》な思考から理路整然と組み上げられているのに、日本の国家指導者《しどうしや》ときたら理論《りろん》も何もなしに上っつらだけヒトラーの真似《まね》をして、それで戦争に勝つつもりでいるんだろうか、と腹《はら》を立てていた。だが、どうしてそんなことでイラ立つ必要があるのだろう？」

こんな風に、理路整然ならざる（？）苛立《いらだ》ちを感じている人もたしかにいたであろうが、それはいてもごく少数で、いわば新体制《しんたいせい》の名のもとに大衆的《たいしゆうてき》同調社会がいつの間にか成立していたとみたほうがいいであろう。ヨーロッパにおけるドイツの勝利によって、間違《まちが》いなくアングロサクソンが形成してきたワシントン体制《たいせい》は打破《だは》され、世界新秩序体制《ちつじよたいせい》ができるのだ、それに日本も加わるべく東亜《とうあ》新秩序建設《ちつじよけんせつ》のため国家改造《かいぞう》を一日も早くしておかなければならない。そのいちばんの捷径《しようけい》はドイツとの同盟《どうめい》である。その声が高まるいっぽうとなる。

それにつれて反英、排《はい》英の運動がさらにいっそう強くなっていく。八月二日、ロンドンで英官憲《かんけん》が日本の商事会社の支社長《ししやちよう》を検挙《けんきよ》するという事件《じけん》が起こった。これをとりあげて、「実業之《の》世界」九月号に浅沼稲次郎《あさぬまいねじろう》が「英国を東洋から追放せよ」というはげしい論文《ろんぶん》を発表している。これにはびっくりさせられる。

「過去《かこ》三年間、英国の敵性露出《てきせいろしゆつ》によって日本は散々苦しめられて来たが、一方に大戦を控《ひか》えているため忍《しの》び得《え》ざるものを忍《しの》んで来た。そしてその侮辱《ぶじよく》に耐《た》えて来たのが三年目に堪忍袋《かんにんぶくろ》の緒《お》を切ったのである。国民は目には目、歯には歯、報復《ほうふく》には断乎報復《だんこほうふく》をもってという、断乎《だんこ》たる態度《たいど》を政府《せいふ》に要望しているのである」

さらに返す刀でアメリカにも切りつける。

「昨年夏以来、英国の退潮《たいちよう》に比例《ひれい》して、米国の極東前進を見るのである。米国は、英国の後《こう》退《たい》以上に東亜《とうあ》新秩序建設《ちつじよけんせつ》の妨害者《ぼうがいしや》として前進して来ている」

社会主義者《しゆぎしや》にもこの声あり、というだけではない。同じ雑誌《ざつし》に法律家《ほうりつか》清瀬《きよせ》一郎《いちろう》もすさまじいことを主張《しゆちよう》している。

「この際《さい》日本としては、英国本国にいる日本人を全部引きあげる様心がくべきである。この態《たい》勢《せい》を取らなくてはならない。新聞も馬《ば》鹿《か》騒《さわ》ぎをせずに、南《なん》阿《あ》、印《いん》度《ど》、或《あるい》はシンガポールあたりからどしどし日本人を引きあげさせることだ。要するに英領《えいりよう》から日本人を一日も早く引きあげることだ。（中略《ちゆうりやく》）これが真の音無しの構《かま》えである」

もう思想・信条《しんじよう》を問わず識者《しきしや》の間にも排外的《はいがいてき》な強い言論《げんろん》が飛《と》び交《か》っていたことがわかる。この英米にたいする敵視《てきし》が、ドイツへの親近感を増幅《ぞうふく》させ、日本人の心情《しんじよう》をぐんとヒトラーに傾《けい》斜《しや》させていった。ヨーロッパの戦況《せんきよう》は圧倒的《あつとうてき》にドイツが優勢《ゆうせい》であったし、八月下旬《げじゆん》ごろからドイツ空軍は連日のように数百機を出撃《しゆつげき》させ、イギリス本土各地の猛爆撃《もうばくげき》を開始した。そのときに、やがてドイツにも力が尽《つ》きるときが来るであろうことを予見できるものが、いるはずもなかったのである。

八月中旬《ちゆうじゆん》、東京・大阪の全朝日新聞の編集幹部《へんしゆうかんぶ》たちだけの会議が大阪でひらかれる。主筆の緒方竹虎《おがたたけとら》がはっきりと全員に告《つ》げた。

「国際政治《こくさいせいじ》の上に独伊《どくい》の比重《ひじゆう》が非常《ひじよう》に重くなって来ている。（中略《ちゆうりやく》）独伊《どくい》とも適当《てきとう》に連携《れんけい》するのは、防共《ぼうきよう》協定の関係からも反対できない」

たいする反対意見なし。社論《しやろん》の方向が同盟支持《どうめいしじ》へときまっている。

そういえば、わが記憶《きおく》にはくっきり残っている。わたくしの家にはなかったが、四、五人の同級生の家の欄間《らんま》に妙《みよう》な写真が麗々《れいれい》しく飾《かざ》ってあったものであった。日本が世界地図の真ん中にあって、東京のところに天皇《てんのう》、ベルリンにヒトラー、ローマにムッソリーニの写真が円く掲《かか》げてある。世界はこの三人によってやがて統治《とうち》されるといわんばかりに。東京の下町には、先頭を切って壮語《そうご》する軍国主義《しゅぎ》の大人が結構《けっこう》多かったから、そんな親をもつ同級生の家に遊びにいくと、無理矢理《むりやり》にこの写真にお辞儀《じぎ》をさせられたものであった。

◆在郷《ざいごう》軍人会のおっさんたち

こうした反英米、親独《どく》の空気の強まるなかで、ちょっと戻《もど》るが八月一日、アメリカが航空機《こうくうき》用揮発油《きはつゆ》の輸出《ゆしゅつ》を禁止《きんし》、さらに石油輸出《ゆしゅつ》を許可制《きょかせい》にすると発表していたのである。屑鉄《くずてつ》や鉛《なまり》につづく石油である。遅《おそ》かれ早《はや》かれ、全面的に石油を止《と》めるであろうとの予測《よそく》が軍を戦慄《せんりつ》させた。ともあれ、日本の政策《せいさく》に真《ま》っ向《こう》から異《い》を唱え、友好条約《じょうやく》の廃棄《はいき》につづくこの許可制《きょかせい》、真の〝敵《てき》〟の立場をアメリカがもろにだしてきたとみるほかはない。英米と呼《よ》んでいたのにいつの間にか逆転《ぎゃくてん》して米英となったのはこのころからである。

そして近衛内閣《このえないかく》発足《ほっそく》とともに内閣情報部《ないかくじょうほうぶ》は情報局《じょうほうきょく》となり、報道規制《ほうどうきせい》はさらに強まる。十月十一日、横浜港《よこはまこう》沖で観艦式《かんかんしき》があったとき、各新聞社に配られた「取材心得《こころえ》」には「服装《ふくそう》はモーニングにシルクハット」「記事は艦隊《かんたい》において検閲《けんえつ》を受くるものとする」とあった。これでは何もかけない。それで、たとえば東京朝日新聞の十二日付夕刊《ゆうかん》は「天皇旗《てんのう》は紺碧《こんぺき》の空をくっきりと真紅《しんく》に截《き》って御紋章《ごもんしょう》の金色が朝日に映《は》え燦然《さんぜん》と輝《かがや》いている」と軍国日本をひたすら讃美《さんび》する。万事《ばんじ》がこんな風で、そんなお祭り記事はかきたくはないという選択《せんたく》はなくなった。

そして銃後《じゅうご》の〝空気〟は、ドイツ軍の英本土上陸を予想させる世界情勢《じょうせい》の緊迫化《きんぱくか》にともない、米内《よない》内閣当時のような何とはなしの太平楽をきめこんでいるわけにはいかなくなっている。近衛内閣《このえないかく》は新体制《しんたいせい》運動のひとつとして「戸毎《こごと》に翼賛《よくさん》運動」というのをはじめた。すなわち、近《この》衛《え》の筆になる「臣道実践《じっせん》」「大政翼賛《たいせいよくさん》」の二枚《まい》の札を玄関《げんかん》の扉《とびら》や柱に貼《は》る、という他愛《たあい》のないことであったが、それを実行するために当局が利用したのが「隣組《となりぐみ》」というすでにできている組織《そしき》であった。そのいっそうの強化が指導《しどう》されたのである。

つまり近衛《このえ》のいう翼賛体制《よくさんたいせい》というのは、反対するもののいないこと、大勢順応《おおぜいじゅんのう》、全会一致《いっち》、議論《ぎろん》なし、ということであった。

九月十一日、内務省《ないむしょう》は「部落会町内会等整備要領《せいびようりょう》」を発表、つまり隣組《となりぐみ》を「国民の道徳的錬成《れんせい》と精神的団結《せいしんてきだんけつ》を図《はか》る基礎組織《きそそしき》」とすることを表明する。かくて、積極的に近所づき合いなんかしなくてもすんできた住民たちは、否応《いやおう》なしに互《たが》いに接触《せっしょく》せざるを得《え》なくなる。回覧板《かいらんばん》を回したり、配給物を配ったり。なかには隣組《となりぐみ》づき合いの好きな人もあり、やたらに人の家に出入りするようになる。隣組《となりぐみ》から出征兵士《しゅっせいへいし》がでようものなら、総出《そうで》でこれを見送り、隣組《となりぐみ》全員が署名《しょめい》した日の丸を贈《おく》るのが習わしとなった。

そして基本的《きほんてき》には十軒《じっけん》が一組となり、常会《じょうかい》というものが月に一度、各家の回りもちで開かれる。要は、仲よく集まってお上からの命令をおごそかに聞くのに役立つ組織《そしき》のはずであるが、やがてそうはいかなくなった。

「おい、お前んちのおやじは非国民《ひこくみん》なんだってな、やたらに近衛《このえ》さんの悪口をいっているって、俺《おれ》んちのおやじがいっていたぞ」

と、わたくしはつい四、五軒《けん》先の相撲《すもう》仲間の中学生から何度も聞かされたりした。隣組《となりぐみ》はたちまちに監視《かんし》機関・密告《みっこく》機関となっていく。当時さかんにいわれたスパイ防止《ぼうし》の標語があった。「聞いても語るな知っても言うな」「スパイはスパイらしくなし」。おやじにいわれて、ほんとうだな、これは、と思ったことである。

それと俄然猛威《がぜんもうい》をふるいだしたのが在郷《ざいごう》軍人会という組織《そしき》である。軍隊というところは不思議な社会で、天皇《てんのう》の兵士《へいし》の名のもとに軍服を着たとたんに星一つの違《ちが》いで、天と地ほどの違《ちが》いがでる。小作人《こさくにん》の伜《せがれ》が先に召集《しょうしゅう》をうけていたゆえに星が一つ多くなり、あとから来た地主の伜《せがれ》に非人間的《ひにんげんてき》な往復《おうふく》ビンタを張《は》ることは正義《せいぎ》なのである。ところが満期になって除隊《じょたい》して、軍隊でいうところの「地方」に戻《もど》ると、肩章《けんしょう》もなければ星の徽章《きしょう》のついた軍帽《ぐんぼう》もないから、まさに木から落ちた猿《さる》と同じに元の身分へ戻《もど》る。しかし、彼《かれ》らにも一つだけ楽しみがあった。在《ざい》郷《ごう》軍人会という組織《そしき》である。ここでは元の階級が活《い》きているから、軍人としての自尊心《じそんしん》をもう一度満足させることができる。

これが大いに重用されだして星一つ上が威張《いば》りだした。防空演習《ぼうくうえんしゅう》があったり隣組《となりぐみ》での軍事訓練が行われたりするときには、在郷《ざいごう》軍人会メンバーが軍服を着用してでてくる。これまで軍人会の内部でしか通用しなかった命令指揮系統《しきけいとう》が外部においても縦横《じゅうおう》に発揮《はっき》されるのである。いつの間にか一般人《いっぱんじん》は元軍人の指揮《しき》に従《したが》わねばならなくなった。さらに九月から国民体育法が公布《こうふ》され、十七歳《さい》から十九歳《さい》までの男子約二百万人の体力検査《けんさ》が、日本中で行われることとなる。百メートル走、二千メートル走、走幅跳《はしりはばとび》などにプラスして軍事教練的な手榴弾《しゅりゅうだん》投げ、土《ど》嚢運搬《のううんぱん》。こうなると鍛《きた》えてある在郷《ざいごう》軍人の大声の号令がまたしてもものをいった。さらにこれに警防団《けいぼうだん》が指導《しどう》に加わる。

そういえば思いだした、わが近所に超熱血《ちょうねっけつ》の在郷《ざいごう》軍人のおっさんがいて、われら悪ガキを集めて知らなくてもいいことを訓育してくれた。兵営《へいえい》ラッパについてである。

「いいか、軍隊ではな、起床《きしょう》ラッパは〝起きろよ、起きろ、みな起きろ、起きないと隊長さんに叱《しか》られる〟と吹《ふ》くんだ。寝《ね》るときの消灯ラッパは、〝新兵さんは、可哀想《かわいそう》だね、また寝《ね》て泣くのかよ〟で、そして突撃《とつげき》ラッパは〝進めや進め、みなみな進め、進めや進め、みなみな進め〟と勇ましくやるんだ。覚えとけよ、将来《しょうらい》かならず役に立つからな、少国民諸君《しょくん》！」

いまでも、ときどき「起きろよ、起きろ、みな起きろ」などと自分を鼓舞《こぶ》して、眠《ねむ》い眼《め》をこすって起きたりしていることがある。まったく「三つ子の魂《たましい》百までも」であることよ。

その上にまた、十月五日付の東京朝日新聞を引いてみると――。

「厚生省《こうせいしょう》では男子用国民服を祭典・儀式《ぎしき》に際《さい》し、従来《じゅうらい》のフロック、モーニング、紋付羽織《もんつきはおり》袴《はかま》等の式服と共に着用できるよう〝国民服令〟の制定《せいてい》を急いでいたが（中略《ちゅうりゃく》）今月末の勅《ちょく》令《れい》をもって公布《こうふ》されることに決定した」

それでなくとも防空服装《ぼうくうふくそう》の名目のもとに、男はゲートルをつけろ、女はモンペ着用のことと、元軍人が服装《ふくそう》にまできびしく指示《しじ》を発していたのであるが、これがいよいよ法律《ほうりつ》ないし規律《きりつ》化されて国民服となった。特徴《とくちょう》は従来《じゅうらい》のカラー、ワイシャツ、ネクタイ、チョッキを一蹴《いっしゅう》し、色は国防色《こくぼうしょく》つまり陸軍のカーキ色を建前とし、ズボンの形式はこれこれ、なんて細かく規定《きてい》される。ウヘェー、野暮《やぼ》ったい、とか、ドロ臭《くさ》いのといってはいられない。これぞ近衛首相《このえしゅしょう》のいう臣道実践《じっせん》の証《あかし》なのである。

こうして人を服装《ふくそう》から演習《えんしゅう》だの検定《けんてい》だの、団体《だんたい》行動の面から統制《とうせい》し、とんとんとんからりの隣組《となりぐみ》によって日常《にちじょう》生活や言論《げんろん》の監視《かんし》がいつしか奨励《しょうれい》されるようになった。これは批判《ひはん》や反抗《はんこう》を抑圧《よくあつ》するのに大いに役立つ。どんどん一色に染《そ》まっていく。近衛内閣《このえないかく》になっていっそう閉鎖《へいさ》的《てき》同調社会への傾向《けいこう》が強まっていく。強力な国民一致《いっち》の組織《そしき》をつくろうとする新体制《しんたいせい》というのは、じつはこのような国家主義的《しゅぎてき》な体制《たいせい》をつくることであったのか。そして戦時下の軍部はこうした国民の一致《いっち》協力体制《たいせい》を大歓迎《だいかんげい》する。

◆「わしゃかなわんよう」

こうした〝空気〟に乗って、九月二十三日には軍部は北部仏印《ふついん》に武力進駐《ぶりょくしんちゅう》をやってのける。蔣介石《しょうかいせき》軍が頑張《がんば》れるのは、米英が軍需品《ぐんじゅひん》などの援助物資《えんじょぶっし》を背後《はいご》から輸送《ゆそう》しているからである。

その援蔣《えんしよう》ルートの一つに仏領印度支那《ふつりよういんどしな》（現《げん》ベトナム）からの仏印《ふついん》ルートがある。そのルートの全面封鎖《ふうさ》のためのやむを得《え》ざる進駐《しんちゆう》なのであると、国民は当局の説明に即座《そくざ》に納得《なつとく》した。

翌《よく》二十七日、日独伊《にちどくい》三国同盟《どうめい》がそれこそアッという間に調印となった。近衛《このえ》がふたたび首相《しゆしよう》となったとき、彼《かれ》の頭にあるのは三国同盟《どうめい》と政治新体制《せいじしんたいせい》の二つの問題だけ、そのほかは馬の耳に念仏《ねんぶつ》であった、といわれていたその二つの目的の一つが成就《じようじゆ》したことになる。が、あに近衛《このえ》のみならんや。新聞各紙も大歓迎《だいかんげい》した。朝日新聞の二十八日付社説は「誠《まこと》に欣快《きんかい》に堪《た》えざるところである」と手放しで喜《よろこ》び、「いまぞ成れり〝歴史《れきし》の誓《せい》〟／万歳《ばんざい》の怒濤《どとう》」などと特大の活字でその意義《いぎ》を伝えている。そしてこの日、同盟締結《どうめいていけつ》に関する詔書《しようしよ》がでて、

「大義《たいぎ》を八紘《はつこう》に宣揚《せんよう》し、坤輿《こんよ》を一宇《いちう》たらしむるは、実に皇祖皇宗《こうそこうそう》の大訓にして、朕《ちん》が夙夜《しゆくや》、眷々《けんけん》措《お》かざる所なり。……」

と、天皇《てんのう》もまた、同盟《どうめい》に賛意《さんい》を表しているのである。

ところで、二十九日、作家野上弥生子《のがみやえこ》は日記にこんな不敵《ふてき》な文字をかきつけている。

「英米の代りに独伊《どくい》というダンナもちになって、十年後にはどんな目に逢《あ》うか。国民こそいい面《つら》の皮である」

永井荷風《ながいかふう》の九月二十八日の日記も、いやはや、あっぱれである。

「愛国者は常《つね》に言えり、日本には世界無類の日本精神《せいしん》なるものあり、外国の真似《まね》をするに及《およ》ばずと、然《しか》るに自ら辞を低くし腰《こし》を屈《くつ》して、侵略不仁《しんりやくふじん》の国と盟約《めいやく》をなす、国家の恥辱之《ちじよくこれ》より大

なるは無し、（以下略《いかりやく》）」

こうした人がいることはいた。しかし、もはやほんのひと握《にぎ》りしかいなかった。国民の多くはだれも「国家の恥辱《ちじょく》」なんて思ってもみなかった。

そして新体制《しんたいせい》運動の中核《ちゅうかく》とされた大政翼賛会《たいせいよくさんかい》は十月十二日に発足《ほっそく》する。会の目的は、実践《じっせん》要綱《ようこう》によれば「上意下達《じょういかたつ》・下情上通《かじょうじょうつう》を図《はか》り、もって高度国防《こくぼう》国家体制《たいせい》の実現《じつげん》に努む」ということであった。

高度国防《こくぼう》国家体制《たいせい》をつくる、さてさてそれにはまず「産めよ殖《ふ》やせよ」、というわけではないが、十月十九日、厚生省《こうせいしょう》が全国の子宝《こだから》隊（優良《ゆうりょう》多子家庭）を表彰《ひょうしょう》すべく、選ばれた一万三百三十六家庭の名簿《めいぼ》を発表する。このニュースを伝える新聞の見出しが「出たゾ、興亜《こうあ》の子《こ》宝《だから》「部隊長」ときた。その人は長崎県庁《けんちょう》の総務《そうむ》部長の白戸半次郎《しらとはんじろう》さん。なんと男十人、女六人を育てている（わたくしの長岡《ながおか》中学の同級生に十五人兄妹《きょうだい》の末ッ子がいた。残念！ 一人足らなかったのか）。

この白戸《しらと》さんを筆頭に表彰《ひょうしょう》されるのは満六歳《さい》の子十人以上の家庭で、しかも父母が善良《ぜんりょう》な臣民の条件《じょうけん》を兼《か》ね備《そな》えていること。これに目出《めで》たくパスした家庭は北海道が九百七十八、以下鹿児島県五百四十一、静岡県四百四十四、最低は鳥取県の三十九。

いまの日本の大問題の一つの少子化を考えるにつけ、戦前の国策《こくさく》をもちだすわけではないが、「産めよ殖《ふ》やせよ！ 国のため」というスローガンがなつかしくもある。とにかく昔のお父さんお母さんは、国の将来《しょうらい》のため、頑張《がんば》ったんであるな。このスローガンが前年に厚生省《こうせいしょう》発表の「結婚《けっこん》十訓」に依拠《いきょ》するものであったことは、すでにふれたとおり。高度国防《こくぼう》国家建設《けんせつ》という国《こく》策《さく》のために、人口をふやすことは大事であったのである。そういえば「一億一心」という官製《かんせい》標語もこの年につくられている。この一億には朝鮮《ちょうせん》、台湾《たいわん》、樺太《からふと》などの植民地《しょくみんち》の人口もふくむ。この年十月一日の国勢調査《こくせいちょうさ》では日本内地の人口は七千三百万人強。それゆえの子宝《こだから》隊表《ひょう》彰《しょう》であり、「結婚《けっこん》十訓」であったのである。

あとB面的な話題は、といっても、大政翼賛《たいせいよくさん》という大義名分《たいぎめいぶん》が大手《おおで》をふるい、規則《きそく》ずくめの世となってはそんなに多く見つけることはできない。十月二十日、日本野球連盟《れんめい》が監督《かんとく》・選手・マネジャーをそれぞれ教士《きょうし》・戦士《せんし》・秘書《ひしょ》と改称《かいしょう》することをきめる。同二十七日、戸田《とだ》ボートコースが竣工《しゅんこう》する。全長二千四百メートル、幅《はば》七十メートル。ほんとうはこの年に開催《かいさい》されるはずであった東京オリンピックのレース会場、となる予定であったのである。同三十一日、外国名のタバコ「ゴールデン・バット」が「金鵄《きんし》」、「チェリー」が「桜《さくら》」に改名される。左様、この十月三十一日は日本じゅうのダンスホールが完全に閉鎖《へいさ》された日となった。東京では十のホールがあって、ダンサー三百六十一名、楽士《がくし》百九名が職《しょく》を失った。最後の夜はどこも超満員《ちょうまんいん》。やけっぱちでハシゴをするものも多かったとか。いよいよラストで、ワルツの「蛍《ほたる》の光」が演奏《えんそう》されたとき、ホールのあちこちですすり泣く声が高くなった。

「くだらねえ、権力《けんりょく》で抑《おさ》えつけるなんて」

盛大に催された紀元2600年祝祭。「一億一心」をスローガンに、歓声をあげて宮城前へ押し寄せる行列（「写真週報」昭和15年より）

歌手の三根耕一《みねこういち》（ディック・ミネ）が隅《すみ》のほうで口惜《くや》しそうにいった。

そして十一月十日、紀元《きげん》二六〇〇年の大祝典が宮城外苑《きゅうじょうがいえん》で盛大《せいだい》に挙行される。戦前の日本の最大のお祭りであったが、わたくしにはあまり記憶《きおく》に残っていない。奉祝《ほうしゅく》の花電車を見にいったことと、「金《きん》鵄《し》かがやく日本の、栄《は》えある光身に受けて、今こそ祝えこの朝《あした》、紀元《きげん》は二千六百年」の祝歌なんかどうでもよく、「金《きん》鵄《し》上がって十五銭《せん》、はえある光三十銭《せん》、鵬翼《ほうよく》高い五十銭《せん》、紀元《きげん》は二千六百年」とタバコ値上《ねあ》げの替《か》え歌《うた》をしきりに歌って、晴れ晴れしい顔をした在郷《ざいごう》軍人のおっさんにゴツンとやられた覚えだけが残っている。

十一月二十四日、元老西園寺公望《げんろうさいおんじきんもち》が世を去った。享年《きょうねん》九十一。日独伊《にちどくい》三国同盟《どうめい》が結ばれたとき、「これで日本は滅《ほろ》びるだろう。お前たちは畳《たたみ》の上で死ねないことになった。その覚悟《かくご》をいまからしておけ」と側近にしみじみと嘆《なげ》いたという。その言葉だけは、やはりかきとめておきたい。

当時の国民には、西園寺《さいおんじ》のそんな憂《うれ》いなどが伝えられるわけはない。日本が亡《ほろ》びるとは思ってもみないことである。もっぱら大人も子供《こども》もひそかに口にしていたのはこの流行語。

「あのねェ、おっさん、わしゃかなわんよう」

もとは喜劇俳優《きげきはいゆう》の高勢実乗《たかせみのる》が、チョンマゲにチョビヒゲ、目の回りに墨《すみ》をぬって、スクリーンで頓狂《とんきよう》な声で叫《さけ》んだセリフである。とにかくやたらに重苦しくなっていく時代。取締《とりしま》りだけがきびしいときに「わしゃかなわんよう」と悲鳴をあげることが、一部の民草《たみくさ》には一服の清涼《せいりよう》剤《ざい》となっていたのであろう。

しかし、これすらも九月に、皇道精神《こうどうせいしん》に反するとして禁止《きんし》命令が下される。悪ガキは心底からガッカリした。でも、だからこそ、時々「わしゃかなわんよう」とやっていた。

昭和十六年（一九四一）

日独伊《にちどくい》三国同盟《どうめい》を締結《ていけつ》したあとの日米関係は、当然のことながら険悪化《けんあくか》するいっぽうとなる。ドイツとイギリスとは激越《げきえつ》な戦闘《せんとう》をくりひろげている。そのイギリスを同《どう》盟国《めいこく》として公然と支援《しえん》しているのがアメリカである。ドイツは準敵国《じゅんてきこく》、そのドイツと手を結んだ日本は、アメリカにしてみれば、同じように準敵国視《じゅんてきこくし》せざるを得《え》ないからである。米海軍長官ノックスのきつい発言がある。「日独伊《にちどくい》三国同盟《どうめい》は、アメリカを目標としたものであるが、われわれは挑戦《ちょうせん》された場合、いつでもこれに応《おう》ずる用意がある」。

十六年四月十六日から、そのアメリカと、友好関係を元に戻《もど》そうとの交渉《こうしょう》が再開《さいかい》された。が、外相松岡洋右《がいしょうまつおかようすけ》の関心はドイツとソ連で、アメリカにはない。なるほど、電撃《でんげき》外交で日ソ中立条約《じょうやく》を締結《ていけつ》する（四月十三日）と派手《はで》なことをやってのけたが、アメリカをまったく軽視《けいし》する。そのため日米交渉《こうしょう》はギクシャクして、さっぱり進展《しんてん》をみないのである。石油のほとんどをアメリカから輸入《ゆにゅう》している大日本帝国《ていこく》の現実《げんじつ》から考えると、関係悪化のままは由々《ゆゆ》しきこと。とくに海軍は事態《じたい》を深く憂慮《ゆうりょ》した。

折から海軍中央には薩長《さっちょう》出身の、日米戦争を宿命と考える対米英強硬派《きょうこうは》の面々が集結していた。日本が選択《せんたく》すべきは先手必勝で南進することである。しかも対米比率《ひりつ》七割《わり》の海軍戦備《せんび》を完整《かんせい》しているいまをおいて、わが戦略《せんりゃく》を実行に移《うつ》すための絶好《ぜっこう》のときはない。一年後はおろか半年後には戦力において太刀打《たちう》ちできなくなる。いまこそ南部仏印《ふついん》に進駐《しんちゅう》し万一のときに備《そな》えておかなければならぬ、と彼《かれ》らは主張《しゅちょう》した。

この海軍の強い意見が陸軍を引きずった。こうして七月二日の御前《ごぜん》会議で南部仏印《ふついん》への進駐《しんちゅう》が決定される。これをうけて二十八日、陸軍部隊は南部仏印進駐《ふついんしんちゅう》を敢行《かんこう》する。日本の外交電報《でんぽう》の暗号解読《かいどく》に成功しているアメリカは、これを待たずに二十五日に在米《ざいべい》日本資産《しさん》を凍結《とうけつ》、そして八月一日、石油の全面禁輸《きんゆ》令を発動する。峻烈《しゅんれつ》なアメリカの戦争政策《せいさく》に、海軍の軍務《ぐんむ》局長岡敬純少将《おかたかずみしょうしょう》は「ここまでやるとは……」と天を仰《あお》ぎ、「石油は俺《おれ》たちの生命である、これを止められたら、戦争さ」と嘆息《たんそく》した。

あとは一瀉千里《いっしゃせんり》と形容《けいよう》するのがいちばんであろう。ギリギリのところでの交渉《こうしょう》はつづけられるが、戦争突入《とつにゅう》のための儀式《ぎしき》とみられなくもない。結局は十一月二十六日のハル・ノートで万事《ばんじ》休する。国民総生産《そうせいさん》でいえばアメリカは日本の十二・七倍である。以下、生産力は、艦艇《かんてい》四・五倍、飛行機六倍、鋼鉄《こうてつ》十倍。保有《ほゆう》力でみれば、鉄二十倍、石油百倍、石炭十倍、電力量六倍。そんな数字をあげて、開戦に疑問《ぎもん》を投げかけようものなら、この敗戦主義者《しゅぎしゃ》め、と大本営《だいほんえい》の秀才参謀《しゅうさいさんぼう》の叱咤《しった》を浴びる以外にはない。日《にち》露《ろ》戦争のとき、帝政《ていせい》ロシアは日本の十倍の国力をもっていた。その超強国《ちょうきょうこく》にわが父《ふ》祖《そ》は見事に大勝利したではないか。戦いは物量でするにあらず、必勝の信念でやるものだ、と彼《かれ》らは豪語《ごうご》するばかりであったであろう。

こうして大日本帝国《ていこく》は最大の危機《きき》のときにリアリズムを失い、ドイツの勝利をあてにして、蜃気楼《しんきろう》のようなみずからの大勝利の夢想《むそう》を前途《ぜんと》に描《えが》いて、対米英戦争に突入《とつにゅう》していった。それが国を亡《ほろ》ぼすことになるとは露《つゆ》思うこともなしに。

◆生きて虜囚《りょしゅう》の辱《はずかしめ》を受けず

昭和十六年の年が明けるとともに、近衛内閣《このえないかく》はいっそう日本精神《せいしん》強調による戦時体制確立《たいせいかくりつ》への動きを増強《ぞうきょう》していった。大袈裟《おおげさ》にいえば、やがて戦うことになるかもしれない対米英戦争のための準備《じゅんび》ということになろうか。前年の十一月にポリドールが売りだしたレコード「月月火水木金金」が年が明けるとともに、やたらに巷《ちまた》で歌われだしている。いいか、日本人よ、いま大変なときなんだ、日曜日なし、半ドンの土曜日なしでせっせと働こう、お国のためだ、とやたらに元気づけている歌。もともとが海軍省の依頼《いらい》でつくられたものというが、これはもう街の暗鬱《あんうつ》さを吹《ふ》き飛《と》ばして明るく景気づけよう、いざというときに屈《くっ》せず頑張《がんば》れる心構《こころがま》えをもとうという狙《ねら》いにピッタリであった。

とにかく世は四方が何となく行き止まりで、頭に重たいものが乗っかっているように鬱陶《うっとう》しく、だれの心もくさくさしていたのである。

そんなときの一月八日、東条陸相《とうじょうりくしょう》が中国で戦っている将兵《しょうへい》を対象《たいしょう》に「戦陣訓《せんじんくん》」を示達《じたつ》した。むしろA面の話題かもしれないが、これからあとの昭和史《しょうわし》にもっとも大きな影響《えいきょう》を与《あた》えることになった「生きて虜囚《りょしゅう》の辱《はずかしめ》を受けず、死して罪禍《ざいか》の汚名《おめい》を残すことなかれ」の名言（？）を素通《すどお》りするわけにはいかない。

戦後になってわたくしは「戦陣訓《せんじんくん》」の起草にたずさわった元陸軍中尉《ちゅうい》白根孝之《しらねたかゆき》氏にインタビ

ユーする機会があった。東条陸相《とうじょうりくしょう》の命で陸軍省総務《そうむ》課長鵜沢尚信《うざわなおのぶ》大佐と軍務《ぐんむ》課長岩畔豪雄《いわくろひでお》大佐が指導《しどう》し、浦辺彰《うらべあきら》少佐と白根《しらね》中尉《ちゅうい》たち数人がもっぱら草案をねったものであるという。

とにかく中国の戦場での日本軍の兵隊の暴行《ぼうこう》があまりにひどすぎる。軍紀違反《ぐんきいはん》や風紀《ふうき》の乱《みだ》れがかつてないほど増大《ぞうだい》した。南京事件《なんきんじけん》もその一つ。陸軍上層部《じょうそうぶ》からの命令で、この不面目《ふめんぼく》を改めなくてはと、風紀粛正《ふうきしゅくせい》のためにこの仕事にとりかかった。昭和十四年春からのことという。

白根《しらね》元中尉《ちゅうい》は言葉を探《さが》しながら語ってくれた。「明治このかたの『軍人勅諭《ちょくゆ》』で、忠節《ちゅうせつ》・礼儀《れいぎ》・武勇《ぶゆう》・信義《しんぎ》・質素《しっそ》がきちんとかかれているんですが、どうも昭和の兵隊たちは文章がむつかしいとか何とかいってこの勅諭《ちょくゆ》を歯牙《しが》にもかけないんですな」と元中尉《ちゅうい》は苦笑《くしょう》する。

「それでまあ、ぜひわかりやすくハッキリ説《と》かなければならないと思った。そこでね、〝もし性欲《せいよく》がムラムラと起こったら、国に残してきた女房《にょうぼう》のことを思いだせ〟という一項《こう》を考えだしました。しかし、上のほうの手が加えられているうちに、どんどん『軍人勅諭《ちょくゆ》』に近づいていく。結局は浦辺《うらべ》少佐が『恥《はじ》を知る者は強し。常《つね》に郷党《きょうとう》家門の面目《めんぼく》を思い、いよいよ奮励《ふんれい》してその期待に答うべし』とまとめることになりました。……ざっとすべてがそんな具合でしたね」

そして悪名の高い「生きて虜囚《りょしゅう》の辱《はずかしめ》を受けず」はこの「郷党《きょうとう》家門の面目《めんぼく》を思い」という言葉につられて、そのあとにでてきたものであるという。

「つまり〝恥《はじ》を知る者は強し〟という前にかかれた主題の文を強めるための、具体的な例というか調子を強めるための文句《もんく》だったんです。〝死して罪禍《ざいか》の汚名《おめい》を残すことなかれ〟と対でね。

ところが、これだけが独立《どくりつ》して『戦陣訓《せんじんくん》』となると、『生きて虜囚《りよしゆう》の……』となるとは、まったく思いもしませんでした。まあ、ともかくも十五年の秋までに完成させたのですがね」

白根《しらね》元中尉《ちゆうい》はそれ以上あまりいいたくないように眉《まゆ》を曇《くも》らせた。

一応《いちおう》はでき上がったものに軍中央部はさらに文章にみがきをかけるべく、作家の島崎藤村《しまざきとうそん》や、哲学者《てつがくしや》の井上哲次郎《いのうえてつじろう》らの推敲《すいこう》を仰《あお》いだ。藤村《とうそん》は細部にまで筆を入れ、全体に知的な要素《ようそ》のないことを指摘《してき》したが、軍は兵隊に知は必要がないと一蹴《いつしゆう》する一幕《ひとまく》もあったという。白根《しらね》元中尉《ちゆうい》によると、それでも文中の「『立つ鳥跡《あと》を濁《にご》さず』と言えり。雄々《おお》しく床《ゆか》しき皇軍《こうぐん》の名を、異《い》郷《きよう》辺土にも永《なが》く伝えられたきものなり」は藤村《とうそん》が強くいってかき加えられたものであったという。残念ながら藤村《とうそん》の願いはとどかなかった。中国の民衆《みんしゆう》の心に残るのは「雄々《おお》しく床《ゆか》しき」どころか、狂暴《きようぼう》にして粗暴《そぼう》な日本兵の汚名《おめい》ばかり、といったらいいすぎであろうか。

そしていま読んでみると、「大元帥陛下《だいげんすいへいか》に対し奉《たてまつ》る絶対随順《ぜつたいずいじゆん》の崇高《すうこう》なる精神《せいしん》」とか、「死生困苦《こんく》の間に処《しよ》し、命令一下欣然《きんぜん》として死地に投じ、黙々《もくもく》として献身《けんしん》服行の実を挙ぐるもの、実に我《わ》が軍人精神《せいしん》の精華《せいか》」とか、とにもかくにも上官の命令に対する服従《ふくじゆう》が強く強く述《の》べられている。「軍人勅諭《ちよくゆ》」にあった「上級の者は下級の者に向いいささかも軽侮驕慢《けいぶきようまん》の振舞《ふるまい》あるべからず」はなくなっている。もう上のもののいうことはゼッタイなので、ビンタをビシビシ張《は》られても「文句《もんく》をいうな、バカモン」。小学五年生になったばかりのわたくしは何度この怒声《どせい》を浴びせられたことか。あれも「戦陣訓《せんじんくん》」のせいなんだ、といまになって大いに恨《うら》んでいる。

そのため、というわけでは決してない。当時「戦陣訓《せんじんくん》の歌」というのがさかんにラジオなんかで流されたらしい。

〽日本男児《だんし》と生れきて
　戦《いくさ》の場《にわ》に立つからは
　名をこそ惜《お》しめ　つはものよ
　散るべきときに清く散り
　御国《みくに》に薫《かお》れ　桜花《さくらばな》

それなのにこれっぱかしもわが記憶《きおく》にはない。このころ悪ガキがもっぱら歌っていたのは「隣組《となりぐみ》」の替《か》え歌《うた》であった。

〽どんどん　どんがらりと　どなり組
　まわして頂戴《ちょうだい》　ヤミ物資《ぶっし》
　教えられたり　教えたり

「戦陣訓《せんじんくん》」が示達《じたつ》された翌《よく》一月九日、葉山御用邸《はやまごようてい》にいった天皇《てんのう》は、夕刻《ゆうこく》になって静養であるゆえ気も楽になったのか、侍従《じじゅう》たちにいろいろと語った。「米、石油、肥料《ひりょう》などの御話《おはな》しあり」とあって、侍従《じじゅう》の小倉庫次《おぐらくらじ》がしっかりと天皇《てんのう》の言葉をかきとめている。

「日本は支那《しな》をみくびりたり、早く戦争を止《や》めて、十年ばかり国力の充実《じゅうじつ》を計るがもっとも賢明《けんめい》なるべき旨《むね》、仰《おお》せありたり」

たしかに天皇《てんのう》のほうが先見《せんけん》の明《めい》があったというべきなのであろう。「早く戦争を止《や》め」なければならないときであった。

◆日劇《にちげき》七廻《まわ》り半の大騒《おおさわ》ぎ

永井荷風《ながいかふう》『断腸亭日乗《だんちょうていにちじょう》』に面白《おもしろ》いことがかかれている。二月四日の項《こう》である。荷風《かふう》はこの日も浅草《あさくさ》に出かけオペラ館の楽屋に顔をだしたらしい。

「楽屋に至《いた》るに朝鮮《ちょうせん》の踊子一座《おどりこいちざ》ありて日本の流行唄《はやりうた》をうたう。声がらに一種の哀愁《あいしゅう》あり。朝鮮語《ちょうせんご》にて朝鮮《ちょうせん》の民謡《みんよう》うたわせなばさぞよかるべしと思いてその由《よし》を告《つ》げしに、公開の場所にて朝鮮語《ちょうせんご》を用いまた民謡《みんよう》を歌うことは厳禁《げんきん》せられいると答え、さして憤慨《ふんがい》する様子もなし。余《よ》は言いがたき悲痛《ひつう》の感に打たれざるを得《え》ざりき。彼国《かのくに》の王は東京に幽閉《ゆうへい》せられて再《ふたた》びその国にかえるの機会なく、その国民は祖先《そせん》伝来の言語歌謡《かよう》を禁止《きんし》せらる。悲しむべきの限《かぎ》りにあらずや」

なぜ、これが面白《おもしろ》く感じたかといえば、じつは昭和十三年ごろには、まだ朝鮮語《ちょうせんご》で歌うことが許《ゆる》されていたことを、荷風《かふう》が明瞭《めいりょう》にかきとめているからである。十月二十六日の項《こう》である。

「(午後) 十一時オペラ館稽古場《けいこば》に小憩《しょうけい》し、女優松平《じょゆうまつだいら》および朝鮮人韓《ちょうせんじんかん》某《なにがし》と共に車にてかえる。浅草《あさくさ》公園六区に出る芸人の中には朝鮮人尠《ちょうせんじんすくな》からず。殊《こと》にオペラ館の舞台《ぶたい》にては朝鮮語《ちょうせんご》にて歌をうたうほどなり」

それから二年ちょっと。いつから、と指摘《してき》はできないうちに、たしかに状況《じょうきょう》がガラリと変わっていた。おそらくは当局からの強い指示《しじ》があったからゆえに相違《そうい》ないであろうが、同じオペラ館の支配人《しはいにん》や裏方《うらかた》たちの間にも、朝鮮人《ちょうせんじん》の芸人が朝鮮語《ちょうせんご》の歌をうたえないことは不思議でも何でもなくなっていた。「憤慨《ふんがい》する様子もなし」と荷風《かふう》が憤慨《ふんがい》している。すなわち世の空気が排外的国粋主義《はいがいてきこくすいしゅぎ》ですでにして充満《じゅうまん》していた、ということなのではあるまいか。それが当然とだれもが思うことは、もうそのことに世の一般《いっぱん》がそうなりきっているからである。当局の監視《かんし》も注意もいらないのである。

それなのに、といえるようなちょっとした事件《じけん》がその直後に起こっている。二月十一日、丸の内の日本劇場《げきじょう》のまわりは早暁《そうぎょう》から押《お》し寄《よ》せた群衆《ぐんしゅう》のため、八時を過《す》ぎたころには収拾《しゅうしゅう》のつかない状態《じょうたい》になっていた。三カ所ある入場券《にゅうじょうけん》売場の窓口《まどぐち》それぞれに切符《きっぷ》を買い求める行列が溢《あふ》れて、巨大《きょだい》な円形をなす日劇《にちげき》をなんと七廻《まわ》り半したうえ、開場と同時に押《お》すな押《お》すな。負傷者《ふしょうしゃ》が続出する。丸の内署《しょ》から警官《けいかん》が大挙出動して整理しようとするがとても無理で、ついに消火用ホースによる放水で群衆《ぐんしゅう》を追い散らさねばならなくなった。出しものは、折から紀元節《きげんせつ》の日で、「建国祭記念　歌う李香蘭《りこうらん》」と題し、中国人女優《じょゆう》の李香蘭《りこうらん》の映画《えいが》と実演《じつえん》である。

映画《えいが》は長谷川一夫《はせがわかずお》と共演《きょうえん》の日満合作の『白蘭《びゃくらん》の歌』、満洲映画《まんしゅうえいが》協会（通称満映《つうしょうまんえい》）の美貌《びぼう》のスター李香蘭《りこうらん》は、これ以前から『支那《しな》の夜』などで爆発的《ばくはつてき》な人気をよんでいた。日・満・中の三カ国語がペラペラの中国人女優《じょゆう》としてのもの珍《めずら》しさもあり、その上に戦争という国家の大事業を支援《しえん》する「日満親善《しんぜん》」という役割《やくわり》も、彼女《かのじょ》は中国人でありながらわが大日本帝国《ていこく》のために果たしている。これはもう応援《おうえん》せずばなるまい、というわけなのであろうが、べらぼうに綺《き》麗《れい》な中国人女性《じょせい》をひと目みておこうという野次馬根性《やじうまこんじょう》のほうが大きかった。

それにしても日劇《にちげき》の中国人女性《じょせい》とオペラ館の朝鮮人女性《ちょうせんじんじょせい》とのこの違《ちが》いは、勝手な推察《すいさつ》ながらいまの日本にも通じているような気がしないでもない。世界に冠《かん》たる民族としての当時の日本人には、中朝のどちらの民族にたいしても軽蔑《けいべつ》感があった。人種差別があった。基本的《きほんてき》には馬鹿にしている思いに差がないが、どちらかといえば中国人にはそう思いつつも得体《えたい》の知れないものを感じないでもない。下等と見下しながらも、敬《けい》して遠ざけるというか、あまり深くつき合いたくはない思い、そうした不気味《ぶきみ》さを抱《いだ》かせられていた。一撃《いちげき》ですむと思っていた戦争が長びいて、ドロ沼《ぬま》化しているところからくるしつこい嫌《いや》らしさが、中国民族とはそも何者なるかの疑問《ぎもん》に日本人を投げこんでいたのである。

いまも何となく……なんて講釈《こうしゃく》はともかくとして、その中国人の人気女優《じょゆう》がわざわざ来日して、美声を直接《ちょくせつ》聴かせてくれるのである。娯楽《ごらく》に飢《う》えていた人びとは、もの珍《めずら》しさも手伝って殺到《さっとう》したのであるが、その騒《さわ》ぎを知らずにやってくる観客がつぎからつぎへ。それに加えて大騒《おおさわ》ぎを知ってかけつける野次馬《やじうま》もあって、混乱《こんらん》は陽《ひ》の落ちるまでつづいた。ついには丸の内署長《しょちょう》が日劇《にちげき》正面のバルコニーに上り「諸君《しょくん》！」と呼《よ》びかけた。

「いまやわが国は東亜《とうあ》新秩序《ちつじょ》の完成に向かって渾身《こんしん》の努力をつづけている。忠勇《ちゅうゆう》なる将兵《しょうへい》は大陸の広野に戦っている。それを思えば、諸君《しょくん》の今日のこのありさまは何事だッ」

せっかくの署長《しょちょう》の〝大喝《だいかつ》〟もまた効《き》き目《め》がなかった。混乱《こんらん》は夜になってもまだつづいていた。

後日談がある。李香蘭《りこうらん》はほんとうは日本人なのだという噂《うわさ》である。これがまた燎原《りょうげん》の火のごとく広まった。悪ガキのわたくしはそっちのほうに五銭賭《せんか》けて、近所の軍国大人の痛《いた》いゴツンを一発くらった覚えがある。日満親善《しんぜん》、東亜《とうあ》新秩序《ちつじょ》の大使命のためには、彼女《かのじょ》が日本人であってはならなかったのである。

戦後になって、李香蘭《りこうらん》コト山口淑子《やまぐちよしこ》は語っている、「日本人であることを隠《かく》しているのがつらかった」と。年をとったが美貌《びぼう》は少しも衰《おとろ》えをみせない彼女《かのじょ》の顔をみながら、さもありなんとわたくしは心から同情《どうじょう》した。

◆少国民と国民学校

その年は春がいつもの年よりも早く訪《おとず》れてきた。政治《せいじ》や軍事や経済情勢《けいざいじょうせい》の急迫《きゅうはく》にともなって、国全体が臨戦態勢《りんせんたいせい》のなかに組みこまれているとは思えないほど、穏《おだ》やかな日々がつづいている。そのなかで若《わか》ものたちの赤紙一枚《いちまい》による応召《おうしょう》は相つぎ、日の丸の小旗をふって、〽勝って来るぞと勇ましく……の見送りは、白い割烹着《かっぽうぎ》にタスキの国防婦人会《こくぼうふじんかい》や愛国婦人会《ふじんかい》のおばさんたちと、われら学童たちの大切な銃後《じゅうご》の仕事であった。

そのわれら小学生たちの名称《めいしょう》が、三月一日に公布《こうふ》され、四月一日から実施《じっし》となった国民学校

放課後、こんにゃく稲荷では友だちと相撲や三角ベースの野球を楽しんだ（著者は上右）

令で一夜にして変わった。小学校という名《めい》称《しょう》が国民学校と改称《かいしょう》され、科目も修《しゅう》身《しん》・国語・国史《こくし》・地理が国民科、算数と理科が理数科、体操《たいそう》と武道《ぶどう》が体練科、音楽・習字・図画・工作・裁縫《さいほう》・家事が芸能《げいのう》科と編成替《へんせいが》えになったのである。かわりに、わたくしが両親から通信簿《つうしんぼ》をみせるたびにドヤされていた操行《そうこう》がなくなった。

その喜《よろこ》びもあったし、小学校四年生になるつもりが、いきなり国民学校四年生になって、小から国民へと何か偉《えら》くなったような気になった。ついでに文部省は音楽の授業《じゅぎょう》を化《け》粧《しょう》変えして、「ドレミファソラシド」を「ハニホヘトイロ」と改めるなど、妙《みょう》なことを仕出かしたのを覚えている。外国の呼称《こしょう》はやめにする、それが理由であったというが、であるからといって、音感ゼロが突然変異《とつぜんへんい》で二や三になり、歌がうまくなったりしたわけではない。

文部省初等教育課長清水虎雄《しみずとらお》の、唱歌が音楽に変わったことの説明が残っている。

「鋭敏《えいびん》な耳、音を聞分ける鋭《するど》い耳は、国防《こくぼう》や産業にとって、非常《ひじょう》に必要であります。（中《ちゅう》略《りゃく》）音楽の時間に、この耳の訓練をすることが大事なのであります」

名称《めいしょう》が変わったってわたくしの耳は……なんていいたくはないが。

さらにこれまでずっと馴染《なじ》んできた通信簿《つうしんぼ》の甲乙丙丁《こうおつへいてい》が、突如《とつじょ》として優良可《ゆうりょうか》そして不可《ふか》となった。これにはちょっと戸惑《とまど》った。音楽が一年生このかたヘイタイさん（丙《へい》のこと）一筋《ひとすじ》であったのに、新しい成績表《せいせきひょう》では可《か》となった。可《か》というのは「よし」ということじゃないのか。軍隊では「おおむね可《か》と認《みと》む」というのは〝ほぼ合格《ごうかく》〟ということだ、と在郷《ざいごう》軍人のおっさんに教えられて、すっかりいい気になった。ところが、おふくろは頑《がん》として認《みと》めない。

「バカだねえ、『良』がよしということで、『可《か》』は〝もっと勉強すべし〟というときの〝べし〟を可《か》とかくんだよ」

藪《やぶ》を突《つ》っついて蛇《へび》で、これにはかなりガッカリした。

こうして国民学校となったのは、要は「少国民の錬成《れんせい》」ということにあったのである。この言葉は十五年九月に設立《せつりつ》された「日本少国民文化協会」にはじまったことという。非常時《ひじょうじ》ゆえに十分に鍛錬《たんれん》し、男女を問わず子供《こども》たちを精神的《せいしんてき》、体力的に、つぎの「戦力」となるようたくましく育てあげることを意味していた。これもナチス・ドイツの政策《せいさく》の真似《まね》であったという。それでそれまで小国民であったのがいつの間にか少国民となり、その錬成《れんせい》の場が国民学校。戦後になってわかったのは、当時の文部省や教育者にはナチス・ドイツかぶれがやたらに多かったということなのである。

そしてまた、四月二日付の朝日新聞に面白《おもしろ》い記事が載《の》っている。

「中等学校でも晴の入学式を挙行。今度の新入生から服装《ふくそう》も全国一斉《いっせい》にカーキ色の国民服、戦闘帽《せんとうぼう》に統一《とういつ》することになっているが、『なるべくお古で間にあわすように』というお達しがきいたか、国民服で登校した新入生は数えるばかり。大部分が元の『小学生服』か、お兄さんのお古着用という物資《ぶっし》活用の初登校だった」

上級学校である中学校や高等女学校では、すでにビシビシと鍛錬《たんれん》がはじまっていたらしいのに合わせて、小学校は国民学校となるに合わせて、よりいっそう軍事色が強められていったとみえる。

そう、かき忘《わす》れていたが、上級学校へ進学するのに昔からあった学科試験が中止となって、口頭試問と内申書《ないしんしょ》と、体力検査《けんさ》の三点セットとなったのが十五年の春からである。そしてこの年になって、「少国民の錬成《れんせい》」という目的にそって、いやはや滑稽《こっけい》きわまる入試方法をやった学校が出現《しゅつげん》したりする。大阪府立佐野《さの》高等女学校がそれである。

三月二十二日の朝、番号札をつけた百五十二人の受験生を三班《はん》にわけて、校長が大声を発した。「草取りはじめェーッ」。しかも受験生の先頭には校長をはじめ全職員《しょくいん》が立ったのである。女の子たちは何事かわからぬままに面白《おもしろ》がって、校庭の草むしりをはじめる。ところが、これが合否《ごうひ》をきめる入学試験とわかって、びっくり仰天《ぎょうてん》し、いっぺんに必死の形相《ぎょうそう》と変じた。さかんなる意気《いき》ごみを示《しめ》し、草取りの真剣《しんけん》勝負。かくて入学試験の草取りは一時間行われて、その間に先生の手もとには、受験生一人ひとりの熱心度、動作の遅速《ちそく》、丁寧《ていねい》さなどの性格《せいかく》と、とくに体力の有無《うむ》を重視《じゅうし》し、しっかり観察した採点《さいてん》表が残されたという。

何ともバカバカしいというほかはないが、「少国民の錬成《れんせい》」とは結局そんな程度《ていど》のこと。基礎《きそ》となる知識《ちしき》や知能《ちのう》の練磨《れんま》よりも、〝戦力〟となる体力練磨《れんま》のほうが重要視《じゅうようし》される時代がやってきたのである。わたくしの中学校受験は二年後で、またそのときにくわしく語ることになろうが、ではそれ以前の入学試験はどんなであったのか、それを知っておくのも益《えき》なきことではない。たとえば昭和十二年の東京府立第一中学校（現《げん》都立《とりつ》日比谷《ひびや》高校）の入学試験・国語の一部を（武藤康史《むとうやすし》『旧制《きゅうせい》中学入試問題集』ちくま文庫）。

「左の漢字の読方《よみかた》を片仮名《かたかな》で書きなさい。

（1）面影（2）修行（3）紺青（4）弁へ（5）信仰（6）臨終（7）著しい（8）訪ふ

（9）小春日和（10）坐る」

こんなもの読めなくとも、草取りが速いほうが大事、ということはあるまいと思うのであるが……。

そういえば十六年三月七日付の朝日新聞に、「国民学校の歌」というのが載《の》っていた。これは文部省と大政翼賛会《たいせいよくさん》の後援《こうえん》で、朝日新聞社が社告《しゃこく》で公募《こうぼ》した歌の当選作であるそうな。

皇御国《すめらみくに》に生れ来た　感謝《かんしゃ》に燃《も》えて一心に
学ぶ国民学校の　児童だ　われら朗《ほが》らかに
輝《かがや》く歴史《れきし》うけついで　共に進もう民の道

……………

もちろん、わたくしが覚えているはずもない。こんな歌のあったことすらも知らなかった。多分、しっかり覚えた模範《もはん》少国民もいたことであろうが、われら悪ガキには縁《えん》もゆかりもない話。われらが歌っていたのは、「私《わたし》十六満洲娘《まんしゅうむすめ》」の替《か》え歌《うた》で、「今は非常時《ひじょうじ》節約時代、パーマネントはやめましょう」という歌で、下町のオキャンなお嬢《じょう》さんから「シツコイね、お前たちは」と追っぱらわれていた。戦時の銃後《じゅうご》の少国民はとにもかくにもやたらにガミガミいわれつつ、とにかく鍛《きた》えに鍛《きた》えられはじめたことだけはたしかである。

◆戦争を決定づけたとき

ここでA面の話題へと転ずるが、四月十三日、松岡外相《まつおかがいしょう》の活躍《かつやく》で日ソ中立条約《じょうやく》がアッという間に調印される。日ソ相互間《そうごかん》の領土《りょうど》の保全《ほぜん》、相互不可侵《そうごふかしん》をきめた条約《じょうやく》である。有効《ゆうこう》期間は五年。世界中が両国の離《はな》れ業《わざ》に驚愕《きょうがく》し、日本国民もなぜか拍手《はくしゅ》を送った。左翼的《さよくてき》な弁護士《べんごし》の正木《まさき》ひろしは個人誌《こじんし》「近きより」五月号の巻頭言《かんとうげん》にこんなことをかいている。

「日ソ不可侵条約《ふかしんじょうやく》が出来て国民は久《ひさ》し振《ぶ》りに青空を仰《あお》ぎ見《み》たように悦《よろこ》んでいる。／三カ月前まで『ソ連憎《にく》むべし』と言わなければ安全に世の中が渡《わた》れなかったのに、今は外務《がいむ》大臣も『スターリンさん』と呼《よ》び、スターリンと抱擁《ほうよう》している写真が新聞に大きく出ても、お上はこれを発売禁止《きんし》にしない。（中略《ちゅうりゃく》）ソ連と闘《たたか》わなければ国体《こくたい》が明徴《めいちょう》にならないように宣伝《せんでん》され、その反対の議論《ぎろん》は非国民扱《ひこくみんあつか》いされていたのだ。／今、日ソの国交は調整に一歩を進めて来たが、国体《こくたい》観念は少しも動揺《どうよう》せざるのみか、国中が明るくなって来たではないか。して見ると、あの国体明徴派《こくたいめいちょうは》の中には、国民を欺《あざむ》き、国民を威嚇《いかく》する道具に国体明徴《こくたいめいちょう》を利用したのか」

まったくの話、イデオロギーといったものがいかにいかがわしいものか、時と時世によってどうにでも変わるものか、右とか左とかの話ではない、いまは呆《あき》れるだけである。

そしてスターリンと抱擁《ほうよう》した外相松岡洋右《がいしょうまつおかようすけ》は国民的英雄《えいゆう》になった。このときの外游の往復《おうふく》に詠《よ》んだ松岡《まつおか》の俳句《はいく》をめぐって、わたくしは文人俳句《はいく》の第一人者の嵐山光三郎《あらしやまこうざぶろう》氏と対談をしたことがある（平成二十二年五月、「くりま」文藝春秋刊《ぶんげいしゅんじゅうかん》）。かなり横道にそれることになるが、B面の名に免《めん》じてもらって引用することにしたい。

嵐《あらし》山《やま》：「ウラル山何時《いつ》越えけるか雪つづき」。なるほど、得意絶頂《とくいぜっちょう》の頃《ころ》で、自慢《じまん》してる。

半《はん》藤《どう》：つまらない句《く》だねえ（笑）。

嵐《あらし》山《やま》：若山牧水《わかやまぼくすい》みたいで（笑）。「花の園花の顔《かんばせ》花曇《ぐもり》」も、気取って鼻にかけてるし。

半《はん》藤《どう》：「松岡座稼《まつおかざかせ》ぐ旅路や十万里」。ヨーロッパへ行った連中を全部集めて「松岡座《まつおかざ》」と称《しょう》している。旅芸人じゃあるまいし、松岡座《まつおかざ》と得意《とくい》になっている。

嵐《あらし》山《やま》：いい気なもんです。自分で「松岡座《まつおかざ》」と言っているのが高慢《こうまん》ちき。

半《はん》藤《どう》：人間、有頂天《うちょうてん》のときはそういう気持になるのでしょう。

嵐《あらし》山《やま》：「万歳《ばんざい》の唇紅《くちびるあか》し花の人」は、ファシスト松岡洋右《まつおかようすけ》の本性《ほんしょう》が出ていますよ。ヒトラ

ーの人民の煽《あお》り方と似《に》てますね。美しく着飾《きかざ》らせたヒトラー・ユーゲントの少女隊が目に浮《う》かびます。（以下略《いかりやく》）

ところが、それから二カ月たった六月二十二日、ドイツはソ連に宣戦布告《せんせんふこく》し、独《どく》ソ戦がはじまってしまうのである。スターリンが松岡《まつおか》の誘《さそ》いに乗って中立条約《じょうやく》を結んだのは、こうした危《き》機的事態《きてきじたい》の到来《とうらい》を予期してのことで、満洲《まんしゅう》方面で日本軍の進攻《しんこう》をうけての両面作戦は展開《てんかい》できない。その思惑《おもわく》が裏《うら》に秘《ひ》められていた。外交の腹芸《はらげい》では、松岡《まつおか》はスターリンの敵《てき》ではなかったようなのである。

そしてこの独《どく》ソ開戦の一日前の六月二十一日に、アメリカは石油の全面輸出許可制《ゆしゅつきょかせい》に踏《ふ》み切《き》っている。これは日本からみれば事実上の輸出禁止《ゆしゅつきんし》と判断《はんだん》しなければならなかった。翌《よく》二十二日、陸軍省燃料課長《ねんりょう》の中村儀十郎《なかむらぎじゅうろう》大佐が東条英機《とうじょうひでき》陸相《りくしょう》に、石油問題で食いついている。航空《こうくう》ガソリンの手持ち量は三十八万五千キロリットル。これを月間使用量一万五千キロリットルで割《わ》ると、現在《げんざい》の対中国戦争を戦っていくだけでも二年ほどで尽《つ》きてしまうことになる。いや、他方面での必要なコストを考慮《こうりょ》すれば、二年といわず一年で作戦不能《ふのう》の状態《じょうたい》に陥《おちい》るであろうことは明白である、と中村《なかむら》は必死の面持《おもも》ちで説《と》いた。

「それでどうなんだ」

と陸相《りくしょう》がいった。ただし静かな口調で。中村《なかむら》大佐は答えた。

「したがいまして、一刻《いっこく》も早くご決断《けつだん》を……」

最後まで聞くことなしに、陸相《りくしょう》は答えた。

「泥棒《どろぼう》をせい、というわけだな」

中村《なかむら》大佐は、米国の禁輸《きんゆ》政策《せいさく》が実施《じっし》されれば、東南アジアの油を狙《ねら》うほかはない、そのことが陸相《りくしょう》にはわかっているものと判断《はんだん》した。「泥棒《どろぼう》」という物騒《ぶっそう》な言葉は明らかにそのことを意味している。

独《どく》ソ開戦といい、こんな事実を重ねてみてみると、対米戦争に踏《ふ》みきる決意を固めることになった決定的な時点は六月二十二日、と思えてきてしまう。さらにまた、もう一つ注目すべき事実がある。陸軍主計中佐秋丸次朗《あきまるじろう》を中心とする戦時経済研究班《けいざいけんきゅうはん》の、秘密裡《ひみつり》に行われていた各国経済力《けいざいりょく》の分析報告《ぶんせきほうこく》である。秋丸《あきまる》がその報告《ほうこく》を陸軍中央部の首脳《しゅのう》に説明したのも、この二十二日前後のことであったという。

このとき、秋丸《あきまる》中佐は塵《ちり》一つの誤魔化《ごまか》しをすることもなくいった。

「対米英戦となった場合、経済《けいざい》戦力の比《ひ》は二十対一程度《ていど》と判断《はんだん》されます。開戦後、最長にして二年間は貯備《ちょび》戦力によって抗戦《こうせん》は何とか可能《かのう》ですが、それ以後は、わが経済《けいざい》戦力はもはや耐《た》えることができません」

聞いていた参謀総長《さんぼうそうちょう》杉山元大将《すぎやまはじめたいしょう》は感想を述《の》べるかのように淡々《たんたん》といった。

「わかった。調査《ちょうさ》および推論《すいろん》は完璧《かんぺき》なものと思う。しかし、結論《けつろん》は国策《こくさく》に反する。ゆえに、この報告書《ほうこくしょ》はただちに焼却《しょうきゃく》せよ」

東条《とうじょう》も杉山《すぎやま》も、日本の国力が長期戦には耐《た》えられないことがわかっていた。日中戦争はじまっていらいの対中国戦費《せんぴ》はすでに二百八十億円を超《こ》えている。ちなみに日露《にちろ》戦争は二十億円。戦死者もこれまでに三十万人を超《こ》えている。ちなみに日露《にちろ》戦争は十万人であった。そんな数字は十分に承知《しょうち》しているのである。しかも、「持てる国」を敵《てき》とする対米英戦争は長期戦となる、そのことも明白である。でありながら、七月二日の御前《ごぜん》会議で、海軍の対米強硬派《きょうこうは》の連中のいうがままに、南部仏印進駐《ふついんしんちゅう》を決定するのである。もちろん、いろいろな議論《ぎろん》のあるところであるが、少なくとも最終的に対米英戦争を決定づけたときとして南部仏印進駐《ふついんしんちゅう》があげられることは間違《まちが》いない。

七月二十八日、陸軍の大部隊がサイゴン（現《げん》ホーチミン）に無血進駐《しんちゅう》する。八月一日、アメリカはただちに石油の全面禁輸《きんゆ》で応《おう》じてきた。日米交渉《こうしょう》妥協《だきょう》への命綱《いのちづな》が切り落とされたにひとしい情勢《じょうせい》となった。

◆「はなし塚《づか》」の建立《こんりゅう》

ここまで来ると、B面の話をかくのも難儀《なんぎ》になってくる。二月に東京のすし屋は四階級に分けられる。特級が三十六、一級九百二十七、二級千三百十五、三級七百二十九の店にしぼられた、というが、特級や一級の店に出入りする客は〝国賊《こくぞく》〟的な連中と思われたともいう。さりとて二級、三級店は玄米《げんまい》などを使ったすしで、食べられたものではなかったというのであるが。

八月二日、大政翼賛会《たいせいよくさん》の音頭《おんど》とりで第一回特別みそぎ修練会《しゅうれんかい》なるものが箱根《はこね》で開催《かいさい》された。小磯国昭《こいそくにあき》陸軍大将《たいしょう》が先頭に立ち、横光利一《よこみつりいち》、瀧井孝作《たきいこうさく》らの作家・評論家《ひょうろんか》など五十人が参加。全員が白鉢巻《はちまき》、白衣、白袴《しろばかま》、白足袋《しろたび》の装束《しょうぞく》で、毎日朝夕五勺《しゃく》の玄米《げんまい》に梅干《うめぼし》一つの食事。昼食はなし。渓流《けいりゅう》の水に打たれて修行《しゅぎょう》、俗念《ぞくねん》を洗《あら》い清《きよ》め、神人合一の境地《きょうち》を求めた。すべてを忘《わす》れて神がかり。いやはや、情《なさ》けなくなる。

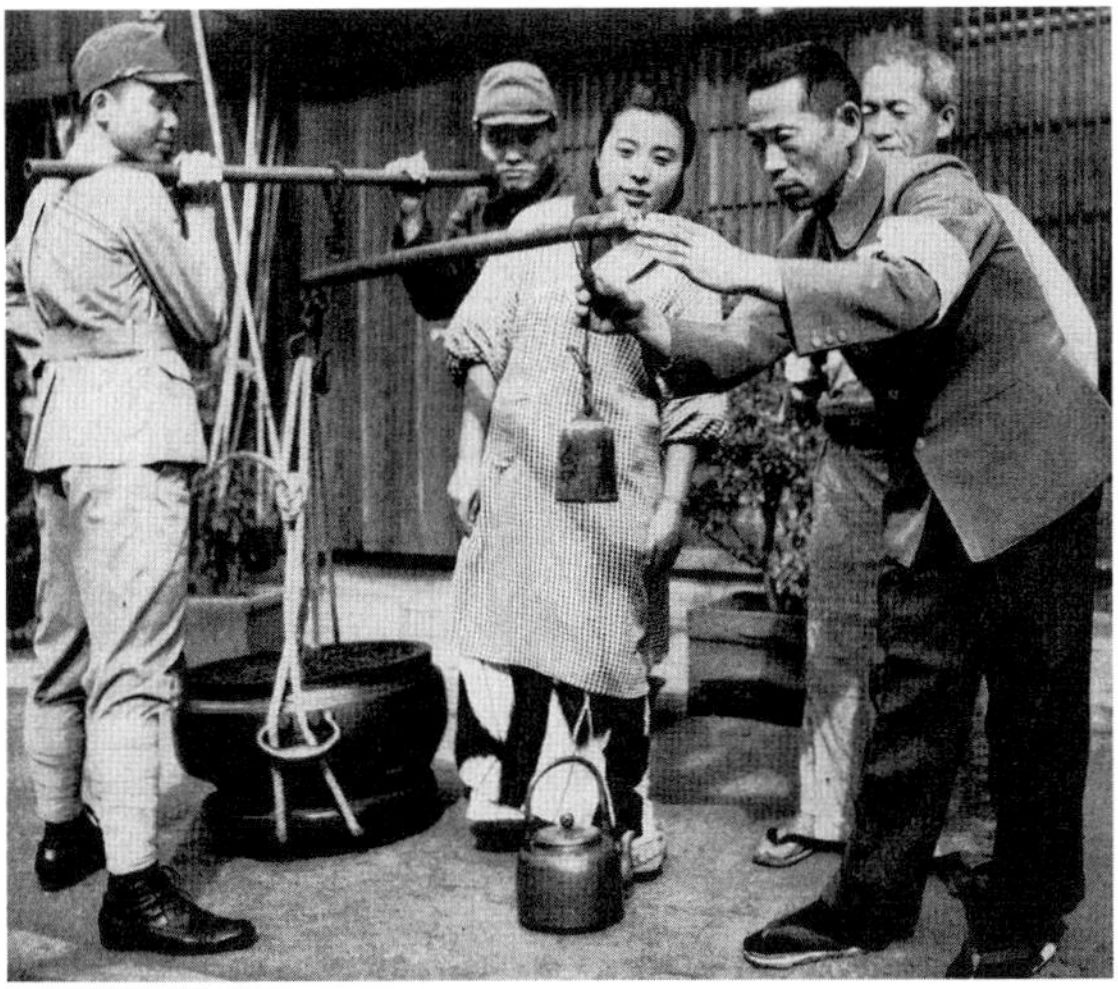

指定買出人が家庭の金属類の品質を鑑定、重さを計り、次々に回収していった(「写真週報」昭和16年より)

八月二十九日、閣議《かくぎ》で労務緊急対策《ろうむきんきゅうたいさく》がきまる。①選《え》り好《ごの》みの職業《しょくぎょう》につくのではなく国家の要請《ようせい》する職域《しょくいき》において勤労《きんろう》する。②平和産業、不急産業の従業員《じゅうぎょういん》を軍需《ぐんじゅ》産業に転業せしめる。③女子にも国民登録を適用《てきよう》し、年齢《ねんれい》も従来《じゅうらい》より幅《はば》を広くする。④学生、生徒、一般青壮年《いっぱんせいそうねん》を動員する勤労奉仕《きんろうほうし》の組織化《そしきか》を図《はか》る等々。要するに、ひとりの有閑《ゆうかん》人もなからしめるべき、総《そう》がかりでの国家奉仕《ほうし》のとりきめなのである。

九月一日、金属類《きんぞくるい》特別回収令《かいしゅう》が施行《しこう》される。「回収《かいしゅう》の対象《たいしょう》となるものは現用品《げんようひん》または不急品などの製品《せいひん》であって、屑《くず》ではありません。つまり屑《くず》ではなくて現在《げんざい》使っているか、あるいは何等《なんら》かの理由で現在《げんざい》使っていなくても必要に応《おう》じていつでも使えるものです」（「週報《しゅうほう》」二五七号）、であるから、「ナベカマ農具等の生活必需《ひつじゅ》のものは除《のぞ》かれてあります。火鉢《ひばち》、喫煙《きつえん》用具、花器、菓子器《かしき》、銅壺《どうこ》、コンロ、ヤカン、水差し、置物、火器、つり下げ手洗器《てあらいき》等の器物なのです」（新潟県新津市《にいつし》「金津村報《かなづむらほう》」）。このために国民学校の校庭のいちばんいいところに立っていた、薪《まき》を背負《せお》い書物を手にする二宮金次郎《にのみやきんじろう》の銅像《どうぞう》が、どしどし供出《きょうしゅつ》されることとなる。

九月十一日、警視庁《けいしちょう》がタクシー、ハイヤーなどのガソリン使用営業用《えいぎょうよう》自動車を禁止《きんし》する。

つづけて十月一日、乗用自動車のガソリン使用も全面的に禁止《きんし》された。

十月三十日、浅草寿町《あさくさことぶきちょう》の本法寺境内《ほんぽうじけいだい》に「はなし塚《づか》」が建立《こんりゅう》される。山ほどもある演目《えんもく》のなかから花柳《かりゅう》ダネ（明烏《あけがらす》、居残《いのこ》り佐平次《さへいじ》、廓《くるわ》大学、子別れ、品川《しながわ》心中、付き馬、つるつる、六尺棒《ろくしゃくぼう》など三十五種）、妾《めかけ》ダネ（権助提灯《ごんすけちょうちん》、星野《ほしの》屋など四種）、間男《まおとこ》ダネ（紙入れ、庖丁《ほうちょう》など六種）、艶笑《えんしょう》ダネ（疝気《せんき》の虫、不動坊《ぼう》、宮戸川《みやとがわ》など七種）、残酷《ざんこく》ダネ（後生鰻《うなぎ》）の計五十三種の古典落語をすべてここに葬《ほうむ》ったのである。

上からの命令にあらず、落語協会の自粛《じしゅく》によるというのであるから、ちょっと首を傾《かし》げたくなる。花柳《かりゅう》ダネこそが芸のみせどころと思うのであるが、それを高座《こうざ》にのせないことが聖戦遂《せいせんすい》行《こう》や大政翼賛《たいせいよくさん》のためになるというのであろうか。もう日本人がみんなわけのわからないままに戦争への集団催眠《しゅうだんさいみん》にかかっていたというほかはない。

十一月二十二日、対米英戦争に突入《とつにゅう》する直前のこの日、「国民勤労報国《きんろうほうこく》協力令」が公布《こうふ》された。議会の審議《しんぎ》を必要としない天皇大権《てんのうたいけん》で発する勅令《ちょくれい》によった。しかも、これも強制《きょうせい》命令にあらず、国家緊急《きんきゅう》時には名誉《めいよ》と心得《こころえ》て、率先《そっせん》協力する義務《ぎむ》がある、という注釈《ちゅうしゃく》がついていた。

そして、十月には「青壮年《せいそうねん》国民登録」が実施《じっし》されている。男子は十五歳《さい》以上四十歳《さい》未満、女子は十五歳《さい》以上二十五歳《さい》未満で、配偶者《はいぐうしゃ》のないものをすべて登録させた。国民の〝根こそぎ動員〟の準備《じゅんび》はすでに整えられていたのである。

かくて、先んじてかいてしまうが、敗戦までに徴用《ちょうよう》されたもの百六十万人、学徒勤労《がくときんろう》動員三百万人、女子挺身隊《ていしんたい》四十七万人に及《およ》んだ。評論家《ひょうろんか》小沢信男《おざわのぶお》のいう「自発性《じはっせい》の強制《きょうせい》」は国家によって見事に実施《じっし》されたのである。

と、B面的な話題を拾ってかいてみるが、やっぱり筆が滞《とどこお》りがちになる。このかんに九月六日の御前《ごぜん》会議での天皇《てんのう》のいとも稀《まれ》な「よもの海みなはらからと……」の発言があったり、近《この》衛《え》内閣《ないかく》が倒《たお》れて対米主戦論《しゅせんろん》者の東条英機《とうじょうひでき》が首相《しゅしょう》となったとき（十月十八日）の、天皇《てんのう》の「虎《こ》穴《けつ》に入らずんば虎児《こじ》を得《え》ずだね」の感想があったりしたが、もちろん、国民はまったく知ることはない。十一月五日には大本営政府連絡《だいほんえいせいふれんらく》会議の席上で、永野修身《ながのおさみ》軍令部総長《そうちょう》の「いまだ！戦機はあとには来ない。いまがチャンスなのだ」と卓《たく》を叩《たた》いての豪語《ごうご》があって、大日本帝国《ていこく》は「自存自衛《じそんじえい》を完《まっと》うし大東亜《だいとうあ》の新秩序《ちつじょ》を建設《けんせつ》するため、対米英蘭《らん》戦争を決意す」という「国策遂《こくさくすい》行要領《こうようりょう》」を決定する。何度も同じ言葉をかくことになるが、もちろん、国民はだれひとりとしてそんなことを知るべくもなかったのである。

◆愚《おろ》かさの総和《そうわ》

十一月二十六日の東京日日新聞の社説――。

「戦わずして日本の国力を消耗《しょうもう》せしめるというのが、ルーズベルト政権《せいけん》の対日政策《せいさく》、対東亜《とうあ》政策《せいさく》の根幹《こんかん》であると断《だん》じて差支《さしつか》えない時期に、今や到達《とうたつ》している。日本及《およ》び日本国民は、ルーズベルト政権《せいけん》のかかる策謀《さくぼう》に乗せられてはならない」

ほとんどの日本国民はそう思っていた。

この日、千島《ちしま》列島の単冠湾《ひとかっぷわん》より南雲忠一《なぐもちゅういち》中将《ちゅうじょう》指揮《しき》の大機動部隊が、真珠湾《しんじゅわん》めざして出撃《しゅつげき》していった。そして同じ日に京都では、高坂正顕《こうさかまさあき》、高山岩男《こうやまいわお》、西谷啓治《にしたにけいじ》、鈴木成高《すずきしげたか》の座談会《ざだんかい》「世界史《せかいし》的立場と日本」（発表は「中央公論《こうろん》」新年号）が行われている。彼《かれ》らは説《と》いている。世《せ》界史《かいし》は大きく転回しつつある。西欧《せいおう》という一元的な世界史《せかいし》にかわって、アジアが登場して多元的な世界史《せかいし》がはじまっている。その大いなる歴史的《れきしてき》転回に主導的《しゅどうてき》な役割《やくわり》を果たすべき国が、わが日本なのである。日本人がその役割《やくわり》を自覚し、世界史《せかいし》の方向を原理的に考え直すということは、まさに歴史《れきし》の要請《ようせい》というべきなのである、と。そしていちばん最後に高坂正顕《こうさかまさあき》がいいきった。

「人間は憤《いきどお》る時、心身をもって憤《いきどお》るのだ。心身ともに憤《いきどお》るのだ。戦争だってそうだ。天地とともに憤《いきどお》るのだ。そして人類の魂《たましい》が浄《きよ》められるのだ。世界史《せかいし》の重要な転換点《てんかんてん》を戦争が決定したのは、そのためだ」

はたして日本人はみな憤《いきどお》っていたのであろうか。

そして十一月二十六日にいわゆる「ハル・ノート」が送られてきて、万事《ばんじ》は休した。日本の指導層《しどうそう》は声を失った。日本の過去《かこ》の全否定で、日露《にちろ》戦争前に戻《もど》れといわれているにひとしい。とりようによっては〝最初の一発〟を撃《う》たせようとしているとも解釈《かいしゃく》できた。

そのあとの東京朝日新聞の見出しを拾ってみれば、十二月三日一面トップ「ＡＢＣＤ陣営《じんえい》の妄動《もうどう》／今や対日攻勢《こうせい》化す」、六日一面には「対日包囲陣《ほういじん》の狂態《きょうたい》／わが平和意図蹂躙《じゅうりん》／四国一斉《いっせい》に戦備《せんび》開始」とある。Ａはアメリカ、Ｂはブリテンでイギリス、Ｃはチャイナで中国、Ｄはダッチでオランダである。八月一日の対日石油全面禁輸《きんゆ》以後に新聞によってつくられた流行語で、はたしてＡＢＣＤ包囲網《ほういもう》（または包囲陣《ほういじん》）などの事実はなかったというが、当時の日本国民はみんなそれを信じていた。それらに包囲《ほうい》されていまや重苦しくて息もつけない。これを何とか打破《だは》しなければ、とそう思っていた。

十二月六日、芸能家《げいのうか》にして随筆家《ずいひつか》の徳川夢聲《とくがわむせい》が日記に殴《なぐ》りつけるようにしてかいた。

「日米会談、相変らず危機《きき》、ＡＢＣＤ包囲陣益々《ほういじんますます》強化、早く始ってくれ」

作家司馬遼太郎《しばりょうたろう》が平成三年（一九九一）十二月、産経《さんけい》新聞連載《れんさい》の「風塵抄《ふうじんしょう》」にまことに当然きわまることをかいている。長く引用する。

「現実《げんじつ》の日本は、アメリカに絹織物《きぬおりもの》や雑貨《ざっか》を売ってほそぼそと暮《く》らしをたてている国で、機械については他国に売るほどの製品《せいひん》はなかった。／地上軍の装備《そうび》は日露《にちろ》戦争当時に毛がはえた程《てい》度《ど》の古ぼけたものであった。海軍の場合、石油で艦船《かんせん》がうごく時代になったため、平時でさえ連合艦隊《かんたい》が一ヵ月も走れる石油はなかった。／その石油もアメリカから買っていた。このような国で、大戦争など、おこせるはずがなかったのである」

　おそらく当時にもそうした声はあったことであろう。でも、そんな声はかぼそいもので、「早く始ってくれ」という心身ともに憤《いきどお》った、熱狂《ねっきょう》した多数によって黙殺《もくさつ》されてしまった。つまり日本人はその程度《ていど》にしか賢明《けんめい》でなかったということになる。近代日本になっていらい敗《ま》けたことのない無敵《むてき》日本という自己過信《じこかしん》、アメリカの国力に対する無知、ドイツの勝利への根拠《こんきょ》なき確信《かくしん》、そしていまや好戦的と変わった国民の心情《しんじょう》などなど、そんな愚《おろ》かさの総和《そうわ》が、結局は大戦争へと突入《とつにゅう》することを許容《きょよう》してしまったのである。

　外交官の重光葵《しげみつまもる》がいいことをいっている。

「国民は現状《げんじょう》ではやりきれない。なんとか決まりをつけてもらいたい。このようにじりじりやられてはかなわぬといっている。このようにデスパレートになっているものは、また大戦争にでもなっていよいよ行《い》き詰《づ》まらねば過《あやま》ちを悟《さと》らぬ。（中略《ちゅうりゃく》）何かの破壊的勢力《はかいてきせいりょく》が動いているとしか考えられぬ。国を挙げて狂気《きょうき》にあらずんば神経衰弱《しんけいすいじゃく》に陥《おちい》っている有様は見るに忍《しの》びぬ気がする」（『重光《しげみつ》葵《まもる》手記』）

こうして日本人は十二月八日を迎《むか》えることとなる。そして真珠湾《しんじゅわん》奇襲《きしゅう》の勝利、マレー半島上陸作戦の成功の第一報《ぽう》に、気持ちをスカッとさせた。気の遠くなるような痛快《つうかい》感を抱《いだ》くことになったのである。

◆歴史《れきし》の皮肉ということ

ここでA面的になるけれども、やっぱり歴史《れきし》の皮肉についてかいておかなければならない。日本は結局はナチス・ドイツのヨーロッパ戦線での勝利をあてにし、十二月一日の御前《ごぜん》会議の決定で対米英戦争に踏《ふ》み切《き》った。その四日後、すなわち十二月五日、モスクワまであと三十キロの地点まで攻《せ》めこんでいたドイツ国防軍《こくぼうぐん》は、ソ連軍の猛烈《もうれつ》なる反撃《はんげき》と弾薬《だんやく》の補給《ほきゅう》不足と、マイナス摂氏《せっし》五〇度という寒さのために、いっせいに後退《こうたい》せざるを得《え》なくなっていたのである。

ドイツ軍の猛将《もうしょう》グデーリアン大将《たいしょう》はいった。

「機甲《きこう》部隊への燃料《ねんりょう》供給《きょうきゅう》困難《こんなん》と寒さとで部隊の力が尽《つ》きた。各連隊は凍傷《とうしょう》ですでにそれぞれ五百人以上失っており、寒さのため機関銃《きかんじゅう》は火を噴《ふ》かなくなり、対戦車砲は発射《はっしゃ》できず、ソ連のT34戦車にたいしては無力となった」

ヒトラーの「断乎《だんこ》として現在《げんざい》位置で抗戦《こうせん》すべし」の命令も空《むな》しくなり、「無敵《むてき》ドイツ」の歴史《れきし》は終っていた。

日本の政府《せいふ》も軍中央部もそれを知らなかったのであろうか。残念ながら知らなかったといまはいうほかはない。十日午後六時よりひらかれた大本営政府連絡《だいほんえいせいふれんらく》会議は、この戦争の名称《めいしょう》について討議《とうぎ》した。海軍が反対するのを押《お》し切《き》って、東条首相《とうじょうしゅしょう》と陸軍は「大東亜《だいとうあ》戦争」の名称《めいしょう》を強く主張《しゅちょう》する。過去《かこ》の戦争の通例からみると、この命名はいささか異例《いれい》である。戦争の意義《いぎ》を標榜《ひょうぼう》するような、理念的呼称《こしょう》ともいえる。そのとおり、それゆえこの名称《めいしょう》は最高の命名なのである、と陸軍側はいいきった。

「今次《こんじ》大戦は、大東亜《だいとうあ》新秩序建設《ちつじょけんせつ》を目的とする戦争である。太平洋正面においてはむしろ持久戦《じきゅうせん》の態勢《たいせい》を確立《かくりつ》し、英国と中国とをまず屈伏《くっぷく》せしめ、八紘一宇《はっこういちう》の大理想、大東亜共栄圏《だいとうあきょうえいけん》を完成する。しかも、このことを国民にひろく自覚せしめ、かつ徹底《てってい》させなければならない。その意味において他の呼称《こしょう》は考えられぬ」

こうして連絡《れんらく》会議はこの夜につぎの決定をみた。

「一．今次《こんじ》の対米英戦争および今後情勢《じょうせい》の推移《すいい》に伴《ともな》い生起することあるべき戦争は、支那《しな》事変をも含《ふく》めて大東亜《だいとうあ》戦争と呼称《こしょう》す。

二．十二月八日午前一時三十分より戦時とす」

そして翌《よく》十一日、内閣情報局《ないかくじょうほうきょく》はこれを発表、「なお、戦争地域《ちいき》を大東亜《だいとうあ》のみに限定《げんてい》するものではない」ともつけ加えて解説《かいせつ》した。

何という壮語《そうご》なるか!?　今後情勢《じょうせい》の推移如何《すいいいかん》によって起こる新しい戦争とは、対ソ戦のことである。大東亜《だいとうあ》のみに限定《げんてい》せずとは、ドイツ軍が中東方面にまで連戦連勝で進攻《しんこう》してきたときは、わが軍もまたそれと握手《あくしゅ》するために中東まで攻《せ》めこむということである。とにかくドイツの勝利をあてにしていることは歴然《れきぜん》としている。ところが、そのドイツにはもはや勝利の芽がなくなっていたとは!?

何も知らされていない国民は、そうしたこともあり得《う》るであろうと納得《なっとく》した。いま眼《め》の前にある大勝利に熱狂《ねっきょう》していないものはほとんどいなかった。こうなればだれもが大勢順応《たいせいじゅんのう》である。個人《こじん》の思いよりも集団《しゅうだん》で考えていることのほうが大事なのである。個人《こじん》の価値《かち》よりも集団《しゅうだん》の利益《りえき》を先行させねばならない。ヨーロッパ戦線に眼《め》を配るもののいるはずもなかった。ワッショイワッショイと勝利の神輿《みこし》を担《かつ》ぐだけ。

勇ましい行進曲つきの大本営《だいほんえい》発表は、陸海が競《きそ》い合っている有様となり、街の電気店のラジオの前には黒山の人だかり。戦争はお祭り気分で進められていく。早期講和《こうわ》などは夢《ゆめ》のまた夢《ゆめ》、というよりは口にすることが愚《ぐ》の骨頂《こっちょう》となった。

そして軍人たちが威張《いば》りだした。正確《せいかく》には軍隊の階級が威力《いりょく》をもちはじめた。茨城県五箇村《ごかむら》で村長をやっていた長岡健一郎《ながおかけんいちろう》が、貴重《きちょう》な日記を残している。その十六年十二月二十三日の項《こう》に、馬もぞくぞく召集《しょうしゅう》されていることにふれ、こんなことをかいている。

「徴発価格《ちょうはつかかく》は、最高七百八十円、最低六百五十円で、平均価格《へいきんかかく》は六百八十六円だった。／古河《こが》駅で貨車に乗載《じょうさい》するときのこと、酔《よ》っぱらっていた下士官《かしかん》が徴発《ちょうはつ》馬に蹴《け》られた。相当な重《じゅう》傷《しょう》だったらしく、『担架《たんか》！　担架《たんか》！』と兵隊が走りだしたら、床几《しょうぎ》に腰《こし》かけて指揮《しき》していた委員長が、『ここは戦場である。酒に酔《よ》っての作業などもってのほかである。担架《たんか》は要《い》らぬ』と怒《ど》号《ごう》した」

この委員長なるものが陸軍少尉《しょうい》ドノ、それが二十歳《はたち》代前半の若《わか》もので、軍刀《ぐんとう》を手にしてふんぞり返っていたというのである。階級だけがモノをいう時代になっていたことがわかる。そして軍隊内部では「貴様《きさま》らは所詮《しょせん》、一銭《せん》五厘《りん》。しかし、馬は違《ちが》う。どちらが価値《かち》があると思っているんだ」と怒鳴《どな》って、将校《しょうこう》が兵隊にビンタを食わせていたのである。

以下、蛇足《だそく》になるが、戦時下の銃後《じゅうご》の風景を。きまりきったことながら、民衆統制《みんしゅうとうせい》の国家方針《ほうしん》はぐんと強まった。十二月十日にラジオによって「決戦生活五訓」が国民に提示《ていじ》される。隣組《となりぐみ》の常会《じょうかい》でこれを徹底《てってい》するようにとのただし書きつきであった。

一、強くあれ、日本は国運を賭《と》している、沈着平静《ちんちゃく》職場《しょくば》を守れ。
二、流言に迷《まよ》うな、何事も当局の指導《しどう》に従《したが》って行動せよ。
三、不要の預金《よきん》引出し、買溜《かいだ》めは国家への反逆《はんぎゃく》と知れ。
四、防空防火《ぼうくうぼうか》は隣組《となりぐみ》の協力で死守せよ。
五、華々《はなばな》しい戦果に酔《よ》うことなく、この重大決戦を最後まで頑張《がんば》れ。

いずれもごもっともなこの五訓は、敗戦のその日までくり返し強調されていたことばかり。なれど連戦連勝で、それに「酔《よ》うことなかれ」といわれても無理な話である。永野《ながの》軍令部総《そう》長《ちょう》ですらが「ホーレ、戦争はやってみなければわからんじゃないか」と底ぬけのご機嫌《きげん》であり、だれもかれもが長期戦となれば日本必敗となるきびしい現実《げんじつ》を忘《わす》れてしまっているかのように浮《う》かれに浮《う》かれているのである。

あえていえば、決戦体制《たいせい》で気を引き締《ひし》めていたのは国民のほうといえるかもしれない。十二月二十一日付の東京朝日新聞を引くことで、少しはそうとわかる。

「百貨店は、虚礼廃止《きょれいはいし》が贈答品《ぞうとうひん》にも徹底《てってい》して皆無《かいむ》同様。従来《じゅうらい》なら高価《こうか》な羽子板が売れたものだが、そんな浮薄《ふはく》の影《かげ》はぴったりひそめて、一、二円程度《ていど》の実用向きが人気の的。それに引きかえ皇軍慰問《こうぐんいもん》品売り場のゆるぎない売れ行きは、銃後《じゅうご》の結束も力強くて頼《たの》もしい。ある一流料理店の主人の言によると、忘年会《ぼうねんかい》も『今年はボの字もありません。この精神《せいしん》があってこそ日本国民です。やせ我慢《がまん》でなしにうれしく思います』」

ほんとうに、緒戦《しょせん》の勝利に喜《よろこ》びつつも、国民はみんなやせ我慢《がまん》をしていた。もういっぺん徳《とく》川夢聲《がわむせい》の日記を引く。十二月三十日と三十一日のほんの一部を。

「三十日（火曜　晴）一家八人の朝食、飯は良く、刻《きざ》んだ漬物《つけもの》は美味《うま》く、番茶香《かぐわ》しく申し分なし。坊曰《ぼういわ》く『おこげが歯で噛《か》めるのはしあわせだ』と。坊《ぼう》やは哲学者《てつがくしゃ》である」

「三十一日（水曜日　晴　寒）蕎麦《そば》の代りに、うどんを喰《く》う。坊《ぼう》やは、うどんを下から喰《く》う。二階に上り、火鉢《ひばち》に火はなく、寒む寒むとハガキを書く。年内のものは片《かた》づけておくつもり。この頃《ごろ》のラジオ毎夜の浪曲《ろうきょく》は、甚《はなは》だ情《なさ》けなくなる。／除夜《じょや》の鐘《かね》鳴らず地球は廻《まわ》りをり」

然《しか》り、世界はもの凄《すご》い勢《いきお》いで変わりつつあった。大日本帝国《ていこく》はつかの間の勝利で有頂天《うちょうてん》になっているときではなかったのである。

第七話

「撃《う》ちてし止《や》まむ」の雄《お》叫《たけ》び

昭和十七～十八年

この章の
ポイント

一九四二（昭和十七）年四月十八日、はじめて日本本土が空襲《くうしゅう》されます。はるか遠くにあった戦火が突然《とつぜん》頭上から襲《おそ》いかかり、人びとの内面に変化をもたらします。統制《とうせい》で生活を犠牲《ぎせい》にしてまで日本の勝利を信じてきた国民に、戦争指導者《しどうしゃ》への不信感が生まれたのです。軍部は「撃《う》ちてし止《や》まむ」の標語をもとに国民の士気《しき》を上げようとしますが、戦局が悪化するとともに、学徒出陣《がくとしゅつじん》や疎開《そかい》なども余儀《よぎ》なくされ、戦争が人びとの暮《く》らしを傷《きず》つけていきます。

キーワード

衣料切符制《きっぷせい》／本土空襲《くうしゅう》／非国民《ひこくみん》／日本文学報国会《ほうこく》／欲《ほ》しがりません勝つまでは／映画《えいが》『ハワイ・マレー沖海戦』／撃《う》ちてし止《や》まむ／瓦全《がぜん》より玉砕《ぎょくさい》／出陣《しゅつじん》学徒《がくと》壮行《そうこう》大会／疎開《そかい》

昭和十七年（一九四二）

大日本帝国《ていこく》は、対米英開戦にさいして、どんな戦争終結の構想《こうそう》を描《えが》いていたのか。開戦直前の十六年十一月十五日に、大本営政府連絡会議《だいほんえいせいふれんらくかいぎ》は終戦構想《こうそう》について十分な討《とう》議《ぎ》をしている。そして、要はその結論《けつろん》は——、

①初期作戦が成功し自給の途《と》を確保《かくほ》し、長期戦に耐《た》えることができたとき。
②敏速《びんそく》積極的な行動で重慶《じゅうけい》の蔣介石政権《しょうかいせきせいけん》が降伏《こうふく》したとき。
③独《どく》ソ戦がドイツの勝利で終ったとき。
④ドイツのイギリス本土上陸が成功し、イギリスが和を請《こ》うたとき。

こうした情勢《じょうせい》が現出《げんしゅつ》するときには、いかに強力な軍事力を誇《ほこ》ろうが、アメリカは戦意を喪失《そうしつ》するであろう。そのときには栄光ある講和《こうわ》にもちこむ機会がある、というのがその骨子《こつし》であった。とくに③と④とはかならず近く実現《じつげん》するものと信じた。ゆえにわれわれに勝算が必ずあるものと見積もった。つまりはドイツの勝利をあてにしたのである。

ところが歴史《れきし》は皮肉そのものなのである。日本海軍の機動部隊が真珠湾攻撃《しんじゅわんこうげき》であげた大勝利に日本人が有頂天《うちょうてん》になっているとき、頼《たの》みとするドイツ軍はモスクワ正面の戦線で、おりからの猛吹雪《もうふぶき》のなかに総退却《そうたいきゃく》を開始している。つまり、事実として、こ

の戦争でのドイツの勝利は夢《ゆめ》のまた夢《ゆめ》と化しはじめていたのである。

はたして日本の指導層《しどうそう》にそうしたきびしい認識《にんしき》があったかどうか。開戦後の六カ月、〝ナイフでバターを切るようなやさしさ〟で、昭和十七年の南方攻略《こうりやく》作戦は計画どおりに進んだ。マニラ占領《せんりょう》（一月）、シンガポール占領《せんりょう》（二月）、ラングーン（現《げん》ヤンゴン）占領《せんりょう》（三月）、ジャワの蘭印軍《らんいんぐん》降伏《こうふく》（三月）と、字義《じぎ》どおり連戦連勝である。

結果として、日本の指導層《しどうそう》は、いや国民もまた、全アジアの盟主《めいしゅ》として大日本帝国《ていこく》が君臨《くんりん》し、新秩序が建設《けんせつ》できるものと、国力を無視《むし》したような大きい夢《ゆめ》を描《えが》くことになる。そして、とくに軍部は対米英戦争など朝飯前という驕慢《きょうまん》を抱《いだ》くようになる。緒《しょ》戦《せん》の凱歌《がいか》につぐ凱歌《がいか》で、〝無敵《むてき》〟の宣伝《せんでん》をみずからが信じてしまった、というほかはない。

十七年六月のミッドウェイ海戦が戦争の運命を決した戦いと呼《よ》ばれるのはその意味で正しい。この海戦の敗北で日本軍は戦闘《せんとう》の主導権《しゅどうけん》を失ってしまう。そのことは、攻《こう》勢《せい》作戦で勝利につぐ勝利をかちとり、とにかく短期決戦によって有利な講和《こうわ》へと導《みちび》く、というその道がかたく閉《と》ざされたことを意味する。これからのちは日本が（とくに海軍が）恐《おそ》れていた物量対物量の消耗戦《しょうもうせん》かつ長期戦に否応《いやおう》なく引きこまれていくことになる。

そのあまりにもむごい戦闘《せんとう》の典型《てんけい》が、八月上旬《じょうじゅん》から戦われたガダルカナル島攻防《こうぼう》戦《せん》である。この戦いは日米両軍ともありったけの戦力を投入してのがっぷり四《よ》つに組んでの戦いとなった。ただ、この島は日本軍にとって遠すぎたのである。いわゆる攻《こう》勢《せい》の限界点《げんかいてん》の外にあり、たとえば当時世界一の航続距離《こうぞくきょり》を誇《ほこ》った零式戦闘機《れいしきせんとうき》でさえ、最前線基地《きち》ラバウルから往復《おうふく》するのがやっとで、戦場上空にはせいぜい十五分ほどしかいられなかった。これでは制空権《せいくうけん》はとれない。近代戦では制空権《せいくうけん》なきところ制海権《せいかいけん》なし、とうてい思うような戦闘《せんとう》行動はとれないのである。

こうして不利な条件《じょうけん》をものともせずに奮戦《ふんせん》したが、戦うこと五カ月、日本軍はたくわえてきた戦力（とくに海軍の航空機《こうくうき》と駆逐艦《くちくかん》）を使い果たして一本の飛行場の争奪《そうだつ》戦《せん》に敗れ去った。もはや奪回《だっかい》ならず、となって、十二月三十一日、大本営《だいほんえい》は御前《ごぜん》会議の決定をまって、ガダルカナル島よりの撤退《てったい》をきめるのである。そしてこのあとの戦いは勝利のあてのない防戦《ぼうせん》につぐ防戦《ぼうせん》いっぽうとなった。

◆ラジオと世界地図

国民の一人ひとりにとっては、あれよという間に、とにかく国運を賭《と》した戦争がはじまってしまっているのである。そしてラジオはほとんど連日のように一日じゅう、「軍艦《ぐんかん》マーチ」と「抜刀《ばっとう》隊の歌」をくり返し、大本営《だいほんえい》発表の戦果をつぎからつぎへと発表している。鉦《かね》や太鼓《たいこ》のお祭りが毎日つづいているようなのである。われら小学生にも敵《てき》は弱いチャンコロ（中国兵）にあらず、大強国アメリカとイギリスである、しっかりしろよ、と勇ましい軍国おじさんにいわれなくともわかっていた。いや、この二大国だけではなく、ほとんど全世界を敵《てき》にまわして戦っているのだともハッパをかけられた。ただし、そういう切ッ羽つまった実感は、当時国民学校五年生のわたくしにはまったくなかったような、おぼろげな記憶《きおく》だけがある。

ただ、おやじが「アメリカと戦争をして日本が勝てるはずはない」と何度もわたくしにいっていたことははっきりと覚えている。勝てないのなら、じゃ敗《ま》けるのか。であるからといって、その戦争が現《げん》に戦われていることに子供心《こどもごころ》にも深い憂慮《ゆうりょ》を抱《いだ》いた、などということはない。とんでもないことが起こっているとも思っていなかった。

そりゃそうだ、下町の悪ガキにすぎないころなんだから、とも思う反面で、いや、当時の日本人のほとんどがそうではなかったか、とも考えられてならぬ。つまり、だれもがもはや対米英戦争は避《さ》けられないと覚悟《かくご》をきめたまさにそのときに、戦争は起こったのである。というのも軍と政治《せいじ》の指導者《しどうしゃ》の長いあいだの巧《たく》みなリードがそのうしろにあったのであるが。

ここでちょっとB面ならざる理屈《りくつ》をこねると——。さまざまな内政的苦難《ないせいてきくなん》があり解決《かいけつ》に窮《きゅう》したとき、すべては外敵《がいてき》の仕業《しわざ》にする。そうすることで、国内に現前《げんぜん》する諸問題《しょもんだい》はたちまちに、国民の怒《いか》りが外敵《がいてき》に向かうことによって解消《かいしょう》される。およそ世界各国の指導者《しどうしゃ》が歴史《れきし》から学べる、それこそが教訓というもので、戦争はいつだって「自衛《じえい》のためのやむにやまれぬ戦争」になるにきまっているのである。アメリカの対日石油輸出《ゆしゅつ》全面禁止《きんし》も、ＡＢＣＤ包囲陣《ほういじん》のかけ声も、いまになればきちんとなぜそうなったのかを説明できるが、当時の国民はその歴史的《れきしてき》事実の裏《うら》側《がわ》などなんら知らなかった。知らされていなかった。その上で、青天《せいてん》の霹靂《へきれき》で祖国《そこく》の危機《きき》を救《すく》えと強く訴《うった》えられれば、そうか、ほかに手の打ちようがないのかと、無意識《むいしき》のうちにも自覚する。そして、どんな強国が相手であろうが、ただ「来《きた》るべきものが来た」と受けいれるだけとなる。戦争がはじまったころの日本人の大人たちはほとんどが、いまさら少しも驚《おどろ》くべきことにあらずという心理にあったと、わたくしはみるのである。そしてそのことについてはくわしく『十二月八日と八月十五日』（文春文庫）でかいている。

それに緒戦《しょせん》で連戦連勝、勝ちすぎたのがいけなかったのも確《たし》か。これでは緊張《きんちょう》感や不安感など吹《ふ》っ飛《と》んでしまう。二月十五日のシンガポール陥落《かんらく》のときの情景《じょうけい》など新聞に大きく報道《ほうどう》されて、国民は雀躍《こおど》りした。「マレーの虎《とら》」とよばれた日本陸軍の総《そう》司令官山下奉文《やましたともゆき》中将《ちゅうじょう》が、敵《てき》英軍の総《そう》司令官パーシバル少将《しょうしょう》に無条件降伏《むじょうけんこうふく》を突《つ》きつけたときの「イエスかノーか」の問いつめ方は、新聞が大きく載《の》せた。これが日本人には気に入って、後世までの語り草となった。

山下《やました》　降伏《こうふく》意志《いし》があるかどうか、それから聴《き》こう。無条件降伏《むじょうけんこうふく》、イエスかノーか。

パーシバル　返答は明朝まで保留《ほりゅう》されたい。

山下《やました》　明日、明日とは何だ。日本軍は今夜、夜襲《やしゅう》しますぞ。それでもよいか。

パーシバル　では日本時間午後十一時半まで待っていただきたい。

山下《やました》　十一時半、それならその時間まで日本軍は攻撃《こうげき》しますぞ。

パーシバル　（返事なし）

山下《やました》　それでもいいか。はっきり聴《き》く、イエスかノーか。

パーシバル　イエス。

その直後の朝日新聞の記事である。お蔭《かげ》でわれら下町の悪ガキの間でも、「イエスかノーか」が大流行。「メンコやろうぜ、イエスかノーか」「おおイエス」という調子である。じつは、これは事実ではなかったのであるが。

そして二月十八日には、大東亜戦争戦捷《だいとうあせんそうせんしょう》第一次祝賀国民大会が全国的に開催《かいさい》される。第一次と銘打《めいう》ったところに、如何《いか》に国家そのものが勝ちに乗じて有頂天《うちょうてん》になっていたかがわかる。全国津々浦々《つつうらうら》、末端《まったん》の市町村にまで酒や菓子《かし》の特別配給があった。東条首相《とうじょうしゅしょう》がラジオを通じて、その時刻《じこく》になって、全国民一斉《いっせい》の万歳《ばんざい》の音頭《おんど》をとった。恐《おそ》らく首相《しゅしょう》の電波を通してのかけ声に合わせて、手すきの日本人すべてが「バンザーイ」と声を合わせて叫《さけ》んだ未曾《みぞう》有のときではなかったか、と思われる。

大阪毎日新聞十八日付の記事がすこぶるつきの威勢《いせい》のよさで報《ほう》じている。

「十八日、中之島《なかのしま》公園で戦捷《せんしょう》第一次祝賀会を挙行。府市民の代表約二万人が参列する。（中略《ちゅうりゃく》）それぞれが団服《だんふく》、制服《せいふく》で日の丸をかざし、ラッパ隊、鼓隊《こたい》を先頭に入場。代表の挨拶《あいさつ》、戦う陸海将兵《しょうへい》に対する感謝《かんしゃ》電文を満場にはかり、万歳《ばんざい》を高唱して閉会《へいかい》。その後、二隊にわかれ歩武堂々《ほぶどうどう》の旗行進をくりひろげ、皇軍《こうぐん》に感謝《かんしゃ》の赤誠《せきせい》を捧《ささ》げ、征戦完遂《せいせんかんすい》の覚悟《かくご》を新たにする」

この万歳《ばんざい》高唱はまさしくラジオの東条首相《とうじようしゆしよう》の音頭《おんど》とりに和したものであったにちがいない。お蔭《かげ》で、というわけでもあるまいが、開戦後からラジオを購入《こうにゆう》する人びとがぐんぐん増《ふ》えた。とにかく大戦争となって国民の欲求《よつきゆう》は戦況《せんきよう》をいち早く知ることを至上《しじよう》としたのである。それも「軍艦《ぐんかん》マーチ」つきの勝利の報道《ほうどう》を。それはまた当局にとっては、民衆統制《みんしゆうとうせい》のためには絶好《ぜつこう》な手段《しゆだん》として、大歓迎《だいかんげい》するところでもあった。

それと開戦後のベストセラーとして世界地図があった。地図の上に手づくりの小さな日の丸の旗を立てるのを、喜《よろこ》びの日課とする少国民がこれまた激増《げきぞう》した。のちの映画監督《えいがかんとく》大島渚《おおしまなぎさ》少年（当時十歳《さい》）も「自分で書いた『南洋』の地図の上に『皇軍《こうぐん》』『進撃《しんげき》』の後をたどるのが日課であった」と回想している（「文藝春秋《ぶんげいしゆんじゆう》」一九八一年十二月号）。さては、わたくしと同様に世界地図を買ってもらえなかったのか、いやまだ大島《おおしま》少年は幼《おさな》すぎたのか。

そしてまた、大政翼賛《たいせいよくさん》会と理容《りよう》業界が、日本男子の理想的髪形《かみがた》として「国民調髪《ちようはつ》〝翼賛《よくさん》型《がた》〟」を制定《せいてい》したのもこの年の初夏のころである。そのスローガンに曰《いわ》く「刈《か》れ翼賛型《よくさんがた》、撃《う》て米英型《がた》、翼賛型《よくさんがた》は闘《たたか》う頭髪型《とうはつがた》」。いまにして思えば、国民の髪形《かみがた》にまでうるさく介入《かいにゆう》してきた国家がほかにあったであろうか。これでわれら少国民はバリカンによる一分刈《が》り（約三ミリ）か五厘刈《りんが》り（クリクリ）にされ、坊《ぼ》っちゃん刈《が》りはほぼ完全に消滅《しようめつ》する。もっとも、それにわれら悪ガキは「ザマアミロ」と快哉《かいさい》を叫《さけ》んでいた。

こうして連戦連勝で浮《う》き上《あ》がり、すべてが勝利をめざして動員される世相の背景《はいけい》に、おっかない現実《げんじつ》があることもかき落とすわけにはいかないであろう。歌人の渡辺順三《わたなべじゅんぞう》は開戦直後の十六年十二月九日に特別高等警察《とくべつこうとうけいさつ》（特高《とっこう》）に検束《けんそく》されている。特高《とっこう》の係官は有無《うむ》をいわせず、

「ある子供《こども》は／大きな柿《かき》の樹《き》を描《えが》いていて／枯枝《かれえだ》の中に一つ　赤々と実を

この貴様《きさま》の歌のなかの〝赤い実〟は、弾圧《だんあつ》されても共産党《きょうさんとう》は健在《けんざい》だ、と誇示《こじ》していることだ。怪《け》しからぬ。断《だん》じて許《ゆる》せぬッ」

と決めつけたという。渡辺検束《わたなべけんそく》と同じ九日に、治安維持法《ちあんいじほう》や軍機保護法《ぐんきほごほう》の違反容疑《いはんようぎ》で拘束《こうそく》された人は六百八十三名を数える。アカとスパイの二語は、国民を震《ふる》え上《あ》がらせるに絶大《ぜつだい》な威力《いりょく》をもつ言葉となる。挙国一致《きょこくいっち》の体制堅持《たいせいけんじ》のために当局はがぜん躍起《やっき》となっていたのである。

◆大金持ちと貧乏《びんぼう》国

景気のいい話なので、シンガポール攻略《こうりゃく》が先になってしまったが、国民の生活を窮屈《きゅうくつ》なものにする政略《せいりゃく》がその前に実施《じっし》されていた。これがまた手きびしいもので、衣料切符制《きっぷせい》という暖《だん》衣飽食《いほうしょく》の世の人にはおよそ想像《そうぞう》もできない政策《せいさく》なのである。一月二十日に公布《こうふ》、即日施行《そくじつしこう》される。朝日新聞一月二十日付の記事から引く。

「ついに衣服の切符制《きっぷせい》が断行《だんこう》された。今まで金さえあればいくらでも自由に買えた衣服がもうお金だけでは買えなくなったのである。だが、われわれ一億国民の覚悟《かくご》はすでにでき上っている。五十年、百年――この大東亜《だいとうあ》戦争を戦い抜《ぬ》き勝《か》ち抜《ぬ》くまでは……」

はたして国民にはそれだけの覚悟《かくご》ができていたかどうかはわからないが、とにかくこの切符《きっぷ》で、一年間に一人が買える衣料品は年齢《ねんれい》に関係なく都市居住者《きょじゅうしゃ》は百点、地方農村の居住者《きょじゅうしゃ》は八十点。この点数以内なら、年間に何をどれだけ買ってもいいということになった。背広《せびろ》三《み》つ揃《ぞろい》50点、ツーピース27点、袷《あわせ》着物48点、単衣《ひとえ》24点、学生オーバー40点、スカート12点、ブラウス8点、Yシャツ12点、ズロース4点、セーター20点、靴下《くつした》2点、パジャマ20点、タオル・手拭《てぬぐい》3点、レインコート30点、などなど、種類によって点数が決まっている。ただし結婚《けっこん》する女性《じょせい》は特別に五百点、就職《しゅうしょく》する男性《だんせい》や妊娠《にんしん》五カ月以後の女性《じょせい》にも増配《ぞうはい》が許《きょ》可《か》された。

さて、愉快《ゆかい》なのはこの制度《せいど》がはじまってから、洋服を一着流せば50点を損《そん》するというので、質《しち》流《なが》れがぐんと減《へ》った。それとメリヤスのシャツで五円から十円、Yシャツは繕《つくろ》いものでも三円から五円になる、というので、昔なら見向きもされなかった肌着類《はだぎるい》が、質屋《しちや》でいまや歓迎《かんげい》されるようになる。

もう一つ、関連して面白《おもしろ》く思われるのに女性《じょせい》の服装《ふくそう》の問題がある。男性《だんせい》には国民服というカーキ色の制服《せいふく》が決定されているが、女性《じょせい》のほうはそうは簡単《かんたん》にいかない。洋装《ようそう》と和装《わそう》という重大な美的課題があるから。そこで厚生省《こうせいしょう》はこの衣料切符制《きっぷせい》を利用して〝婦人《ふじん》国民服〟にあらず〝婦人標準服《ふじんひょうじゅんふく》〟を提案《ていあん》する。大抵《たいてい》のことには挙国一致《きょこくいっち》で頭から押《お》しつけることができたのに、横暴《おうぼう》な軍部もついに女性《じょせい》ファッションを徹底的《てっていてき》に統制《とうせい》することはできなかったようである。

そして、とりあえずきまったのは甲型《こうがた》（洋装《ようそう》）と乙型《おつがた》（和装《わそう》）、それに活動着と称《しよう》する防空《ぼうくう》着。この防空《ぼうくう》着には当然モンペが入る。やっとここまできめたが、あくまで標準服《ひようじゆんふく》であるから、従来《じゆうらい》から着ている服であれば、どんなにケバケバしくてもそれを着つづけることは咎《とが》めることはできない。ただし、新調するときには「いいか、標準服《ひようじゆんふく》にするんだぞ」と要求するのが関の山。が、袖《そで》の長い振袖《ふりそで》などは、ともあれ布地《ぬのじ》の点数をアップすることで制御《せいぎよ》できる。通常《つうじよう》の切符《きつぷ》では標準服《ひようじゆんふく》しかつくれないはずであるぞと、それでも当局は大そうご満悦《まんえつ》であった。

しかし実際《じつさい》のところ、銃後《じゆうご》にあるとはいえ女性《じよせい》には、この標準服《ひようじゆんふく》は不評《ふひよう》もいいところでほとんど見向きもされなかった。女性《じよせい》に兵隊みたいな制服《せいふく》を着せること自体にどれだけの意味ありや、標準服乙型《ひようじゆんふくおつがた》の芸者と遊んで楽しいのか、と突《つ》っこまれると、うまく答えられるお偉方《えらがた》はひとりもいなかった。

それはそれとして、二月二日に制定《せいてい》された「大日本婦人会綱領《ふじんかいこうりよう》」をかき残しておくのは、後世のためによろしいか。と勝手にきめて――、

「一、私共《わたくしども》は日本婦人《ふじん》であります。神を敬《うやま》ひ、詔《みことのり》を畏《かしこ》み、皇国《こうこく》の御為《おんため》に御奉公《ごほうこう》を致《いた》しませう。

二、私共《わたくしども》は日本婦人《ふじん》であります。誠《まこと》を尽《つ》くし、勤労《きんろう》を楽しみ、世の為《ため》人の為《ため》に努力致《いた》しませう。

三、私共《わたくしども》は日本婦人《ふじん》であります。身を修《おさ》め、家を斉《ととの》へ、日本婦道《ふどう》の光輝《こうき》を発揚致《はつよういた》しませ

う」

ウェー、なんていってはいけないことなんでしょうな。

とにかく男にも女にも関係なく世界の最大強国を敵《てき》とする戦争が、ある日突然《とつぜん》に、はじまってしまったのである。もはや引き返せない。戦い抜《ぬ》き勝ち抜《ぬ》くためには日本国民たるものはもてる限《かぎ》りの力を、国家のために、天皇《てんのう》のために、捧《ささ》げねばならないのはだれにでもわかっている。ところが連戦連勝、まさしく無敵《むてき》陸海軍であることを事実としてみせられている。こうなれば、これを心から喜《よろこ》び、勝ちに驕《おご》らぬもののいるはずはない。それをB面的なさまざまな出来事で、年表として、この年の年明けから春までをあげてみるとこうなる。

一月二日、毎月一日の興亜奉公《こうあほうこう》日を廃止《はいし》し、毎月八日を大詔奉戴《たいしょうほうたい》日とすることに閣議《かくぎ》決定をする。八日に各戸に国旗掲揚《けいよう》、必勝祈願《きがん》を行うことを義務《ぎむ》づける。

一月六日、海軍機一千機、東京上空で大デモンストレーションを実施《じっし》する。

一月十三日、東京七デパートで大東亜《だいとうあ》戦争展覧会《てんらんかい》をいっせいに開催《かいさい》。見物人殺到《さっとう》。

一月十六日、大阪府、横文字や軽薄《けいはく》な飲食店の名前を禁止《きんし》する。メトロ、グランドパレス、呑平《のんべい》、与太郎《よたろう》などがたちまちに「ちから」「荒鷲《あらわし》」「黎明《れいめい》」「南進」などに改名する。大阪はとにかく当局の気に入るようやることが素早《すばや》い。

一月二十九～三十日、相撲取《すもうと》りの軍事教練が実施《じっし》される。お相撲《すもう》さんがノッシ、ノッシ、ノッシと土俵入《どひょうい》りのように勇壮《ゆうそう》に行進する。

二月二日、愛国婦人会《ふじんかい》、大日本国防《こくぼう》婦人会《ふじんかい》、大日本連合婦人会《ふじんかい》が解散《かいさん》、大合同して大日本婦《ふ》人会《じんかい》となる。会長山内禎子《やまうちさちこ》。その「綱領《こうりょう》」はすでにかいたとおり。

二月二十六日、女子青年団員《せいねんだんいん》に傷痍《しょうい》軍人との結婚《けっこん》を奨励《しょうれい》。新指導要綱《しどうようこう》「戦傷勇士《せんしょうゆうし》に嫁《とつ》ぎませう」が公布《こうふ》。

三月一〜四日、プロ野球の巨人《きょじん》・大洋定期戦で、アトラクションに両軍選手による軍服着用の手榴弾《しゅりゅうだん》投げ勝負が行われる。巨人《きょじん》の勝。

三月十二日、大東亜戦捷《だいとうあせんしょう》第二次祝賀国民大会が全国で行われる。

三月二十三日、米英撃滅継走《げきめつけいそう》大会（いまの駅伝大会）が伊勢神宮《いせじんぐう》より宮城《きゅうじょう》（皇居《こうきょ》）間で行われ、優勝《ゆうしょう》は西軍で三十時間二十四分二秒の快記録《かいきろく》。

と、そんな賑《にぎ》やかでお祭り騒《さわ》ぎの話ばかりがあるわけではない。国民の戦闘意識鼓舞《せんとういしきこぶ》のための、指導層《しどうそう》の有無《うむ》をいわせぬ強制《きょうせい》に、いっぽうでは心の底の底で反撥《はんぱつ》する人びとがいないわけではなかった。勝利に踊《おど》っているものばかりではなかったのである。三月分の「特高月報《とっこうげっぽう》」に、ある製靴職人《せいかしょくにん》のあえていえば絶望的《ぜつぼうてき》な抵抗《ていこう》とも思える発言が記録されている（原文は片《かた》カナ）。

「日本はアメリカと大きな戦争をぶっ初め《(ママ)》やがったが、小さな国が何で勝てるものか。第一アメリカやイギリスの様な大金持と日本の様な貧乏《びんぼう》国と戦争したって、何が勝てるものか。夫《そ》れが証拠《しょうこ》に日本は支那《しな》と五年も戦争して居《い》てもよう勝たんじゃないか」

もちろん、この職人《しょくにん》はただちに逮捕《たいほ》され、発言が表にでるはずはない。当時の言論報道《げんろんほうどう》はすべて戦争熱を煽《あお》るいっぽうであり、いわゆる有識者《ゆうしきしゃ》が説《と》く「聖戦《せいせん》の意義《いぎ》」や「必勝の精神《せいしん》」のみが紙誌面《ししめん》に躍《おど》っている。すでにかいたように言論《げんろん》の自由などはとうの昔に霧消《むしょう》し、きびしい言論統制《げんろんとうせい》の時代に、本音を吐《は》きたければせいぜい袋《ふくろ》の中か、深山幽谷《しんざんゆうこく》の地においてのほかにはなかった。いいかえれば、日本国民のほとんどはこの戦争に勝つことにだれもが命を懸《か》けていたのである。まだ戦場ははるか遠くにあったけれども、歯を喰《く》いしばっていたのである。

◆本土初空襲《くうしゅう》のあとに

その遠くにあった戦火が、突如《とつじょ》としてわが頭上に襲《おそ》いかかってきた。四月十九日の朝日新聞を長く引く。

「十八日午後零《れい》時三〇分頃《ごろ》から、帝都《ていと》を中心とする京浜《けいひん》地区をはじめ、中京方面、阪神方面の各地は米機の初空襲《くうしゅう》をうけた。（中略《ちゅうりゃく》）敵機《てっき》は市街地区に侵入《しんにゅう》し盲爆《もうばく》をこころみたが、投下した爆弾《ばくだん》はいずれも貧弱《ひんじゃく》な焼夷弾《しょういだん》で、警防団《けいぼうだん》、隣組《となりぐみ》の活躍《かつやく》で見事に消火、被害《ひがい》は軽微《けいび》にとどまった。なかでも隣組防空群《となりぐみぼうくうぐん》の決死的活動は国土防衛《ぼうえい》の尖兵《せんぺい》として……（以下略《いかりゃく》）」

もう一紙、報知《ほうち》新聞の同じ四月十九日付の記事を。

「人という人は男も女も、老いも若《わか》きも、全く濡《ぬ》れ鼠《ねずみ》となっての活躍《かつやく》は壮烈《そうれつ》というよりは、むしろ『神聖《しんせい》』である。警防班長《けいぼうはんちょう》が四列縦隊《じゅうたい》に並《なら》んでバケツリレーの真中を『皆《みな》さんの御協《ごきょう》力《りょく》で大分消火しましたが、もう一息だから頑張《がんば》って下さい』と日本民族のみが誇《ほこ》り得《え》る礼節の高度を示《しめ》して感激《かんげき》と激励《げきれい》をしている」

　この日は土曜日、その時刻《じこく》には、わたくしは近所の東成館という映画館《えいがかん》にいた。五年生と六年生の全員、文部省推薦《すいせん》の映画《えいが》『将軍《しょうぐん》と参謀《さんぼう》と兵』を課外授業《じゅぎょう》とかで観《み》るためにである。記憶《きおく》のいい同級生によれば、バンツマ（阪東妻三郎《ばんどうつまさぶろう》）が扮《ふん》する将軍《しょうぐん》が「戦争というものは厳《きび》しいものじゃのォ」といったとき、突然《とつぜん》、映写《えいしゃ》中止。空襲警報《くうしゅうけいほう》発令ということで、ただちに駈《か》け足《あし》で帰宅《きたく》せよ、となって終りまで観《み》ることはできなかった、らしい。

　わたくしの脳裏《のうり》に刻《きざ》まれているのは、頭に鞄《かばん》か何かのせて逃《に》げ帰《かえ》る途中《とちゅう》で、見上げた空に浮《う》かんでいた五つ六つの白い綿《わた》アメのような煙《けむり》の固まりであった。妙《みょう》な静寂《せいじゃく》があたりを包んでいる。それが応戦《おうせん》した日本の高射砲《こうしゃほう》の炸裂《さくれつ》の弾痕《だんこん》と知ったのは、「ポカンとしてるな。早く家に帰れ。破片《はへん》が落ちてくるぞ」と警防団員《けいぼうだんいん》の大人から怒鳴《どな》られてからのことである。

　来襲《らいしゅう》した米軍機は中型爆撃機《ちゅうがたばくげきき》Ｂ25で、犬吠埼《いぬぼうざき》の東方洋上、空母から飛び立ったドーリットル中佐指揮《しき》の十三機。決して本格的《ほんかくてき》な戦略的空襲《せんりゃくてきくうしゅう》ではなく、字義《じぎ》どおり奇襲《きしゅう》であった。そして戦後になって十三機全部の飛来航跡図《こうせきず》をみて、うち一機がたしかに向島区の上空を南から北へと突《つ》っ切《き》っているのを確認《かくにん》した。高射砲《こうしゃほう》の炸裂《さくれつ》雲は決してダテではなかったのである。

　東部軍司令部は午後一時五十七分に戦果を発表、ただちにラジオ放送をしている。

「午後零《れい》時三十分ごろ敵機《てっき》数方向より京浜《けいひん》地方に来襲《らいしゅう》せるも、わが空、地両防空《ぼうくう》部隊の反撃《はんげき》を受け逐次退散《ちくじたいさん》中なり。現在《げんざい》までに判明《はんめい》せる撃墜《げきつい》機数九機にしてわが方の損害《そんがい》は軽微《けいび》なる模様《もよう》なり。皇室《こうしつ》は御安泰《ごあんたい》にわたらせらる」

　たしかにこの最初の空襲《くうしゅう》による被害《ひがい》は軽微《けいび》で、東京市民の大部分の人たちは訓練だろうぐらいに思ったようで、たちまちもとの生活に戻《もど》り、われら悪ガキもさっそく横丁のいつもの場所で、ベエゴマやメンコのやりとりに夢中《むちゅう》になっていた。「敵《てき》の戦果は、ドゥーリットルではなくドゥーナッシングだ」なんていっている軍国中学生もいたが、それでも東京だけでも三十九人の死者がでた、なかに小学生や中学生もいたとあとで聞かされたときは、さすがにシュンとなったのを覚えている。

　しかもその夜、午前一時ごろに空襲警報《くうしゅうけいほう》のサイレンが鳴《な》り渡《わた》り、叩《たた》き起《お》こされたときは、真っ暗な家の中で右往左往《うおうさおう》、二階へ上ったり下りたりをしたことが記憶《きおく》に残っている。戦争がびっくりするくらい近くにあるんだと、たしかにその夜は思った。が、すぐに忘《わす》れてたらまちにまた遠いものになっていったが。

「わが軍の防禦《ぼうぎょ》は鉄壁《てっぺき》であり、本土空襲《くうしゅう》ということなどあり得《え》ない」

　と、戦争開始直後から豪語《ごうご》していた軍部そして政府《せいふ》への小さな不信感が芽生えたのは、あるいはこの空襲《くうしゅう》のあとからではなかったか。また、撃墜《げきつい》した敵機《てっき》は九機と東部軍司令部が発表しているが、これを確《たし》かにみた人はいない。それでひそひそと軍部批判《ひはん》の声がささやかれた。

「わが防空《ぼうくう》部隊が落としたのは九機ではなくてクウキ（空気）じゃねえのか」

　そうした必勝の信念こそ高いけれどもどことなく戦争指導者《しどうしゃ》を信頼《しんらい》できない国民の気持ち、

それは多分に日常《にちじょう》生活が開戦直後からみるみる窮屈《きゅうくつ》になってきたことに起因《きいん》するのではないかと思われる。衣料の切符《きっぷ》制もさることながら、映画《えいが》とかレコードとかの文化統制《とうせい》の面でも、何かと問題が続出する。ジャズは当然禁止《きんし》、マイクロホンも機械の力で実際《じっさい》よりは声を大きくするのは卑怯《ひきょう》だ、神の国の日本人はそんな卑怯《ひきょう》なものは使ってはならんと禁止《きんし》。映画《えいが》の配給も白系《けい》と紅系《あかけい》に二区分され、白系《けい》は白系《けい》の映画館《えいがかん》のみ、紅系《あかけい》は紅系《あかけい》の映画館《えいがかん》でのみ上映《じょうえい》と、ややこしくなる。

　われら国民学校の男子生徒は、登校下校のさいに帽子《ぼうし》をとってお辞儀《じぎ》をしていたのに、このころから軍隊式に挙手の敬礼《けいれい》をするように命じられた。それが少しでもだらけたところがあると、ビンタを張《は》られるようになる。わたくしなどは身に覚えがないのに、毎日のように何かと規則違反《きそくいはん》の言動を強引《ごういん》に指摘《してき》されて、まさにビンタの標的にされた。

　それ以上にウヘェーとなったのは、洋服の胸《むね》に学年、級名、氏名を記した小さな布《ぬの》を縫《ぬ》いつけるのを強要されたことであった。これからも空襲《くうしゅう》があるやもしれない。もしや不運に遭《あ》うようなことがあれば、何者なるかを特定するために大事なこと、一億みんなそうするのだと説明されて納得《なっとく》したものの、わたくしは嫌《いや》で嫌《いや》で仕方がなかった。なぜなら「大畑《おおはた》国民学校六年男女組」としなければならないから。男女七歳《さい》にして席を同じうすべからずの時代である。喧嘩《けんか》相手の他校の悪ガキ野郎《やろう》に対峙《たいじ》するとき、「何だい、お前《めえ》は男女組かよ、ウヒヒヒヒ」と、歯を剝《む》きだして冷笑《れいしょう》されるのが無念でならなかった。それで恥《は》ずかしながら、男女組の「女」を見えないくらい小さな字でかいたものであった。

そしてあの初空襲《くうしゅう》いらい、夜に電灯の光を外部にもらすのがはばかられるようになる。電灯の笠《かさ》を黒い布《ぬの》でおおって、光が窓外《そうがい》にもれぬよう細心の注意をはらうのが正当のような空気が強まってくる。正式に灯火管制規則《かんせいきそく》が制定《せいてい》され実施《じっし》となるのは五月八日であるが、うるさい隣《となり》組《ぐみ》なんかでは光を晴れ晴れしく外へもらそうものなら「非国民《ひこくみん》め！」と声高《こわだか》に糾弾《きゅうだん》されることがすでにはじまっていた。抗弁《こうべん》などでき得《う》べくもなかった。

◆「体力、気力、貯蓄力《ちょちくりょく》」

前項《ぜんこう》で戦争指導層《しどうそう》への小さな不信感とかいたが、それが如実《にょじつ》に示《しめ》されているのが四月三十日に行われた第二十一回総選挙《そうせんきょ》における国民の反応《はんのう》ではないかと考えられる。いわゆる翼賛《よくさん》選挙で、大政翼賛会推薦《たいせいよくさんかいすいせん》の議員が多量に当選（推薦候補《すいせんこうほ》三百八十一人、非推薦《ひすいせん》八十五人当選）したもの。この選挙では棄権《きけん》するものは事前申告《しんこく》が義務《ぎむ》づけられ、投票したものには「投票済証《ずみしょう》」が交付されて、自宅《じたく》の軒先《のきさき》に貼《は》らせるという奇想天外《きそうてんがい》なことが実施《じっし》された。話題としたいのは実に八六・三パーセントを誇《ほこ》った投票率《とうひょうりつ》のなかの無効《むこう》投票で、百人に一人が用紙に指導層《しどうそう》を愕然《がくぜん》とさせるようなことをかいていたのである。

議員出すより米を出せ
腹《はら》が減《へ》って居《い》るんだ大馬　加《(ママ)》野郎《やろう》

債権《さいけん》（ママ）ノ押売《おしう》リヤメテ呉《く》レ
新しい共産主義者《しゅぎしゃ》岸信介《きしのぶすけ》ヲ打チ殺セ
中小企業《きぎょう》は犬猫《いぬねこ》にあらず殺サレテタマルカ
岸《きし》様の御《お》かげでルンペン

内務省警保局《ないむしょうけいほ》の「内務省治安対策情報《ないむしょうちあんたいさくじょうほう》」という極秘報告書《ごくひほうこくしょ》にある無効票《むこうひょう》の不穏《ふおん》の文字で、報告書《ほうこくしょ》にはこう解説《かいせつ》が加えられてあるという。

「戦時下国民の意気《いき》或《あるい》は生活上切実なる問題に関する意嚮《いこう》要望などを表示《ひょうじ》せんと試みしが如《ごと》きものの増加《ぞうか》を見たり」

なお岸信介《きしのぶすけ》は東条内閣《とうじょうないかく》の商工大臣（いまの経済《けいざい》産業大臣）で、統制経済《とうせいけいざい》の旗振《はたふ》りであり、企業《きぎょう》の強制的《きょうせいてき》な統廃合《とうはいごう》をつぎつぎに実施《じっし》していた役所の親分。この強権的《きょうけんてき》な統制《とうせい》が一般《いっぱん》には共産主義《しゅぎ》の政策《せいさく》と同列とみられていたのである。とにかく何から何まで上からのきびしい統制《とうせい》で、国民がひそかに悲鳴をあげていたことがわかる。

さりとて戦争指導者《しどうしゃ》としては戦争が長期にわたることになろうと覚悟《かくご》せざるを得《え》ない以上、「持たざる国」としては戦力の拡大《かくだい》および国力の保持《ほじ》を第一としないわけにはいかなかった。そのためには、国をあげて質素《しっそ》にかつ節約であり、そして献金奨励《けんきんしょうれい》である。〝ない袖《そで》は振《ふ》れない〟とは至言《しげん》なのである。以下、荒俣宏《あらまたひろし》氏の著書《ちょしょ》によってかくと、六月十八日、賀屋興宣《かやおきのり》大蔵大臣《おおくらだいじん》もそのことを「戦時貯蓄《ちょちく》動員中央協議会」で珍《めずら》しく大声を発して訴《うった》えたという。

「大東亜《だいとうあ》戦以後の戦費《せんぴ》決定のものすでに二百四十六億円、支那《しな》事変の総計《そうけい》以上と相成っている。したがって国家資金《しきん》計画と睨《にら》み合《あ》わせて決定せられたる本年度の貯蓄目標額《ちょちくもくひょうがく》も二百三十億円となった。まさに昭和十三年度の三倍である。切《せつ》に国民各位の一層《いっそう》のご協力を希望する次第《しだい》である」

もう国家予算だけでは戦費《せんぴ》はまかないきれない。国民の貯蓄《ちょちく》で何とかするほかはない、といって、強制《きょうせい》できぬからそこを何とか自発的に国民諸君《しょくん》よ協力せよ、というわけである。といって二百三十億円は眼《め》の球が飛びでるほどの額《がく》。当時の総人口《そうじんこう》は八千万弱で計算すれば、一人あたり約三百円の貯金《ちょきん》ということになる。当時の新聞購読料《こうどくりょう》一円二十銭《せん》、永井荷風《ながいかふう》の日記によると豆腐《とうふ》一丁六銭《せん》、銀行員の初任給《しょにんきゅう》七十円〜七十五円であったという。いまの価格《かかく》に直すと三百円の貯金《ちょきん》とはいったいどれほどになるものか。

無理は承知《しょうち》である。戦争指導者《しどうしゃ》はそれゆえに躍起《やっき》となって鉦《かね》や太鼓《たいこ》を打ち鳴らす。大蔵省《おおくらしょう》はさっそく「貯蓄《ちょちく》標語」の募集《ぼしゅう》をはじめ、優秀作《ゆうしゅうさく》には賞金《しょうきん》として国債《こくさい》を出すことにした。

一等賞《とうしょう》　「噴《ふ》き出《で》る汗《あせ》から湧《わ》きでる貯蓄《ちょちく》」

二等賞《とうしょう》　「民貯《たくわ》えて、兵強し」

「体力、気力、貯蓄力《ちょちくりょく》」

「銃後《じゅうご》にもZ旗揚《あが》る貯蔵陣《ちょぞうじん》」

さらに荒俣《あらまた》氏が探《さが》しだした「貯蓄《ちょちく》強調週間」なるものがはじめられることとなったという。

第一日　家計を反省し貯蓄《ちょちく》計画を樹《た》てる日。
第二日　節酒、節煙《えん》、虚礼廃止《きょれいはいし》の日。
第三日　物見遊山を慎《つつし》む日。
第四日　働け働けの日。
第五日　物を生かして使う日。
第六日　最低生活実践《じっせん》の日。
第七日　感謝貯蓄《かんしゃちょちく》の日。

下町の悪ガキのわたくしにはまったく記憶《きおく》にないが、いまはただへェーというばかり。町じゅうには大きなポスターが貼《は》りだされて、隣組《となりぐみ》の軍国おじさんや大日本婦人会《ふじんかい》のおばさんのヒステリックな監視《かんし》の眼《め》が光りまくった。でも、職場《しょくば》でもむしり取られ、家に帰れば隣《となり》組《ぐみ》からも強要され、やってられないよと不平不満の声がいたるところからあがったことはかくまでもない。ただし、貯蓄《ちょちく》や節約の声が大合唱となっても、決して反戦反政府《せいふ》的な声が高まりまとまるようなことはなかった。大戦争がはじまったからには「勝たなければならぬ」のが国民すべての覚悟《かくご》というもの。それが素朴《そぼく》な、基本《きほん》としての愛国心というものであった。

ましてわれら悪ガキが貯蓄《ちょちく》週間などに気をとめるはずはない。そんなことより加藤隼《かとうはやぶさ》戦闘《せんとう》隊長の戦死の報《ほう》に、子供心《こどもごころ》に大歎《なげ》きに歎《なげ》いたことがしっかりといまも頭にある。

〽エンジンの音轟々《ごうごう》と／隼《はやぶさ》は征《ゆ》く雲の果て

この「加藤《かとう》隼《はやぶさ》戦闘隊《せんとうたい》」の歌（田中林平《たなかりんぺい》・朝日六郎《あさひろくろう》作詞《さくし》、原田喜一《はらだきいち》・岡野正幸《おかのまさゆき》作曲）を若《わか》い人は知るまいし、隼を「はやぶさ」と読むことも知るまいか。「加藤《かとう》の前に加藤《かとう》なく、加藤《かとう》の後に加藤《かとう》なし」といわれた陸軍中佐加藤建夫《かとうたてお》が、イギリス爆撃《ばくげき》隊と交戦し被弾《ひだん》、ベンガル湾《わん》上に自爆《じばく》、戦死したのが五月二十二日のこと。死後に二階級特進し「空の軍神《ぐんしん》」として顕彰《けんしょう》される。なぜか、おやじの影響《えいきょう》もあって、それほど軍国少年でなかったわたくしも、この報《ほう》にひどいショックをうけた。それで〽エンジンの音轟々《ごうごう》と……が八月十五日の終戦のその日まで、わたくしが正しく歌える軍歌の一つであったのである。

そしてそれから二週間後の六月五日、中部太平洋ミッドウェイ沖で、なんと、世界最強を誇《ほこ》っていた日本海軍の機動部隊が完敗する。そんな事実は発表されるべくもない。それどころではなく、むしろ「勝った、勝った」で、海軍報道部《ほうどうぶ》の平出英夫《ひらいでひでお》大佐がラジオで豪語《ごうご》した。

「刺《さ》し違《ちが》え戦法によって、敵《てき》の虎《とら》の子《こ》である空母の誘出殲滅《ゆうしゅつせんめつ》が成功した。アメリカは懸命《けんめい》にデマ宣伝《せんでん》を行っている。それに踊《おど》らされてはならない。わが方の損害《そんがい》は軽微《けいび》である。米の損害《そんがい》はわが公表以上なのである」

翌日《よくじつ》の新聞も、太平洋の戦局はこの一戦に決す、敵《てき》のゲリラ戦の企図《きと》はまったく潰《つい》えたり、と報《ほう》じた。海戦は日本海軍の勝利として国民には受けとられる。いや、海軍は天皇《てんのう》にも四隻《せき》の空母全滅《ぜんめつ》の敗北であったことを知らせていなかったことが、いまは明らかになっている。そして事実は、大日本帝国《ていこく》のこの戦争の敗北はこのときにほぼ決定づけられたのである。

これ以後の作戦の主導権《しゅどうけん》はアメリカ軍の手に完全に渡《わた》ってしまう。戦力なきほうが強者に先手をとられては華々《はなばな》しく抵抗《ていこう》のしようがない。そして日本のもっとも恐《おそ》れていた物量対物量の憂鬱《ゆううつ》な長期戦に、消耗戦《しょうもうせん》に、否応《いやおう》なく日本は引きこまれてしまうことになる。『機密《きみつ》戦争日誌《にっし》』にも「知らせぬは当局者、知らぬは国民のみ」と国民をバカにしたような不敵《ふてき》きわまる言葉が残されている。さりとてこれ以上かくことはまさしくA面になるので省略《しょうりゃく》とする。

◆タコの親たちゃ悲しかろ

『機密《きみつ》戦争日誌《にっし》』のいうようにたしかに「知らぬは国民のみ」ではあったが、この年の夏の終りぐらいから報道《ほうどう》される戦争の様相は少しずつ変わりだしていた。緒戦《しょせん》の勝ちっぷりのよさは影《かげ》をひそめ、連戦連勝のままに戦争がつづくと信じている軍国おじさんたちの顔が曇《くも》り、険《けわ》しくなっていく。「軍艦《ぐんかん》マーチ」が高鳴って伝えられる戦捷報道《せんしょうほうどう》も減《へ》りはじめ、やや控《ひか》え目《め》になっていく。ガダルカナルという、あとで教えられたがスペインのある小さな町の名を十六世紀《せいき》にそのままつけられたという南の島が、ラジオや新聞にしきりにあらわれる。そしてソロモン諸島《しょとう》やラバウルの名も。

少し戻《もど》るが六月十八日、東京市は市民に妙《みょう》なことをそれとなく指示《しじ》している。各家庭の窓《まど》ガラスに、空襲《くうしゅう》のさいに爆風《ばくふう》のため窓《まど》ガラスが飛び散らないよう紙や布《ぬの》などを貼《は》って予防《よぼう》しておくようにと。ゴム糊《のり》やご飯粒《はんつぶ》はすぐ剝《は》がれるから落第。粘着力《ねんちゃくりょく》の強いニカワが適当《てきとう》。紙は障《しょう》子紙《じがみ》がいちばん良く、レースは不適当《ふてきとう》などと、微《び》に入り細にわたっていた。さながら戦勢《せんせい》が突《とっ》如《じょ》として容易《ようい》でなくなったことを示唆《しさ》するように。

いくらかこじつけ気味のところはあるが、われら悪ガキによって爆発的《ばくはってき》に流行、ただしひそかに歌われた替《か》え歌《うた》の登場もこのころからであったように思う。昭和十五年につくられ、女優《じょゆう》高峰三枝子《たかみねみえこ》が歌って大ヒットした「湖畔《こはん》の宿」。〽山の淋《さび》しい湖に……と歌いだされる内容《ないよう》もメロディもセンチメンタルで、戦意昂揚《こうよう》には役立たぬと内務省《ないむしょう》が発売禁止《きんし》した歌のそれなのである。

〽きのう召《め》されたタコ八が
弾丸《たま》に当って名誉《めいよ》の戦死
タコの遺骨《いこつ》はいつ還《かえ》る
骨《ほね》がないから還《かえ》れない
タコの親たちゃ悲しかろ

どうであろうか、替《か》え歌《うた》の作者は不詳《ふしょう》ながら実によく出来た歌といえるのではあるまいか。低音で歌うと底知れぬ悲しみがにじみでてくる。といっても、元歌を知らぬいまの人たちにはわかってはもらえないか。

これもまた昭和十五年につくられた軍歌で、前にもふれたが、土曜も日曜も返上して頑張《がんば》ろうという「月月火水木金金」（高橋俊策《たかはししゅんさく》作詞《さくし》、江口夜詩《えぐちよし》作曲）。これの替《か》え歌《うた》もわれら悪ガキが大いに、いや正確《せいかく》には警官《けいかん》や軍国おじさんや警防団員《けいぼうだんいん》のいないところで声を張《は》りあげて、歌ったことも覚えている。ただし、こっちは元歌をかかないと痛快《つうかい》さがわからない。

〽朝だ夜明けだ　潮《うしお》の息吹《いぶ》き
うんと吸《す》いこむ　あかがね色の
胸《むね》に若《わか》さのみなぎる誇《ほこ》り
海の男の艦隊勤務《かんたいきんむ》
月月火水木金金

すこぶる快調《かいちょう》なメロディで盛《さか》んに歌われていたが、替《か》え歌《うた》がどこからともなく国民学校にまで忍《しの》びこんできてからは、もはや元歌はどこかへ吹《ふ》っ飛《と》んでいった。

〽夜の夜中の　真っ暗やみで
うんと踏《ふ》んばる　あかがね色の
クソの太さとみなぎる匂《にお》い
裏《うら》の畠《はたけ》のこえだめ便所
けつけつかいかいノミシラミ

月月火水木金金のせっかくの戦意昂揚《こうよう》も、ノミとシラミとなってはもう形なしもいいところであろう。

そういえば、童謡《どうよう》の〽夕焼け小焼けで日が暮《く》れて……の替《か》え歌《うた》も、遊《あそ》び疲《つか》れて今日はこれでアバヨというときに、悪ガキ一同でしきりに合唱したことをいま思いだした。

〽夕焼け小焼けで日が暮《く》れない
山のお寺の鐘《かね》鳴らない
戦争はなかなか終らない
カラスもおうちに帰れない

もちろん、これらの替《か》え歌《うた》に反戦的・反軍的な気持ちがこめられていると特に意識《いしき》して歌っていたわけではない。しかし五月、「金属回収《きんぞくかいしゅう》令」による「強制譲渡《きょうせいじょうと》命令」が発動され、すべての鉄や銅《どう》類、供《きょう》出《しゅつ》で近所の寺の鐘《かね》が次第《しだい》になくなっていたのは事実である。カラスは出征《しゅっせい》兵士《へいし》のことなのである。しかし、であるからといって、念のためにかくが、戦争どこ吹《ふ》く風《かぜ》とそっぽを向いていたわけではない。出征兵士《しゅっせいへいし》の見送りや、戦死者の遺骨《いこつ》の出迎《でむか》えに、わたくしたちはむしろ張《は》り切《き》って日の丸をもって参加していたのである。

少し先のほうにすっ飛ばしすぎた。ちょっと時間を戻《もど》すと、全国民が一丸となって闘《たたか》うことを要求されているいま、文学者も例外ではないと大同団結《だいどうだんけつ》して「日本文学報国《ほうこく》会」が結成され、その発会式がミッドウェイ海戦敗北後の六月十八日、日比谷公会堂《ひびやこうかいどう》で開催《かいさい》されている。このことは拙著《せっちょ》『昭和史《しょうわし》』にすでにかなりくわしくかいているから略《りゃく》すが、吉川英治《よしかわえいじ》が朗読《ろうどく》した「文学者報道班員《ほうどうはんいん》に対する感謝《かんしゃ》決議」の戦意昂揚《こうよう》の文章だけはもういっぺんかいておきたい。

「……文芸文化政策《せいさく》の使命大、いまや極《きわ》まる。国家もまたその全機能《ぜんきのう》を求め、必勝完遂《かんすい》の大業もその扶与《ふよ》をわれ等《ら》に命ず」

文学にたずさわるもの、その国家の扶与《ふよ》の命に応《こた》えて大いに奮発《ふんぱつ》せんと。当時は、これがいかにも荘厳《そうごん》にひびいたのであるそうな。

と、文学統制《とうせい》のほうは簡単《かんたん》にしておくが、かいておかなければならないのは新聞ジャーナリズムの統合《とうごう》のことについてである。七月二十四日、情報局《じょうほうきょく》は、新聞の生命の根源《こんげん》である紙の配給をテコにして、地方紙を〝一県一紙〟に統合《とうごう》する、ときめた。

戦争遂行《すいこう》のために報道《ほうどう》はきわめて重要である。それなのにいまの日本においては、弱小地方紙が多すぎるため、なかには反政府的《はんせいふてき》・反軍的な論調《ろんちょう》をこっそり載《の》せる新聞もある。これは「地方庁《ちょう》の指導《しどう》する国策《こくさく》実行のためにはなはだまずい」というのである。それゆえに、という理由づけがされたが、要するに言論《げんろん》メディアは少ないほうが統制《とうせい》しやすい。世論《よろん》は朝日、毎日、読売の大新聞で煽《あお》りたててリードすればそれでよい。そこに情報局《じょうほうきょく》の狙《ねら》いがあった。

これに新聞ジャーナリズムは唯々諾々《いいだくだく》として応《こた》えた。一千四百以上あった日刊紙《にっかんし》はたちまちに統合《とうごう》が進められて、完了《かんりょう》したときにはわずか五十五紙に激減《げきげん》していた。こうして頑張《がんば》って反《はん》政府的《せいふてき》なきびしい批評精神《ひひょうせいしん》のもとに論陣《ろんじん》を張《は》っていた新聞はすべて消えていった。なかに激《はげ》しく抵抗《ていこう》した新聞もあったが、最後には「特高警察《とっこうけいさつ》が直接《ちょくせつ》に指導《しどう》に乗りだし」、すなわち怪《け》しからん記者はつぎつぎに拘束《こうそく》して、ということになったという。とにかく強圧的《きょうあってき》に一県一紙化させ、これからのどこまで長びくかわからない戦いに備《そな》えて、大仕事をすませて情報局《じょうほうきょく》はすこぶるご満悦《まんえつ》と相なった。

◆しこの御盾《みたて》と出《い》で立《た》つ吾《われ》は

銃後《じゅうご》ではこんな風に長期戦の対応策《たいおうさく》がいろいろと模索《もさく》されているとき、アメリカ軍の本格的《ほんかくてき》な反攻《はんこう》によって主戦場となったガダルカナルでは、一本の滑走路《かっそうろ》の争奪《そうだつ》をめぐって、日米両軍のあらんかぎりの戦力を投入しての凄惨《せいさん》な戦いがつづけられていた。しかし日本国民はだれひとり事実を知ることはなかった。陸海軍報道部《ほうどうぶ》の景気のいい戦捷宣伝《せんしょうせんでん》ばかり。それで日本人一《いっ》般《ぱん》は勝っているものと思って、都会でも田舎《いなか》でも戦勝祝いのお祭り騒《さわ》ぎをくりひろげていた。その大小の例を挙げるに困《こま》らないが、ここには二つだけ、かなり大がかりのものを。

この年は満洲《まんしゅう》国建国十周年の年にあたり、九月十五日、記念の中央式典が日比谷音楽堂《ひびやおんがくどう》で賑々《にぎにぎ》しく行われている。委員長が高松宮宣仁殿下《たかまつのみやのぶひとでんか》。東京の空に満洲《まんしゅう》国軍の航空機《こうくうき》が十一機飛来して、市民たちを大いに喜《よろこ》ばした。そして、建国十周年に関連して面白《おもしろ》いものを見つけたので、お目にかける。陸軍の善通寺師団《ぜんつうじしだん》司令部が発行した宣伝《せんでん》ビラである。

「（満洲《まんしゅう》国の現状《げんじょう》は）人口四千三百万、鉄道延長《えんちょう》四倍、石炭採掘量《さいくつりょう》三倍、発電力三倍、鉄精錬《せいれん》量三〜四倍、郵貯《ゆうちょ》高四百倍！……だが、銘記《めいき》せよ！　この大発展《だいはってん》の蔭《かげ》には十余《よ》万の英霊《えいれい》と、北辺を守る皇軍《こうぐん》の労苦のあることを。南の夢《ゆめ》に北を忘《わす》れてはならぬ」

何をおっしゃる善通寺《ぜんつうじ》さんよ、である。できたてのホヤホヤの満洲《まんしゅう》国は、なるほど、三倍とか五倍とかで裕福《ゆうふく》になっているかもしれないが、皇紀《こうき》二六〇二年のわが日本は物資《ぶっし》不足でアップアップし、南の夢《ゆめ》もいまや強風の前の塵《ちり》のごとくに吹《ふ》き飛《と》びつつあったのである。

もう一つ。日本文学報国会《ほうこくかい》は、事務《じむ》局長久米正雄《くめまさお》の主唱のもと、大いに国に報《むく》いるための大事業として「大東亜《だいとうあ》文学者大会」を大々的に帝国劇場《ていこくげきじょう》で開催《かいさい》した。発会式が十一月三日のことで、その目的は「日本文化の真姿《しんし》を認識《にんしき》せしめ、かつ、共栄圏《きょうえいけん》文化の交流を図《はか》って、新しき東洋文化の建設《けんせつ》に資《し》せんとするものである」という。そのために、大東亜共栄圏諸地域《だいとうあきょうえいけんしょちいき》の代表的文学者約三十人を東京に招《まね》いたのである。

出席は満洲《まんしゅう》国から古丁《こてい》、爵青《しゃくせい》、呉瑛《ごえい》、バイコフ。蒙古《もうこ》から和正華《わしょうか》……とかいてもまったく無意味であろう。一行はまず宮城奉拝《きゅうじょうほうはい》、明治神宮参拝《じんぐうさんぱい》をさせられ、最高級旅館の最上の部屋に通され、出されるのは超一流《ちょういちりゅう》のコックや板前による特別料理……なんてことも、もうどうでもいいことか。下司《げす》の勘《かん》ぐりながらずいぶんとカネがかかったことであろう。

肝腎《かんじん》の会議は四日、五日に開かれる。発言した日本の文学者の名はかいておくに値《あたい》することであろうか。菊池寛《きくちかん》、久米正雄《くめまさお》、武者小路実篤《むしゃのこうじさねあつ》、斎藤瀏《さいとうりゅう》、亀井勝一郎《かめいかついちろう》、長与善郎《ながよよしろう》、藤田徳太《ふじたとくた》郎《ろう》、横光利一《よこみつりいち》、吉屋信子《よしやのぶこ》、吉植庄亮《よしうえしょうりょう》（以上第一日）。富安風生《とみやすふうせい》、白井喬二《しらいきょうじ》、細田民樹《ほそだたみき》、加藤《かとう》武雄《たけお》、尾崎喜八《おざききはち》、木村毅《きむらき》、川路柳虹《かわじりゅうこう》、舟橋聖一《ふなはしせいいち》、林房雄《はやしふさお》、高田保《たかたたもつ》、片岡鉄兵《かたおかてっぺい》、吉川英治《よしかわえいじ》、中河与一《なかがわよいち》、村岡花子《むらおかはなこ》、豊島与志雄《とよしまよしお》、春山行夫《はるやまゆきお》、一戸務《いちのへつとむ》、高橋健二《たかはしけんじ》、中村武羅夫《なかむらむらお》（以上第二日）。

何でつまらぬことをかくのか。もちろん、戦時下の文学的資料《しりょう》の意味もある。それよりも何よりもすごく盛会《せいかい》であり有意義《ゆういぎ》であったであろうことを、皮肉でなしに示《しめ》したいからである。

と、少々偉《えら》そうにかいたものの、当時国民学校六年生のわたくしには文学者の名前など知るはずもなく、そのいずれのお祭り的行事ともまったく無縁《むえん》、記憶《きおく》のカケラもない。覚えているのは、大東亜《だいとうあ》文学者大会のちょっとあとの十一月二十日、校長が朝礼のときに「とくに六年生の諸君《しょくん》は、しっかり覚えるようにしなさい」と訓示《くんじ》し、強制的《きょうせいてき》に覚えさせられた、まことに迷《めい》惑《わく》千万なもののほうである。この日の新聞にいっせいに掲載《けいさい》された「愛国百人一首」。いまはそんなカルタのあったことなど知る人ぞ知るのみなれど、当時は鳴りもの入りで発表された。日本文学報国《ほうこく》会選定、情報局後援《じょうほうきょくこうえん》、陸海軍省および大政翼賛会《たいせいよくさんかい》賛助《さんじょ》、毎日新聞社協力というものものしさ。選定委員には佐佐木信綱《ささきのぶつな》、斎藤茂吉《さいとうもきち》、北原白秋《きたはらはくしゅう》、折口信夫《おりくちしのぶ》、川田順《かわだじゅん》などなどというお歴々《れきれき》がずらりと名を連ねている。大袈裟《おおげさ》にいえば国を挙げての大事業である。

悪ガキであったわたくしも、翌年《よくねん》の中学校受験をひかえて一所懸命《いっしょけんめい》に覚えようとした。その記憶《きおく》はたしかにあるが、いまも頭に残っているのはほんの数首のみ。当時中学生や国民学校上級生であった読者は、さて、どんなものか。どんなに頭をひねっても朗誦《ろうしょう》できるのは十首もないのではあるまいか。なかでわたくしが忘《わす》れられないのはつぎの二首。

●今日よりはかへりみなくて大君《おおきみ》の
　しこの御楯《みたて》と出《い》で立《た》つ吾《われ》は

下野国《しもつけのくに》の防人《さきもり》の今奉部與曾布《いままつりべのよそふ》の作。そしてもう一首は楠木正行《くすのきまさつら》の作。

●かへらじとかねて思へば梓弓《あずさゆみ》
なき数に入《い》る名をぞとどむる

こうかきながらあらためて思えてくるのは、まさしく十七年の終りごろから、よりいっそう忠君《ちゅうくん》愛国の精神《せいしん》が強調されてきた、ということである。戦勢《せんせい》の潮《しお》の流れが変わったことなどは知らない。しかし、戦争は国家総力《そうりょく》戦、国民の一人ひとりが戦う人間「醜《しこ》の御盾《みたて》」とならなければならぬ。戦力とならねばならない。そのためにもますます忠君《ちゅうくん》愛国の精神《せいしん》を磨《みが》かねばならないと、強く要請《ようせい》されてきたのである。そこには大人と子供《こども》の区別はない。つまりいつまでも悪戯《いたずら》好きの悪ガキではいられなくなったということであった。

◆欲《ほ》しがりません勝つまでは

悪ガキということでもう一つ、同じころに忘《わす》れることのできない〝事件《じけん》〟がある。秋も深まった十一月十五日、「大東亜《だいとうあ》戦争一周年記念・国民決意の標語」の大募集《だいぼしゅう》が行われたのである。読売、朝日、東京日々の三大新聞と大政翼賛会《たいせいよくさんかい》が主催《しゅさい》し、情報局《じょうほうきょく》の後援《こうえん》という大がかりのもので、十九日締切《しめき》り、二十七日発表というあわただしいものながら、応募総数《おうぼそうすう》三十二万人余《あまり》。入選作の賞金《しょうきん》は百円の国債《こくさい》であった。

これがなぜ〝事件《じけん》〟なのか。となれば、まことに恥《は》ずかしながらの話なのである。このときわが学校からも三人の優等生《ゆうとうせい》がとくに選ばれて、知恵《ちえ》をしぼって応募《おうぼ》した。が、全員落選。しかも、二十七日の各新聞にいっせいに発表された入選作十篇《ぺん》のうちの、もっとも人気のあった と報《ほう》じられた一篇《ぺん》「欲《ほ》しがりません勝つまでは」の作者が、なんと麻布区《あざぶ》（現港区《げんみなと》）笄《こうがい》国民学校五年生の女の子というではないか。そうと知ってわれら悪ガキ仲間は地団駄《じだんだ》を踏《ふ》んで口惜《くや》しがった。

「なにッ、五年生のアマッチョが一等だと!?　そんなバカな。だれか他のものが作ったんと違《ちが》うか」

「先公《せんこう》（先生）がオレたちにやらせなかったのがいけなかったんだ。オレたちならもっとスゲエのを作って一等賞《とうしょう》なんて朝飯前だったんだ」

「先公《せんこう》は人物を見る眼《め》がねえからな」

この思う存分《ぞんぶん》の悪口を教室で恐《おそ》れもせずに思いきり大声でやった。そこまではよかった。が、これをそっくり担任《たんにん》の先生に聞かれてしまったのである。先公《せんこう》（失礼！）の怒《おこ》ったのといったら、これはまさに天を衝《つ》いた。結果、自分たちの脳味噌《のうみそ》の腐《くさ》ったのもわきまえぬ大タワケどもというので、その日は放課後になるまで朝礼台の上に立たされて、全校生徒のいい笑いものになったのである。これを〝事件《じけん》〟とよばないわけにいかないではないか。

戦後も二十年余《あまり》ほどたって、ほんとうの作者は少女の父親（天理教布教師《ふきょうし》）であるとわかった。悪ガキのカンは当たっていたことになるが、何の慰《なぐさ》めにもならない。

なお、ほかの入選作には「さあ二年目も勝《か》ち抜《ぬ》くぞ」「頑張《がんば》れ！　敵《てき》も必死だ」「たった今、笑って散った友もある」「その手ゆるめば戦力にぶる」「理窟《りくつ》言う間に一仕事」「今日も決戦明日も決戦」、そしてまた「足らぬ足らぬは工夫《くふう》が足らぬ」という秀作《しゅうさく》があった。

なかでもこの「欲《ほ》しがりません勝つまでは」が国民学校五年生作というので爆発的《ばくはつてき》な大人気。銀座《ぎんざ》といわず新宿《しんじゅく》といわず、盛《さか》り場《ば》のあちこちにこの標語のポスターが貼《は》りだされたというが、残念ながらその記憶《きおく》はない。その上に、「この標語ではまだまだ足らぬ。もっともっと強く、『欲《ほ》しがりません、どこまでも』とすべし。勝っても欲《ほ》しがってはいかん、欲《ほ》しがるのは米英の思想だ」と、意気《いき》も高らかにハッパをかける投書があったと何かの本で読んだことをかすかに覚えている。さらには作詞《さくし》山上武夫《やまがみたけお》（「お猿《さる》のかごや」の作詞者《さくししゃ》）、歌手は川田正子《かわだまさこ》・孝子姉妹《たかこしまい》で歌にもなったそうな。もちろん、まったく知らないことながら。

それよりも鮮明《せんめい》な記憶《きおく》として残っているのは、こんな落書が近所の質屋《しちや》の黒塀《くろべい》などにいくつも大書されていたことのほうである。

「足らぬ足らぬは夫《おっと》が足らぬ」

あわてて警防団員《けいぼうだんいん》や軍国おじさんが雑巾《ぞうきん》で、事実を見事に衝《つ》いている悪戯《いたずら》書きを消していたが、なかなか消えず、ぼんやり眺《なが》めていたわれら悪ガキ一同が「お前たちも手伝え」とたちまち雑巾《ぞうきん》をもたされたことであった。

しかし、この「工」の一字を消しての「夫が足らぬ」はまことにいい得《え》て妙《みょう》、これぞ現実《げんじつ》であったのである。若《わか》ものは赤紙一枚《いちまい》でどんどん召集《しょうしゅう》されていく。町にはがぜん女子供《おんなこども》の姿《すがた》

統制・配給となったもの一覧

年	月	食糧・日用品
昭和14	2	大工・建具業者のクギ・金物
	4	米穀配給制度公布
	6	ハンドバッグ用の動物の皮革
	12	白米
昭和15	4	肉なしデー
	6	砂糖、マッチ
	11	木炭・豆炭、育児用乳製品
昭和16	2	清酒
	4	家庭用小麦粉
	5	衛生綿
	6	食用油、ビール
	8	お菓子(割当て制)
	9	香辛料
	11	魚介類、鶏卵
昭和17	2	みそ、醤油、塩
	5	パン類
	7	氷使用のすべて
	8	ちり紙
	10	パーマネント用電熱器
	11	野菜

が多くなった。悪戯《いたずら》書きの悲鳴はあまりにも正しかったのである。いや、夫ばかりではない。政府《せいふ》の統制《とうせい》強化で銃後《じゅうご》の生活はきびしさを増《ま》すいっぽう。何もかもが足らなかった。こうなると、さきにふれた貯蓄《ちょちく》二百三十億円がはたして達成できたかがどうしても気になってくる。

これを調べてみると、この年の第一四半期が六十八億七千八百万円となかなか健闘《けんとう》したのに、第二四半期のそれは四十億二千六百万円と大幅《おおはば》にダウン。十一月五日に半期の貯蓄実績《ちょちくじっせき》は百九億円で、目標の半分にも達しなかったのである。当局は天を仰《あお》いで歎《なげ》いた。

「日本国民は熱しやすく冷めやすいなぁ」と。

そうとわかっていても、とにかく国家総力《そうりょく》戦であるから、少々のことは「欲《ほ》しがりません勝つまでは」で我慢《がまん》せいで、戦争指導者《しどうしゃ》はいろいろと手を打たざるを得《え》ない。以下、新聞記事から、勝つまで我慢《がまん》せねばならぬ出来事のいくつかを拾ってみる。

十一月七日、鉄道省は行楽や買い出し旅行制限《せいげん》のために、乗車券発売制限《じようしやけんはつばいせいげん》と乗越《のりこ》し途中《とちゆう》下車の制限《せいげん》を実施《じつし》。ついでに手荷物の受託停止《チツキていし》を通達する。この受託停止《チツキていし》は「野菜魚類買出し部隊に対する鉄槌《てつつい》となった」（朝日新聞　十一月八日付）。同じ十一月八日、吉本興業《よしもとこうぎよう》が通天閣《つうてんかく》を献納《けんのう》させられる。重さ五百トン、時価《じか》約四万円の鉄材を一万円かけて献納《けんのう》する（毎日新聞）。

十一月十四日、東京市内の梵鐘《ぼんしよう》百五十、半鐘《はんしよう》百五十、正午にいっせいにゴーン、ガーン、カンカン。これを名残《なご》りにすべて回収《かいしゆう》される（朝日新聞）。

十一月二十五日、大阪府内の三千寺院のうち八百四十六寺院の大小の梵鐘《ぼんしよう》が供出《きようしゆつ》と決定。この日の正午にここでもいっせいにゴーン、ガーン、ボーン（大阪毎日新聞）。

そういえば、われら悪ガキも鉄製《てつせい》のベエゴマが供出《きようしゆつ》でなくなってしまい、すべて瀬戸物《せともの》となった。相手を弾《はじ》きだすより先に、丸い床《ゆか》の上で相手に当たるとパカンと二つに割《わ》れてしまう弱いやつばかり、チッチッチッと勢《いきお》いこんでやる元気も失《う》せていってしまった。ただし、これは新聞などが報道《ほうどう》してはくれない。

もう一つ、おまけに。十二月十二日の読売新聞。「尊皇攘夷《そんのうじようい》の血戦、大東亜《だいとうあ》戦争を完遂《かんすい》するにはあらゆる面から米英思想を排撃《はいげき》しなければならない。（中略《ちゆうりやく》）食生活で一番おかしいのはフォークとナイフを使う西洋作法。肉でも、切って出して使いなれた箸《はし》で食べればよく、また御飯《ごはん》を皿に盛《も》ってフォークで危なかしくすくう不愉快《ふゆかい》はやめたい。家庭はもちろん食堂《しよくどう》その他でもフォークとナイフは献納《けんのう》して箸《はし》を使い、御飯《ごはん》も茶碗《ちやわん》によそえば食べ残しの無駄《むだ》もなくなる。

外観だけを容易《ようい》に移《うつ》した馬鹿らしい米英模倣《もほう》を切り捨《きす》てるよう努力しようではないか」

ヘヘエー、新聞おんみずからの食い方のご指導《しどう》、恐《おそ》れ入《い》りました。

そのほか、この年までに統制《とうせい》・配給となった食糧《しょくりょう》や日用品の主なものの一覧表《いちらんひょう》をあげておくことにする（前々頁《ぜんぜんページ》）。すごい時代であったことがよくわかるであろう。

◆『ハワイ・マレー沖海戦』封切《ふうきり》

昭和十七年となれば、このころ少年時代をすごした人びとには、欠かすことのできない大事な映画《えいが》がある。脚本《きゃくほん》・演出《えんしゅつ》が山本嘉次郎《やまもとかじろう》、特殊技術撮影《とくしゅぎじゅつさつえい》が円谷英二《つぶらやえいじ》の東宝映画《とうほうえいが》『ハワイ・マレー沖海戦』である。十二月三日に全国で封切《ふうき》られた。製作費《せいさくひ》七十万円で、東宝撮影所《とうほうさつえいじょ》内に千八百坪《つぼ》の真珠湾《しんじゅわん》、百五十坪《つぼ》のホイラー飛行場のミニチュアをつくり、千葉県館山に実物大の航空母艦《こうくうぼかん》のセットを建設《けんせつ》、六カ月の期間をかけて製作《せいさく》された。そんな当時にあっては奇想天外《きそうてんがい》な製作費《せいさくひ》をかけた映画《えいが》とは、もちろん知るべくもない。

戦後になって、リバイバル上映《じょうえい》されたこの映画《えいが》を観《み》て、真珠湾《しんじゅわん》に向かって進撃《しんげき》する航空《こうくう》部隊の、飛行機を吊《つ》るしているピアノ線がはっきり認《みと》められたりして、いまだ技術《ぎじゅつ》の拙劣《せつれつ》さをいまさらのように酷評《こくひょう》する人も多くいる。それは否定《ひてい》すべくもないが、当時、映画館《えいがかん》を借りきりの学校総見《そうけん》で観《み》たときの見事な攻撃《こうげき》ぶりの興奮《こうふん》と勝利の感激《かんげき》で、戦前に観《み》た映画《えいが》では、アメリカの西部劇《せいぶげき》、ジョン・フォード監督《かんとく》の『駅馬車』とともに、わたくしにとっては最高に位置する傑作《けっさく》であったのである。

そしてこの二つの海戦は同時に、太平洋戦争におけるもっとも輝《かがや》ける日の記録ともなった。あとにも先にもこれほど完膚《かんぷ》なきまでの大勝利はなかった。国民は、それゆえに、スクリーンを通してその栄光の再現《さいげん》に酔《よ》い狂《くる》った。心からの絶讃《ぜっさん》を送り、観《み》終わると満身の力をこめて万歳《ばんざい》を叫《さけ》んだ。そして、この戦争も、明治の日清《にっしん》・日露《にちろ》戦争に勝ったように、大勝利をもって終結できるものと信じた、いや、信じさせられたのである。

こんなとき知識人《ちしきじん》は何を考えていたのであろうか。新聞も雑誌《ざっし》も当局の検閲《けんえつ》で金縛《かなしば》りにあっているとき、まともなものが載《の》っているはずはない。ではあるけれども、「文學界《ぶんがくかい》」九月号と十月号に載《の》った大座談会「近代の超克《ちょうこく》」はとりあげるに十分に値《あたい》しよう。ただ戦後になってもとかくの批判《ひはん》をよんでいる企画《きかく》であり、文学史《ぶんがくし》などの専門《せんもん》の方々《かたがた》によって研究しつくされており、歴史探偵《れきしたんてい》の出る幕《まく》ではないところもある。しかしながら、西谷啓治《にしたにけいじ》、諸井三郎《もろいさぶろう》、鈴木成高《すずきしげたか》、菊池正士《きくちせいし》といったいろいろな分野の人びとが、小林秀雄《こばやしひでお》、亀井勝一郎《かめいかついちろう》、林房雄《はやしふさお》、河上徹太郎《かわかみてつたろう》たち文学者を相手に、活潑《かっぱつ》にやり合っていて、結構面白《けっこうおもしろ》い。全体としては議論《ぎろん》が嚙《か》み合わず混乱《こんらん》の気味があるものの、それだけに各出席者の本音がそのままでている、とうけとってもいいところがある。

それで、なかでわたくしがとくに面白《おもしろ》いと思えたところをほんの少々引くことにする。映画評論家《えいがひょうろんか》の津村秀夫《つむらひでお》が、戦争となって敵《てき》の機械文明を相手にしなければならぬ、ゆえにこれを逆《さか》手《て》にとってこっちも種々の最新の機械を使いこなさなければならない、と発言したことに、機械を相手に戦うなんてことはないと、文学者たちが猛反発《もうはんぱつ》した。そこに新カント派《は》の哲学者《てつがくしゃ》下村寅太郎《しもむらとらたろう》が割《わ》って入ってきた。このやりとりが興味深《きょうみぶか》い。

下村《しもむら》　……機械も精神《せいしん》が作ったものである。機械を造《つく》った精神《せいしん》を問題にせねばならぬ。

小林《こばやし》　（秀雄《ひでお》）機械は精神《せいしん》が造《つく》ったけれども、精神《せいしん》は精神《せいしん》だ。

下村《しもむら》　機械を作った精神《せいしん》、その精神《せいしん》を問題にせねばならぬというのです。

小林《こばやし》　機械的精神《せいしん》というものはないですね。精神《せいしん》は機械を造《つく》ったかも知れんが、機械を造《つく》った精神《せいしん》は精神《せいしん》ですよ。それは芸術《げいじゅつ》を作った精神《せいしん》と同じものである。

下村《しもむら》　機械を造《つく》った精神《せいしん》そのものの性格《せいかく》が問題ですよ。

まったく何のことやら、ということになるが、下村《しもむら》のいう「機械」という語を「飛行機」とおきかえて考えれば、操縦者《そうじゅうしゃ》を大事にする米軍機とこれを軽《かろ》んじる日本機の違《ちが》いはこのころから歴然《れきぜん》としてきた。日本のベテラン搭乗員《とうじょういん》は戦争が長びくにつれどんどん減《へ》っていった。格好《かっこう》などどうでもよく大量生産できるものですます米軍機と、日本の芸術的《げいじゅってき》な曲線美を描《えが》く零式戦闘機《れいしきせんとうき》とでは、その生産量において天地ほどの差がでてきた。こうした戦闘《せんとう》における日米の戦闘機《せんとうき》をくらべてみての避《さ》けられない現実《げんじつ》を考えると、文学者たちのいう精神《せいしん》と機械は別論《べつろん》は、戦争というもののリアリズムに眼《め》をつむった楽観論《ろん》ないし夢想論《むそうろん》ということになるのではないか。

なぜなら、ということで一席ぶつことになるが、銃後《じゅうご》では大勝利の映画《えいが》を観《み》ながら、あるいは一杯《いっぱい》やりながら、だれもが勝利のなおつづくであろうことを信じているとき、最前線における日本陸海軍の敗北はもう決定的になりつつあったのである。とくにガダルカナル争奪戦《そうだつせん》である。昭和十七年の日本陸海軍の飛行機生産台数は合して八千八百六十一機、たいするアメリカは四万七千八百九十三機、実に五倍以上。この差がもろにガ島の戦場における勝敗に影響《えいきょう》してきていた。そして操縦席《そうじゅうせき》の防禦壁《ぼうぎょへき》の有無《うむ》による搭乗員《とうじょういん》の死傷者《ししょうしゃ》の数の差も。生命を軽《かろ》んじる日本の戦闘機《せんとうき》を墜《お》とすには搭乗員《とうじょういん》を狙《ねら》えが、米軍の戦法となっていった。

そうした事実を考慮《こうりょ》にいれれば、下村《しもむら》の「機械を造《つく》った精神《せいしん》を問題にせねばならぬ」は、いいところを突《つ》いており、「精神《せいしん》は精神《せいしん》だ」という小林《こばやし》の論《ろん》は、やっぱり文学的にすぎるということになる。そう思われるのであるが。

この現実《げんじつ》をふまえて、以下ちょっとA面的な話となるが、制空権《せいくうけん》も制海権《せいかいけん》も奪《うば》われたガ島戦に、日本軍は十七年の冬になるころは手も足も出なくなった。制空権《せいくうけん》を奪《うば》われ船舶《せんぱく》による補給《ほきゅう》もかなわずガ島はいまや餓《が》島となっていた。十二月二十七日、参謀総長杉山元大将《さんぼうそうちょうすぎやまはじめたいしょう》がありのままの戦況《せんきょう》を天皇《てんのう》に報告《ほうこく》する。ガ島では食糧《しょくりょう》不足は極度となり、木の芽や草の根で将兵《しょうへい》は露命《ろめい》をつないでいる状況《じょうきょう》であり、空中補給《ほきゅう》すらもできない危機《きき》にあると。翌日《よくじつ》、侍従武官《じじゅうぶかん》長《ちょう》を通し、天皇《てんのう》の言葉が大本営《だいほんえい》に伝えられてきた。

「事態《じたい》はまことに重大である。このガ島危機《きき》をいかにするかについて、大本営会議《だいほんえい》をひらくべきであると考える。このためには年末も年始もない。自分はいつでも出席するつもりである」

軍の統帥者《とうすい》としての天皇《てんのう》（大元帥《げんすい》）の失望と怒《いか》りとが、この強い言葉にこめられている。十二月三十一日午後二時から、宮中大広間で御前《ごぜん》会議がひらかれ、ここにやっとガ島奪回《だっかい》作戦が中止され、陸海協同して、あらゆる手段《しゅだん》をつくして在《ざい》ガ島の部隊を撤収《てっしゅう》することがきまった。戦うこと五カ月、海軍は戦艦《せんかん》など二十四隻《せき》を失い、飛行機八百九十三機が落ち、搭乗員《とうじょういん》二千三百六十二人が戦死。陸軍は戦死八千二百人余《あまり》、戦病死一万二千人余《あまり》、そのほとんどが栄養失調による餓死《がし》であった。

そして同じ十二月三十一日に、とぼけた話になるが、「愛国百人一首」が発売されている。情報局《じょうほうきょく》はその競技大則《きょうぎたいそく》を決定し発表した。その一に曰《いわ》く、「競技《きょうぎ》開始前にかならず宮城遥《きゅうじようよう》拝《はい》をなすこと」。こうなると競技《きょうぎ》そのものがおごそかになって、率先《そっせん》してやろうとするものがいなくなった。ただし、わたくしは二、三度、恭《うやうや》しく宮城遥拝《きゅうじょうようはい》してから、「今日よりはかへりみなくて大君《おおきみ》のォ……」と無理矢理《むりやり》やらされたことであった。

昭和十八年（一九四三）

ガダルカナル島からの撤退《てったい》作戦は、山本五十六《やまもといそろく》連合艦隊《かんたい》司令長官の「動ける駆逐艦《くちくかん》はすべて投入する。作戦は何としても成功させねばならない」という強固な覚悟《かくご》を知って、水雷《すいらい》戦隊はそれこそ捨《す》て身《み》になってガ島へ突進《とっしん》していった。そして二月一日から三回にわけて敢行《かんこう》された世界戦史《せんし》に稀《まれ》にみる撤退《てったい》作戦は見事に成功した。救出《きゅうしゅつ》された将兵《しょうへい》は一万六百五十二名（うち海軍八百四十八名）を数える。

いっぽう連合軍のほうでは、一月十四日から二十四日まで米大統領ルーズベルトと英首相《しゅしょう》チャーチルの会談がもたれ、重大なことを決定する（カサブランカ会議という）。心配していたガ島争奪戦《そうだつせん》を勝利をもって終えたいま、この戦争は先にドイツを撃破《げきは》することを根本とし、昭和十八年の対日戦はある制限《せいげん》された範囲内《はんいない》で戦闘《せんとう》をつづけるという方針《ほうしん》、具体的には日本と東南アジアの島々との海上輸送《ゆそう》線をもっぱら潜水艦《せんすいかん》などによって攻撃《こうげき》し、その国力と戦力を消耗《しょうもう》させることに主眼《しゅがん》をおいた。米英の首脳《しゅのう》はこの戦争には勝てるとの自信を得《え》たのである。

そしてルーズベルトはこのとき一つの政策《せいさく》を明示《めいじ》した。

「世界平和は、ドイツと日本の戦争能力《のうりょく》の全面的殲滅《せんめつ》をもってのみ達成可能《かのう》である」

として、さらに、

「ドイツ、イタリア、日本の戦争能力《のうりょく》の除去《じょきょ》は、その無条件降伏《むじょうけんこうふく》と同義《どうぎ》である」

と、「無条件降伏《むじょうけんこうふく》」政策《せいさく》を高らかに謳《うた》いあげたのである。この政策《せいさく》に、これからの日本はふり回されることとなった。

対して日本軍は憂鬱《ゆううつ》の極《きわ》みにあった。四月、山本五十六《やまもといそろく》長官の戦死。五月、アッツ島守備隊《しゅびたい》の玉砕《ぎょくさい》。陸軍統帥部《とうすいぶ》は苦悩《くのう》を深めた。遠く太平洋の島々に分散して駐屯《ちゅうとん》している部隊が、アッツ守備隊《しゅびたい》のように、敵《てき》の上陸を許《ゆる》しつぎつぎに玉砕《ぎょくさい》させられては由々《ゆゆ》しきこと。連合艦隊《かんたい》が出撃《しゅつげき》していって支援《しえん》できるのはどこまでか。参謀《さんぼう》本部と軍令部の激論《げきろん》がはじまるが、簡単《かんたん》に結論《けつろん》のでるような問題ではなかった。

そうこうしているうちに、ガ島を基点《きてん》に中部ソロモン諸島《しょとう》の島づたいの米陸軍の進《しん》撃《げき》がはじまる。大戦力による、というわけではないが、制空権《せいくうけん》をとってジリジリと進みはじめた。さらにはニューギニア方面にも火がついた。九月四日、ラエ、サラモアに米豪連合軍が上陸してきたのである。北からも南からも連合軍の攻勢《こうせい》をうけて、日本の陸海軍中央は浮《う》き足立《あしだ》つ。さらに悲報《ひほう》がくる。八日、同盟国《どうめいこく》であるイタリア軍が、上陸してきた米英連合軍の軍門のもとに無条件《むじょうけん》で降伏《こうふく》したという。

その間にも、日本陸海軍の空虚《くうきょ》な論議《ろんぎ》をあざ笑うかのように、夏から秋へ、米軍は軌道《きどう》にのった膨大《ぼうだい》な生産力に支《ささ》えられて、急速に巨大《きょだい》な戦力を築《きず》きつつあった。十月の声を聞くころには新編制《へんせい》なった大機動部隊がいよいよ実戦に加わる態勢《たいせい》ができ上がったのである。もちろん、そのような米国の実情《じつじょう》を知《し》り得《う》べくもないが、大本営《だいほんえい》は九月三十日、御前《ごぜん》会議で「今後採《と》ルベキ戦争指導大綱《しどうたいこう》」を策定《さくてい》する。いわゆる「絶対国防圏《ぜったいこくぼうけん》」構想《こうそう》である。第一線を思いきって後方に下げ、航空《こうくう》戦力を急整備《せいび》して、米軍の反攻《はんこう》に対決しようというのである。しかし、それは遅《おそ》すぎる決断《けつだん》というほかはなかった。山本《やまもと》五十六《いそろく》長官が生前にしきりに主張《しゅちょう》していた構想《こうそう》から優《ゆう》に半年は遅《おく》れている。

それに「絶対国防圏《ぜったいこくぼうけん》」と名称《めいしょう》だけは立派《りっぱ》で、いかにも堅固《けんご》そうで、難攻不落《なんこうふらく》の感がするが、なんらの防備《ぼうび》のできていない空っぽの反撃基地《はんげききち》。そこにあわてて築城《ちくじょう》をはじめようというのである。その準備未《じゅんびいま》だしの国防圏《こくぼうけん》は、強力な戦力をもった米高速機動部隊の想像《そうぞう》を絶《ぜっ》した攻撃《こうげき》を、やがてまともに受けることになる。もう半年早ければ、と死児の齢《よわい》を数えるの愚《ぐ》を何度もくり返さなければならないのである。

そして銃後《じゅうご》での大動員がはじまる。十二月、学徒出陣《がくとしゅつじん》。戦争指導層《しどうそう》は我武者羅《がむしゃら》に戦力を増強《ぞうきょう》し、ひたすら国民の戦意を煽《あお》り、何とか防御態勢《ぼうぎょたいせい》を保持《ほじ》するほかにすべきことは何もなかったのである。

◆◆◆◆◆

◆「撤退《てったい》」にあらず「転進」

くり返しになるが、戦況《せんきょう》の急激《きゅうげき》な悪化の詳細《しょうさい》など国民の知《し》り得《う》るところではない。統制《とうせい》と配給に縛《しば》られての相変わらずの窮々《きゅうきゅう》たる日常《にちじょう》がつづいているし、その上に当局からの思いもかけないような指令やら通達が下りてきて、夏目漱石《なつめそうせき》の『草枕《くさまくら》』の文句《もんく》ではないが、「とかくに人の世は住みにくい」ことにアレヨという間になっていた。

一月十三日、内務省《ないむしょう》情報局《じょうほうきょく》は「米英そのほか敵性《てきせい》国家に関係ある楽曲一千曲をえらび、この演奏《えんそう》、紹介《しょうかい》、レコード販売《はんばい》をすべて禁止《きんし》する」という通達を発した。坊主憎《ぼうずにく》けりゃ袈裟《けさ》まで憎《にく》いを地でいったような、すさまじいの一語につきるこのお蔭《かげ》で、ジャズやブルースは歌うことや演奏《えんそう》などすべて禁止《きんし》となる。「ダイナ」「アラビアの唄《うた》」「私《わたし》の青空（マイ・ブルー・ヘブン）」をはじめ、「コロラドの月」「上海《しゃんはい》リル」「サンフランシスコ」などが消えていった。ただし、「ラスト・ローズ・オブ・サマー」と「ホーム・スイート・ホーム」は、「庭の千草」および「埴生《はにゅう》の宿」として、日本語で歌われるときはとくに許可《きょか》された。

ショパンの曲は？　彼《かれ》はポーランド人で、いまそんな国はない。ゆえにＯＫ。ドビュッシーはフランスの作曲家、いまフランスはドイツに降参《こうさん》しているからＯＫ。などというアホーな議《ぎ》論《ろん》がされたあとの千曲追放であったという。

ついでに、歌謡曲《かようきょく》「燦《きら》めく星座《せいざ》」（〽男純情《じゅんじょう》の愛の星の色……／佐伯孝夫《さえきたかお》作詞《さくし》、佐々木《ささき》俊一《しゅんいち》作曲）にまでクレームがついてしまう。

「星は帝国《ていこく》陸軍の象徴《しょうちょう》である。その星を軽々しく歌うことはまかりならん」

かくて日本の音楽は勇ましくも雄々《おお》しい軍国歌謡《かよう》ばかりに……。

〝星〟が陸軍の象徴《しょうちょう》ということでいえば、清沢洌《きよさわきよし》の『暗黒日記』で愉快極《ゆかいきわ》まりない文句《もんく》を見つけた。

「〝星、碇《いかり》、顔、闇《やみ》、列〟の世の中だ。〝世の中は星にいかりに闇《やみ》に顔。馬鹿者のみが行列に立つ〟――という歌が流行している」（十八年四月三十日）

陸軍と海軍の軍人か町の顔役でなければ人にあらずといった権力者《けんりょくしゃ》の横暴《おうぼう》への怒《いか》り、それにヤミ買いと行列買いでどうやら生きつないでいる日常生活《にちじょう》への自嘲《じちょう》、それらが交じり合っていたのが、そのころの憂《う》き世《よ》ということであったのであろう。とにかくいまにしてみれば「何と愚《おろ》かな」ということになろうが、必勝ムードにあやつられていた当時にあっては、一千曲追放というこんな非常識《ひじょうしき》の指令も抵抗《ていこう》なく受け入れられていた。

さらに政府《せいふ》は、すべてを黙《だま》って受け入れる国民の動向に安心したかのように、一月十七日に間接税《かんせつぜい》百十億円の増税案《ぞうぜいあん》を発表する。つまり酒とタバコのいっせい値上《ねあ》げである。清酒は一級三円十八銭《せん》が七円に、四級二円二十五銭《せん》が三円三十銭《せん》に。ビールも一本五十七銭《せん》が九十銭《せん》。タバコは敷島《しきしま》三十五銭《せん》が六十五銭《せん》、朝日二十五銭《せん》が四十五銭《せん》、光十八銭《せん》が三十銭《せん》、金鵄《きんし》十銭《せん》が十五銭《せん》へ。文句《もんく》いうなかれ、欲《ほ》しがりません勝つまでは、なのである。

二月になるとさらに米英語の雑誌《ざっし》名が禁止《きんし》、改名せよとの命令が情報局《じょうほうきょく》からでる。「サンデー毎日」が「週刊《しゅうかん》毎日」、「キング」が「富士《ふじ》」、「オール讀物《よみもの》」は「文藝讀物《ぶんげいよみもの》」、「セルパン」は「新文化」に、といった具合である。さらに店の名も軒《のき》なみに変えられる。上野《うえの》・浅草《あさくさ》の喫茶店《きってん》を例にとると、「ロスアンゼルス」が「南太平洋」、「ヤンキー」が「南風」に、なかでも「ルンバ」の主人が考えに考えてつけた店名が傑作《けっさく》である。一字だけ変えて「グンバ」（軍馬）とは、お見事！

こうした状況《じょうきょう》下で、国民がいくらかは戦局がおかしくなっているのではないかと、その予兆といえるものを感じとったのが、二月九日の大本営《だいほんえい》発表ではなかったかと思われる。

「ソロモン群島のガダルカナル島に作戦中の部隊は、昨年八月以降《いこう》引続き上陸せる優勢《ゆうせい》なる敵軍《てきぐん》を同島の一角に圧迫《あっぱく》し、激戦敢闘《げきせんかんとう》よく敵《てき》戦力を撃摧《げきさい》しつつありしが、その目的を達成せるにより、二月上旬《じょうじゅん》同島を撤《てっ》し、他に転進せしめられたり」（朝日新聞　二月十日付）

わがおやじがこの大本営《だいほんえい》発表のウソを見破《みやぶ》って、妙《みょう》なことをいったのをいまも記憶《きおく》にとどめている。

「おかしいぞ。勝《か》ち戦《いく》さなら転進などしなくたっていいじゃないか。うまくだまそうたってそうはいかない」

それから半年ばかりたって、電波探知機《たんちき》とかブルドーザーとか、いままでの兵器とはまったく概念《がいねん》を異《こと》にしたアメリカ軍の新兵器の噂《うわさ》が、ひそかながら急速に下町のほうにまで広まってきたことも、おやじの不吉《ふきつ》な言葉といっしょになって覚えている。

そんなこんなで、戦いが不利になりつつある噂《うわさ》が国民の間に浸透《しんとう》しはじめた。あわてた戦争指導層《しどうそう》は応急対策《おうきゅうたいさく》を考えたのであろう、情報局《じょうほうきょく》からの強い要望が、「ガ島より転進」の大本《だいほん》営《えい》発表を追いかけるようにして発表された。

「一、四大節をのぞく祭日はすべて出勤《しゅっきん》し、勤労《きんろう》の中に祭日の意義《いぎ》を生かすべし。

二、日曜休日を廃止《はいし》し、十日、二十日、および毎月の最終日を休日とし、各五の日を半日勤《きん》務《む》とすること」

とにかく「休日を減《へ》らせ」指令である。例の「月月火水木金金」であり、「決戦に休みなし」

とか、「第一線の勇士《ゆうし》のご苦労を考えろ」とか、さまざまな理由をつけて。これに従《したが》って中央官庁《かんちょう》、大銀行、大会社などがただちに休日を返上したであろうことは間違《まちが》いがない。残念ながらわが住む下町の周辺に上級の月給取りらしきものはいないので、確言《かくげん》しかねるところがある。

◆撃《う》ちてし止《や》まむ

そして二月二十三日、国民を叱咤激励《しったげきれい》するために、忘《わす》れもしない、陸軍報道部《ほうどうぶ》によって決定された決戦標語が、大々的に発表された。

「撃《う》ちてし止《や》まむ」

陸軍は、容易《ようい》ならない戦局を迎《むか》えるにさいして、これを大きく掲《かか》げることによって不退転の決意を示《しめ》し、国民に一億総突撃《そうとつげき》の精神《せいしん》を奮《ふる》い立《た》たせるための大運動を展開《てんかい》しよう、というのである。この標語は『古事記』の神武天皇《じんむてんのう》の御製《ぎょせい》とされている言葉からとったもの。「みつみつし久米《くめ》の子らが　垣下《かきもと》に　植ゑしはしかみ　口ひびく　吾《われ》は忘《わす》れじ　撃《う》ちてし止《や》まむ」。要するに、荒《あら》ぶるものを平らげて、建国の大業をとげた神武天皇《じんむてんのう》の精神《せいしん》にならおう。われら皇軍《こうぐん》を信ぜよ。一億国民よ、いまこそ発揮《はっき》せよ、大和魂《やまとだましい》、ということでもある。

このため宮本三郎《みやもとさぶろう》画のポスター五万枚《まい》を作成し、本土はもとより満洲《まんしゅう》、さらには占領地《せんりょうち》の中国、南方の各地にまでくばられる。東京では、有楽町《ゆうらくちょう》駅に近い日本劇場《げきじょう》（現有楽町《げんゆうらくちょう》マリオン）の真っ正面に、百畳敷《じょうしき》の大きさに引《ひ》き伸《の》ばされたその画《え》が飾《かざ》られ、道行く人びとの胆《きも》を抜《ぬ》いた。やややのちに中学生になったばかりのころ、わたくしはわざわざそれを観《み》に行ったような気がするし、いや、あとで写真などで見てびっくり仰天《ぎょうてん》したものであったか。とにかくバカでかい「撃《う》ちてし止《や》まむ」であったのである。

この標語に即応《そくおう》したわけではないと思うが、日本野球連盟《れんめい》は三月になると「用語の日本語化」を決定する。「東京巨人軍社報《きょじんぐんしゃほう》」には「連盟《れんめい》にては次の如《ごと》く用語の邦語《ほうご》化を今回より採用施行《さいようしこう》す」として、ストライク＝よし、三振《さんしん》＝それまで、セーフ＝よし、アウト＝ひけ、ファウル＝だめ、などの例が示《しめ》されている、という。

百畳敷に引き伸ばした「撃ちてし止まむ」のポスターが有楽町のビルに掲げられた

とにかく敵性語《てきせいご》の完全追放である。バウンド＝躍転《やくてん》、ダブルプレー＝複倒《ふくとう》、ファウルライン＝圏線《けんせん》、ファウルチップ＝即捕外圏打《そくほがいけんだ》などなど。これでいったい野球の実況《じっきょう》放送ができたものか。当時、まったく野球に関心のなかったわたくしは残念ながら存《ぞん》じない。それにしても、あまりの馬鹿馬鹿しさにご同情《どうじょう》申しあげるほかはない。

それというのも、中等学校野球大会（現《げん》高校野球）は前年の十七年に、東京六大学野球が文部省からこの年の初めに、それぞれ解散《かいさん》を要求された。都市対抗《たいこう》野球にはすでに中止命令が下っている。細々とつづいているプロ野球にも国策上《こくさく》の重圧《じゅうあつ》がかかっていたのか。こうなると背《せ》に腹《はら》は代えられないのである。何とか続行させてもらうためにも、用語の日本語化はもちろん、隠《かく》し球《だま》の禁止《きんし》や「戦闘帽《せんとうぼう》をかぶり、挙手の礼を行う」など、ありとあらゆる苦肉の策《さく》も実行するだけなのである。

いや、プロ野球だけではない。プロゴルフ協会もあとにつづいた。ゴルフ用語の日本語化を同じように決定する。ゴルフをやらないわたくしのわかる範囲《はんい》で拾ってみると、たとえば「砂《すな》窪《くぼ》」すなわち「バンカー」のことである。以下、バーディ＝隼《はやぶさ》、イーグル＝鷲《わし》、ホール・イン・ワン＝鳳《おおとり》、パー＝基準《きじゅん》数、そしてキャディは球童《きゅうどう》ときたものである。女子のキャディはいなかったのかな。

さらにかくと、同じ三月、文部省は戦時学徒《がくと》体育訓練実施要綱《じっしようこう》を各国民学校・中学校に通達する。かき忘《わす》れていたが、国民学校五年生以上の男子に武道《ぶどう》が必修《ひっしゅう》教科となっていたのが前年の十一月。さらにこれに加えて、単に武道《ぶどう》ではなく、このときから戦技武道《せんぎぶどう》の鍛錬《たんれん》へと昇格《しょうかく》したことになる。

一、我《わ》が国固有の武道《ぶどう》に習熟《しゅうじゅく》せしめ、剛健敢為《ごうけんかんい》なる心身を育成すべし。

二、武道精神《ぶどうせいしん》を練り、礼節を尚《とうと》び、廉恥《れんち》を重んずるの気風を養うとともに、攻撃精神《こうげきせいしん》、必勝の信念を振起《しんき》すべし。

三、没我献身《ぼつがけんしん》の心境《しんきょう》を会得《えとく》せしめ、実戦的気魄《きはく》を錬成《れんせい》すべし。

近ごろの武張《ぶば》ったことを声高《こわだか》に叫《さけ》ぶ人びとの喜《よろこ》びそうな文字がならんでいる。とにかく攻撃《こうげき》精神《せいしん》、必勝の信念、没我献身《ぼつがけんしん》である。これにともなって剣道《けんどう》の教授内容《きょうじゅないよう》も、技《わざ》の表記が「打《うつ》」「撃《うつ》」から「斬撃《ざんげき》」に、それまでの「突《つき》」も「斬突《ざんとつ》」となって、旺盛《おうせい》なる気魄《きはく》、いっそうの攻撃精神《こうげきせいしん》が強調されるものとなる。

この年、著者は大畑国民学校を卒業して中学生となる。国民学校校庭で卒業記念行進(著者は前を歩く人に隠れて見えない)した校舎は後の東京大空襲で焼失した

私事《わたくしごと》になるが、そんなときに、中学校の入学試験をうけてわたくしは中学生になったのである。前にもかいたように、昭和十五年から筆記試験はなくなり、国民学校から提出《ていしゅつ》される内申書《ないしんしょ》と、それ

ぞれの中学校が行う体力検定《けんてい》、身体検査《けんさ》、それと口頭試問によって合否《ごうひ》がきめられることになっていた。もとより体力検定《けんてい》には自信があった。そこは悪ガキ育ちで、押《お》しくらまんじゅうや棒倒《ぼうたお》しや、騎馬戦《きばせん》や水雷艦長《すいらいかんちょう》で鍛《きた》えてあるから、体力・腕力《わんりょく》・気力に関するかぎりは、当時の軍国主義《しゅぎ》国家が期待する以上に凜々《りんりん》たるものがある。

問題は口頭試問。直前の予行演習《えんしゅう》で相当に鍛《きた》えていったものの、どうも自信がなかった。「一《いっ》旦緩急《たんかんきゅう》アレバ義勇《ぎゆう》公ニ奉《ほう》ジとはどういう意味なるか」「わかりません」。国民学校の担任《たんにん》の教《きょう》師《し》が、バカモン！　ゴツン。「八紘一宇《はっこういちう》の大理想とは何か」「サッパリわかりません」、このオッタンコナスめ、ゴツン。というわけで、ついに予行演習《えんしゅう》でのお褒《ほ》めの言葉は一回もなしで、ゴツンの連続であった。

そして試験当日の三月十日、せっかく用意していった八紘一宇《はっこういちう》も一旦緩急《いったんかんきゅう》もなく、いまも覚えているのは、お皿に白米と玄米《げんまい》が盛《も》ってあって、「これは何かね」というものであった。「白米と玄米《げんまい》であります」「どこがどう違《ちが》うのか」「玄米《げんまい》を搗《つ》くと白米になります」「君はどっちを食べているかね？」「両方混《ま》ぜたものを食べております」。すると「なぜ、そうするのかね」とさらに訊《き》いてきたのであるが、ムムムと唸《うな》っただけで答えられなかった。

さて、なぜ、こんなことを長々とかいたのか、というと、ここからB面の話題となるのである。あとで調べてみると、その年の一月に、総合《そうごう》戦力増強《ぞうきょう》のために、玄米食普及《げんまいしょくふきゅう》の政策方針《せいさくほうしん》をきめて政府《せいふ》が閣議《かくぎ》決定をしていたのである。

一、一般《いっぱん》家庭に対しては、玄米食普及《げんまいしょくふきゅう》の趣旨《しゅし》の普及《ふきゅう》に努め、進んで玄米食《げんまいしょく》を愛用するよう指導《しどう》する。
二、（略《りゃく》）
三、玄米《げんまい》の希望者には、事情《じじょう》の許《ゆる》す限《かぎ》り、麦類等の混合《こんごう》せざる玄米《げんまい》のみを配給する。
四、（略《りゃく》）

すなわち、国民政治《せいじ》の緊張《きんちょう》を一段《いちだん》と高め、かつ剛健《ごうけん》にして簡素化《かんそか》を図《はか》ることを目的とする、と政府《せいふ》は玄米食《げんまいしょく》を謳《うた》いあげていた。そんなことを知らなかったわたくしは、なぜ玄米《げんまい》を食べるのか答えられなかった。何がよかったのか、幸いに中学生になってから、「お前、玄米《げんまい》を食べるのは剛健質朴《ごうけんしつぼく》の精神《せいしん》をいっそう強め、かつ栄養満点ということなんだ。そんなことを知らなかったのか」と大いに馬鹿にされ、いらい七中時代のわたくしにつけられたあだ名はゲンマイであったのである。細長くて浅黒い面相、色調といい形状《けいじょう》といい玄米《げんまい》によく似《に》たり、なんだそうであるが、なかにはときにおやじ譲《ゆず》りの妙《みょう》に大人びた反時代的な悟《さと》ったことを口にするので、とくに「ゲンマイ和尚《おしょう》」とよぶ友もいた。

◆総大将《そうたいしょう》の戦死と玉砕《ぎょくさい》

ちょっと戻《もど》るが、三月二日、兵役法《へいえき》が改正され、植民地《しょくみんち》である朝鮮《ちょうせん》や台湾《たいわん》の人たちにも徴兵制《ちょうへいせい》が布《し》かれて赤紙が送達されることとなった（八月一日から施行《しこう》）。それまでは朝鮮《ちょうせん》と台湾《たいわん》の出身者には兵役《へいえき》の義務《ぎむ》はなかったのである。もちろん特典ではなく、植民地《しょくみんち》の人間の忠誠《ちゅうせい》心《しん》に疑《うたが》いをもっていたからである。それと日本語理解力《りかいりょく》の問題があり、戸籍《こせき》の不備《ふび》もあった。

しかし、いまやそんなことはいっていられない。いよいよ国民根こそぎ動員のときがきた。

ちなみに、小熊英二《おぐまえいじ》氏の著書《ちょしょ》『生きて帰ってきた男――ある日本兵の戦争と戦後』（岩波新書）によると、厚生《こうせい》労働省の統計《とうけい》にもとづいて、赤紙で徴兵《ちょうへい》された朝鮮人《ちょうせんじん》十一万六二九四名、それに軍属《ぐんぞく》十二万六〇四七名にのぼったという。台湾人《たいわんじん》が八万四三三三名の軍人、そして軍属《ぐんぞく》十二万六七五〇名。そして小熊《おぐま》氏はかいている。「朝鮮人《ちょうせんじん》で、戦死もしくは行方《ゆくえ》不明になったのは、二万二一八二名とされている」と。もちろん十死零生《じっしれいせい》の特攻《とっこう》隊員がいたことはかくまでもない。

四月一日、中等学校改正令（中学・高女・実業学校を一年短縮《たんしゅく》、これまでの五年制《せい》を四年制《せい》とする）。また、中学校の徴兵延期制《ちょうへいえんきせい》が廃止《はいし》となる。

四月三日、銀座《ぎんざ》通りの街灯すべて撤去《てっきょ》。

四月九日、警戒警報《けいかいけいほう》の伝達方法が口頭からサイレンに。

そのあとに、もっとも大事件《だいじけん》ともいうべきことが起きたのである。四月十八日、連合艦隊《かんたい》司令長官山本五十六大将《やまもといそろくたいしょう》が最前線を視察《しさつ》飛行中に敵機《てっき》の攻撃《こうげき》をうけて、機上にて戦死をとげる。

ただし、大本営《だいほんえい》発表は五月二十一日午後三時である。軍部も政府《せいふ》も、国民に与《あた》えるショックの大きさを恐《おそ》れたのである。

この五月二十一日はじつはわたくしの誕生日《たんじようび》、おやじが中学校入学祝いも兼《か》ねて両国国技《りようごくこくぎ》館《かん》に生まれて初めての大相撲《おおずもう》観戦に連れていってくれていたのである。夏場所の十日目。そして午後三時すぎ、山本《やまもと》長官戦死の報《ほう》が館内に流され、ただちに取組み中止。協会役員や力士《りきし》が整列、総員《そういん》起立で一分間の黙禱《もくとう》、館内は粛然《しゆくぜん》となった。思いもかけないことに遭遇《そうぐう》したことになる。さて、珍事《ちんじ》はそのあとに起こった。

番数もとり進んで幕内《まくうち》中位の青葉山《あおばやま》対龍王山《りゆうおうざん》の一番は、両者がっぷり四《よ》つで動かず再度《さいど》の水入り、二番後取直しも同じ姿勢《しせい》となって動かず、ついに引分けとなる。いつもならそれですんだ。が、すでに国民的熱狂《ねつきよう》という魔物《まもの》が当たり前の常識《じようしき》や正しい認識《にんしき》を食《く》い滅《ほろ》ぼしていた時代となっていたから、打ち出し後にこの一番が問題となる。真摯敢闘《しんしかんとう》、斃《たお》れてのちやむの攻《こう》撃精神《げきせいしん》が欠如《けつじよ》しておる、何たることであるかと、非難《ひなん》の声が協会に殺到《さつとう》した。

協会はやむなく二人の力士《りきし》に出場停止処分《ていししよぶん》という厳罰《げんばつ》を下す。と、双葉山《ふたばやま》を会長とする力士《りきし》会が抗議《こうぎ》した。動かないように見えているが満身の力をこめている。飛んだり跳《は》ねたりするだけが敢闘精神《かんとうせいしん》にあらず、と。そこで協会は、両力士《りきし》に、今後は撃《う》ちてし止《や》まむの敢闘精神《かんとうせいしん》をもって戦いぬく、の誓紙《せいし》をださせて、十三日目からの出場を許可《きよか》。しかし、もう一度、二人の対戦を組むという破天荒《はてんこう》をあえてした。記録として残された星取り表をいま眺《なが》めると、ある種の感慨《かんがい》がわいてくる。青葉山《あおばやま》のを抽記《ちゆうき》すると、

十日目　×（龍王山《りゆうおうざん》）〈引分け〉

十一日目　■（若瀬川《わかせがわ》）〈出場停止《ていし》〉
十二日目　や　〈強制《きょうせい》休場〉
十三日目　○（龍王山《りゅうおうざん》）〈再度《さいど》の取組み〉

山本《やまもと》長官戦死のショックがこんな形でいまに残っていると思うと、何とも妙《みょう》な気持ちになってくる。

さらにその九日後の五月三十日、大本営報道部《だいほんえいほうどうぶ》は悲痛《ひつう》な発表を行った。

「アッツ島守備《しゅび》部隊は、五月十二日いらい極《きわ》めて困難《こんなん》なる状況《じょうきょう》下に寡兵《かへい》よく優勢《ゆうせい》なる敵《てき》にたいし血戦継続《けいぞく》中のところ、五月二十九日夜（中略《ちゅうりゃく》）全力を挙げて壮烈《そうれつ》なる攻撃《こうげき》を敢行《かんこう》せり。爾後《じご》通信全く途絶《とぜつ》、全員玉砕《ぎょくさい》せるものと認《みと》む」

そのあとで報道部長《ほうどうぶちょう》が談話で大いに美化した。

「十倍の大軍を邀撃《ようげき》、敵《てき》の主力に最後の鉄槌《てっつい》、一兵の増援《ぞうえん》も求めず、全員が莞爾《かんじ》として死に赴《おもむ》いたのである」

この発表のあった翌日《よくじつ》、おぼろげな記憶《きおく》であるが、朝礼のときに英霊《えいれい》に黙禱《もくとう》を捧《ささ》げたあとで、校長から〝瓦全《がぜん》より玉砕《ぎょくさい》〟という言葉についてしっかりと教えられたのではなかったか。カワラとなって無事に生きのびるよりも、玉となって砕《くだ》けるのが日本男子のいさぎよさだ。いざとなったら諸君《しょくん》も、いいか、玉砕《ぎょくさい》する覚悟《かくご》を固めて国を守るんだぞ、とそのあとに長い長いお説教がついていた。

あとになって、日本軍は玉砕《ぎょくさい》につぐ玉砕《ぎょくさい》で、あまりに濫用《らんよう》されてしまって輝《かがや》きを失ったが、この「玉砕《ぎょくさい》」という言葉は初めて耳にしたときはほんとうに胸《むね》を衝《つ》きあげるような響《ひび》きがあった。戦時下という荒《すさ》ぶる時代の美意識《びいしき》ともいっていい新鮮《しんせん》さがあり、少年なれど覚悟《かくご》を固めねばならないときがきたと、この悲報《ひほう》から感じたことが思いだされる。

作家坂口安吾《さかぐちあんご》もショックをうけたのであろう、この年の「現代《げんだい》文学」六月号にかいている。

「山本元帥《やまもとげんすい》の戦死とアッツ島の玉砕《ぎょくさい》と悲報《ひほう》つづいてあり、国の興亡《こうぼう》を担《にな》う者あに軍人のみならんや、一億総力《そうりょく》をあげて国難《こくなん》に赴《おもむ》くときになった。／飛行機が足りなければ、どんな犠牲《ぎせい》を忍《しの》んでも飛行機をつくらねばならぬ。船が足りなければ船を、戦車が足りなければ戦車を、文《もん》句《く》はぬきだ。国亡《ほろ》びれば我《われ》ら又亡《またほろ》びる時、すべてを戦いにささげつくすがよい。学校はそのまま工場としてもよく、学生はそのまま職工《しょっこう》となるも不可《ふか》あらんや。僕《ぼく》もそのときはいさぎよく筆をすてハンマーを握《にぎ》るつもりである」

のちに無頼派《ぶらいは》といわれる安吾《あんご》までがここまで思いつめたように、山本《やまもと》長官の戦死はショックであり、当時の大人たちはみな、戦況《せんきょう》がぐんと傾《かたむ》きだしたことにある種の予感を抱《いだ》きはじめたのかもしれない。いきおい世情《せじょう》は殺気《さっき》だっていきはじめる。ピリピリとしてきた。とにかく何があろうと勝利の日まで「撃《う》ちてし止《や》まむ」なのである。中学校の廊下《ろうか》の壁《へき》などにも陸軍からの強い勧誘《かんゆう》のポスターなどが貼《は》りだされる。「愛国の熱血少年よ、来たれ」と呼《よ》びかけて、

「▽少年飛行兵（満十四歳《さい》から十九歳《さい》未満）

▽少年戦車兵、通信兵、砲兵《ほうへい》、防空《ぼうくう》兵（満十四歳《さい》から十八歳《さい》未満）
▽少年兵技《へいぎ》兵（満十四歳《さい》から二十歳《さい》未満）
願書締切《しめきり》は六月三十日」

と、さかんに煽《あお》りたてるのである。

海軍も負けてはいなかった。飛行予科練習生いわゆる予科練の募集《ぼしゅう》である。昭和十七年から制服《せいふく》もそれまでの水兵服ではなく、七つボタンの詰《つ》め襟《えり》のカッコいいものに変えられて、少年たちの虚栄心《きょえいしん》にたくみにつけ入った。そして〽若《わか》い血潮《ちしお》の予科練の／七つボタンは桜《さくら》に錨《いかり》／今日も飛ぶ飛ぶ霞ヶ浦《かすみがうら》にゃ……、とリズミカルな「予科練の歌」も大流行する。

わが中学同級生のなかには、がぜん眼《め》を輝《かがや》かす「愛国熱血少年」が多くなる。いまこそ、天《てん》皇陛下《のうへいか》のため、国のため、山本元帥《やまもとげんすい》につづけ、アッツ島の勇士《ゆうし》につづけ、と大いに力《りき》みかえる。まだ満十三歳《さい》ゆえ来年こそは、というのである。が、わたくしは小学校時代から超近眼《ちょうきんがん》で軍隊には向かないダメなやつといわれてきたし、さらにおやじの日頃《ひごろ》の薫陶《くんとう》の悪影響《あくえいきょう》もあった。

「いいか、坊《ぼう》ッ、総大将《そうだいしょう》が戦死したり、守備隊《しゅびたい》が全滅《ぜんめつ》したりする戦《いく》さに、勝利の戦《いく》さなんてないことはわが国の歴史《れきし》が証明《しょうめい》しているることなんだぞ。わかっているか」

ときにはほかの大人とはいささか違《ちが》うことをいうおやじに反発することもあったが、この言葉には同感した。少年講談《こうだん》や歴史《れきし》物語を読んでのちっぽけな知識《ちしき》でも、たとえば日本の戦国時代の合戦で、総大将《そうだいしょう》が討《う》ち死《じ》にしてのエイエイオーッとトキの声をあげた例は一つもない。山《やま》本《もと》司令長官の戦死から、それくらいのことは理解《りかい》できたのである。ことによると、この戦争はひどいことになるのかもしれないと。

◆予科練と少年飛行兵

アッツ島守備隊《しゅびたい》玉砕《ぎょくさい》のあと悲報《ひほう》はちょっと途絶《とだ》えたものの、十八年の夏から秋にかけて南方の島々では引《ひ》き潮《しお》の力戦がつづいていることは容易《ようい》に察せられた。戦争遂行《すいこう》のために国内状《じょう》況《きょう》も、日々やりきれなさが昂《こう》じてきた。五月、薪《まき》や木炭が配給制《はいきゅうせい》となる。六月、衣料簡素《かんそ》化《か》のため、厚生省《こうせいしょう》が「国民服制式《せいしき》特例」を官報《かんぽう》に公布《こうふ》する。ところで、この通達では女性《じょせい》にたいし奇妙《きみょう》な注文をつけているのがおかしい。

「……大政翼賛《たいせいよくさん》会ではさきに戦時生活実践要項《じっせんようこう》を発表して婦人《ふじん》の作業や活動にモンペを着用するように通牒《つうちょう》したが、最近とくに都市の婦人《ふじん》の間では、ことさらに華美《かび》なモンペを作り高価《こうか》な衣地のモンペを新調する風潮《ふうちょう》があるので、この〝流行モンペ〟に次のように注意を要望する。（以下略《いかりゃく》）」

時局をわきまえぬ女性《じょせい》のおしゃれに、厚生官僚《こうせいかんりょう》がカンカンになった様が想像《そうぞう》される。

さらに六月、鉛筆《えんぴつ》の硬度《こうど》記号が、HBが「中庸《ちゅうよう》」に、Bが「一軟《なん》」、2Bは「二軟《なん》」、Hが「一硬《こう》」、2Hが「二硬《こう》」へと、野暮《やぼ》ないい換《か》えをさせられて、われら下町の中学生は「へへへ、鉛筆《えんぴつ》にも軟派《なんぱ》と硬派《こうは》があるんだってよ」と笑い合った。同六月二十五日、「学徒《がくと》戦時動員体制《たいせい》確立要綱《かくりつようこう》」が決定、学徒《がくと》の動員がきまる。

七月になると、大日本出版報国団《しゅっぱんほうこくだん》結成。同七月、愛国狂熱《きょうねつ》の文学者三十名、率先《そっせん》して勝利祈願《きがん》のミソギ錬成《れんせい》をはじめる。

八月、靖国《やすくに》神社の大鳥居《おおとりい》の改修《かいしゅう》が行われ、そのさい外装《がいそう》に使われていた青銅《せいどう》を陸海軍に献納《けんのう》と決定。軍部は「神威《しんい》のこもっている青銅《せいどう》であり、しかも英霊《えいれい》の精神《せいしん》を活《い》かす事業でもある」として、この青銅《せいどう》で多数の兵器を製造《せいぞう》した。のちの九月三日からその兵器の一部が拝殿《はいでん》に恭《うやうや》しく安置されることになったとの報《ほう》に、おやじがいった。

「ナニッ？　兵器が神さまになったんだと……」

ちょうど同じころであったと思う。軍部の「動物園非常処置要綱《ひじょうしょちようこう》」によって、各動物園では連日、閉園《へいえん》後に硝酸《しょうさん》ストリキニーネによる動物の毒殺《どくさつ》がはじめられているという噂《うわさ》が、われら中学生の耳にも入ってきたのは。そこで四、五人で上野《うえの》動物園に確認《かくにん》のために土曜日の午後にわざわざ出かけてみたが、それらしい様子はまったくなく、やっぱりデマだったと納得《なっとく》して帰ってきて皆《みな》に報告《ほうこく》した。しかし、それは早トチリもいいところであった。

クマ、ライオン、トラ、ヒョウ、象《ぞう》など、二十七種類の動物がたしかに毒殺《どくさつ》されていたのである。上野《うえの》動物園ではライオン三頭、ヒョウ四頭、トラ一頭、そして象《ぞう》三頭……。象《ぞう》のジョン、トンキー、ワンリーは、毒入《どくい》りの餌《えさ》を何とあやそうと食べようとはせず、飢《う》えて骨《ほね》と皮になって死んだとずいぶんあとで聞かされた。

九月四日、当時は一般《いっぱん》のものが知《し》り得《う》べくもなかったが、動物慰霊碑《いれいひ》の前で「時局に殉《じゅん》じた」動物たちの法要がしめやかに営《いとな》まれ、「時局捨身《しゃしん》動物」と記した墓碑《ぼひ》が新たに建立《こんりゅう》されたという。はたして虐殺《ぎゃくさつ》された彼《かれ》らは、人間の勝手な残虐《ざんぎゃく》を許《ゆる》してくれたであろうか。

動物たちの悲劇《ひげき》は結局は知らないままであったが、忘《わす》れられない歌が、それも二つ、このころに同時に大そう流行した。九月十七日、配給機構《きこう》を白系《けい》と紅系《あかけい》との二つに統制《とうせい》されていた映《えい》画界《がかい》に、情報局《じょうほうきょく》選定の「国民映画《えいが》」（つまり国民総見《そうけん》の映画《えいが》）が、なんとこの日に同時に公開されたのである。

紅系《あかけい》が東宝《とうほう》『決戦の大空へ』。かの予科練を主人公にした映画《えいが》で、主題歌が「若鷲《わかわし》の歌」（西《さい》条《じょう》八十《やそ》作詞《さくし》、古関裕而《こせきゆうじ》作曲）、つまりすでにふれた「予科練の歌」。そして白系《けい》が松竹『愛機南へ飛ぶ』で、こっちは陸軍少年飛行兵の偵察員《ていさついん》を主人公にした作品で、その主題歌は「索敵《さくてき》行《こう》」（野村俊夫《のむらとしお》作詞《さくし》、万城目正《まんじょうめただし》作曲）。

片《かた》や海軍で、〽若《わか》い血潮《ちしお》の予科練の……、片《かた》や陸軍で、〽日の丸鉢巻《はちまき》締《し》め直《なお》し／ぐっと握《にぎ》った操縦桿《そうじゅうかん》……。こうかいてきて、多分七十歳《さい》以上の人たちは、読みながらどちらかの歌を口ずさんでいることであろうと想像《そうぞう》する。当時の人気は「予科練」のほうであったが、「索敵行《さくてきこう》」もなかなかいい歌であったように思う。ともあれ、歌も遠くなりにけり、である。

そういえば予科練の七つボタンで思いだしたが、われらが学生服の五つの金ボタンの回収《かいしゅう》が東京都民生局長より指示《しじ》されたのも九月であった。もっともカーキ色の制服《せいふく》に戦闘帽《せんとうぼう》に変わっていたのであるから、金ボタンもへちまもないことであったが。

そして、九月十八日付、毎日新聞に理化学研究所の鈴木梅太郎博士《すずきうめたろうはかせ》の談話が載《の》った。一日の普通人《ふつう》の必要蛋白質《たんぱくしつ》量は約七十グラム、配給米からは二十五、六グラムしかとれない。それゆえに麦、豆、甘藷《かんしょ》、馬鈴薯《ばれいしょ》、野菜類と何でも食べねばならない、として、

「甘藷《かんしょ》の葉には二十パーセントと驚《おどろ》くほどの蛋白質《たんぱくしつ》が含《ふく》まれている。石灰水《せっかいすい》でアクをぬけば十分利用できる。茶殻《ちゃがら》にも蛋白質《たんぱくしつ》は二十八パーセントある。こうしてみれば栄養学的には日本人のいわゆる粗食《そしょく》の中にこそ強さがある、と見ることもできる。卵《たまご》の殻《から》を味噌汁《みそしる》のなかに入れて食べるのも一方法だ」

このお蔭《かげ》かどうか知らないが、細かくした卵《たまご》の殻《から》の味噌汁《みそしる》を何度も朝食のときに食べさせられた記憶《きおく》がある。ノドにひっかかって食えたものではなかった。

こんな風に食糧難《しょくりょうなん》のはしりというか、空腹《くうふく》な日々がはじまろうとしていたが、戦争指導層《しどうそう》は空腹《くうふく》がどうのと悠長《ゆうちょう》なことはいっていられない。九月二十一日、東条内閣《とうじょうないかく》は「国内必勝態《たい》勢《せい》強化方策《ほうさく》」を閣議《かくぎ》決定し、即座《そくざ》に実行に移《うつ》す。要は、女子が代替《だいたい》し得《う》る職業《しょくぎょう》に男子が就《つ》くことを禁《きん》ずというもの。すなわち、満十四歳《さい》から四十歳《さい》までの男子は、電話交換手《こうかんしゅ》、出改札《しゅっかいさつ》係、踏切《ふみきり》手、給仕《きゅうじ》人、受付係、集金人、行商、理髪師《りはつし》、車掌《しゃしょう》など十七職種《しょくしゅ》に就《つ》くことはまかりならん、との厳命《げんめい》が下される。いま思えば、これを契機《けいき》として男に代わって職場《しょくば》に進出してきた大和撫子《やまとなでしこ》が俄然《がぜん》強くなっていったのである。そして今日《こんにち》に及《およ》んでいるのである。

もしかしたらこれに呼応《こおう》したから、なのではあるまいが、大日本婦人会《ふじんかい》の勇ましいおばさんたちが東京の繁華街《はんかがい》にハサミをもってくり出したのも九月になってから。長い袖《そで》を風にひらめかして歩く女性《じょせい》をみると、ガミガミと説教して長袖《ながそで》をちょきんとやるのである。さらには在郷《ざいごう》軍人会と連繋《れんけい》して、この危急《ききゅう》にさいしては女性《じょせい》にも銃剣術《じゅうけんじゅつ》の訓練をといいだした。「われらも一億総武装《そうぶそう》でいこう」の勇壮《ゆうそう》なおばさんたちの赤い気焔《きえん》はすさまじいばかりとなった。

◆「生等《せいら》もとより生還《せいかん》を期せず」

たしかに戦局こそは連日の激闘《げきとう》の報道《ほうどう》も減《へ》って、いくらか落ち着きをみせているが、そのいっぽうで都会でも小さな村々でも、痛々《いたいた》しい包帯姿《ほうたいすがた》の兵隊や松葉杖《まつばづえ》をつく若《わか》い将校《しょうこう》の姿《すがた》などを見かけたりすることが多くなった。それとともに、「米機を撃《う》つなら、英機《ひでき》を撃《う》て！」などと大書したビラが、電信柱やガード下の壁《かべ》に貼《は》りつけられているのを見かけるようにもなっていた。この場合の「英機《ひでき》」とは東条英機首相《とうじょうひできしゅしょう》のことであったのであろう。

戦争指導者《しどうしゃ》はそれゆえに躍起《やっき》となる。またどこかで大勝利を博さないことには国民の厭戦《えんせん》・反戦の気運が昂《こう》じていくばかりではないか、つまり反政府《はんせいふ》の運動、とそのことを恐《おそ》れた。すでにふれたが閣議《かくぎ》で国内必勝態勢《たいせい》強化方策《ほうさく》を決定し、女子の職場徴用《しょくばちょうよう》ばかりでなく、航空機《こうくうき》生産を最優先《さいゆうせん》、食糧《しょくりょう》自給態勢《たいせい》の確立《かくりつ》と、一朝一夕《いっちょういっせき》でできないことを大々的に叫《さけ》びだす。そして、大学、高等学校在学《ざいがく》中のものは、満二十六歳《さい》まで兵役《へいえき》につかなくてもよしという「徴兵猶予《ちょうへいゆうよ》の特典」廃止《はいし》という即時《そくじ》に実行できる決定をし、十月二日に官報《かんぽう》でこれを公告《こうこく》し、東条首相《とうじょうしゅしょう》がラジオを通して大学生たちに通告《つうこく》した。これによって十月下旬《げじゅん》までに該当《がいとう》する学生たちは検査《けんさ》をうけ、陸軍は十二月一日、海軍は十二月十日に入営《にゅうえい》することとなった。やることはまことに手早かった。念のためにかけば、海軍にはこれまで予備《よび》学生制度《せいど》というのがあり、士官候補生《しかんこうほせい》の待遇《たいぐう》で採用《さいよう》していたのであるが、この決定をもって陸軍と同じように海軍も、赤紙一枚《いちまい》で学生をいったん最下級の二等水兵で入隊させることとなったのである。

愉快《ゆかい》なことに、というより呆《あき》れはてたことにというべきであるが、とたんに大学生の値打《ねう》ちがぴーんと跳《は》ね上《あ》がった。新聞やラジオが盛《さか》んに大学生を讃美《さんび》し、巡査《じゅんさ》や在郷《ざいごう》軍人たちの厳《きび》しい取締《とりしま》りの眼《め》もややゆるんだ。飲酒遊興《ゆうきょう》は止められているはずであったのに、学徒《がくと》動員令のでたあとは、酒に酔《よ》った学生が肩《かた》を組んで高歌放吟《ほうぎん》しながら大道を闊歩《かっぽ》しても大目にみられるようになる。青年がやたらに褒《ほ》めそやされるときというのは、かなり剣呑《けんのん》な時代になった証《あか》しといわれるが、それはまさしく図星といえるであろう。

そして、こういう緊迫《きんぱく》した時代になったがゆえに、ということで、戦時下の学生の最後の思い出に、せめて早慶戦《そうけいせん》を華々《はなばな》しくやって、出征《しゅっせい》のはなむけにしたらどうか、と慶応《けいおう》の小泉信《こいずみしん》三塾長《ぞうじゅくちょう》が思いついたのである。さっそく早稲田《わせだ》大学に働きかけるが、早大総長《そうちょう》は文部省の顔色をうかがうばかり。このとき、「挑戦《ちょうせん》を受けぬという不甲斐《ふがい》ないことがあるか」と立ち上がったのが、早大野球部監督《かんとく》の飛田穂洲《とびたすいしゅう》。こうして十月十六日に、戦前最後の早慶戦《そうけいせん》が戸塚《とつか》球場で行われることとなる。

まことに心暖《こころあたた》まるいい話と思うゆえにかくのであるが、試合は残念ながら練習不足の慶応《けいおう》がミス百出で失点を重ねるお粗末《そまつ》さ。青史《せいし》に残るような名勝負とはならなかった。早稲田《わせだ》の応《おう》援団《えんだん》が気《き》の毒《どく》がって、慶応《けいおう》の応援《おうえん》もはじめた。こうなれば敵《てき》も味方もない。しまいには早稲田《わせだ》の校歌と慶応《けいおう》の塾歌《じゅくか》を両校の先生も学生も一緒《いっしょ》になって歌う。結果は10対1で試合終了《しゅうりょう》となり、期せずして選手も応援団《おうえんだん》も声を合わせて「海行《ゆ》かば」を合唱、つきぬ思いを球場に残しながら別れたという。

B面の話は、このあとは自然に十月二十一日、秋雨《あきさめ》の冷たく降《ふ》りそそぐ明治神宮外苑競技《じんぐうがいえんきょうぎ》場《じょう》で行われた文部省主催《しゅさい》の「出陣学徒《しゅつじんがくと》壮行《そうこう》大会」にたどりつく。いまもときどきテレビで、そのときの撮影《さつえい》フィルムが写し出される。どしゃ降《ぶ》りの雨のなかを勇ましく行進する学生たち……。東京と近県の大学、高等学校、専門《せんもん》学校と師範《しはん》学校七十七校から、二万五千人の学生が勢《せい》ぞろいした。スタンドには六万五千人の後輩《こうはい》や女子学生が見送りに集《あつ》っていた。彼《かれ》らを前に東条英機《とうじょうひでき》首相《しゅしょう》は獅子吼《ししく》した。

「諸君《しょくん》はその燃《も》え上《あ》がる魂《たましい》、その若《わか》き肉体、清新なる血潮《ちしお》、すべてこれ御国《みくに》の大御宝《おおみたから》なのである。このいっさいを大君《おおきみ》の御為《おんため》に捧《ささ》げたてまつるは、皇国《こうこく》に生を享《う》けたる諸君《しょくん》の進むべきただ一つの道である」

岡部長景《おかべながかげ》文相《ぶんしょう》も精一杯《せいいっぱい》の大声をだしていった。

「諸子《しょし》の心魂《しんこん》には、三千年来の皇国《こうこく》の貴《とうと》き伝統《でんとう》の血潮《ちしお》があふれている」

東大生江橋慎四郎《えばししんしろう》がこれに応《こた》えて叫《さけ》ぶ。

「……生等《せいら》いまや見敵必殺《けんてきひっさつ》の銃剣《じゅうけん》をひっ提《さ》げ、積年忍苦《にんく》の精進研鑽《しょうじんけんさん》を挙げて悉《ことごと》くこの光栄ある重任《じゅうにん》に捧《ささ》げ、挺身《ていしん》もって頑敵《がんてき》を撃滅《げきめつ》せん。生等《せいら》もとより生還《せいかん》を期せず、……」

この「生等《せいら》もとより生還《せいかん》を期せず」は、当時の老若男女《ろうにゃくなんにょ》の心に深く響《ひび》き、われら中学生の間にも浸透《しんとう》して流行語となる。いまも記憶《きおく》する人が多いであろう。

こうして褒《ほ》めあげられ激励《げきれい》されて出陣《しゅつじん》した多くの若《わか》き勇者は、往《ゆ》きて還《かえ》らず、空《むな》しく消えた。もういっぺんくり返す、「今どきの若《わか》いものは」と、若《わか》ものの値段《ねだん》が安いときほど、平和なのである、とつくづく思う。

◆疎開《そかい》、疎開《そかい》また疎開《そかい》

学徒《がくと》動員につづいて、十一月一日に政府《せいふ》は国民兵役《へいえき》法の改正を公布《こうふ》する。兵役《へいえき》を四十五歳《さい》まで延長《えんちょう》したのである。朝日新聞が「官報《かんぽう》」をそのまま載《の》せた上で解説《かいせつ》する。

「この決戦を勝《か》ち抜《ぬ》くために今や四十歳《さい》を越《こ》えた男子も、いつ何時《なんどき》たりともお召《めし》に応《おう》じて国防《こくぼう》、増産《ぞうさん》の第一線につくべき戦闘体制《せんとうたいせい》が整えられた」

こうして日本がもっぱら人的に戦力の増強《ぞうきょう》を図《はか》っている間にも、アメリカはその強力な生産力にものをいわせて着々と航空母艦《こうくうぼかん》や航空機《こうくうき》を増産《ぞうさん》し、巨大《きょだい》な戦闘部隊《せんとうぶたい》を完整《かんせい》させていた。そして、その大戦力を利しての対日進撃《しんげき》路を、統合参謀《とうごうさんぼう》本部は中部太平洋と南西太平洋の二本の矢とすることも決定している。

以下、ちょっとA面的な話題となるが、これからの戦況《せんきょう》に直接《ちょくせつ》にかかわってくるので、あえて解説的《かいせつてき》に紹介《しょうかい》する。対日進撃《しんげき》路の一本の矢の中部太平洋では、まずギルバート、マーシャル諸島《しょとう》を攻略《こうりゃく》、トラック、グアム、パラオ、マリアナ諸島《しょとう》に進攻《しんこう》する。そのための兵力としては高速空母機動部隊を主隊とする、というのである。さて、その高速空母機動部隊とは？……。普通《ふつう》の場合、二隻《せき》の正式空母と二隻《せき》の軽空母を中心とし、これを一～二隻《せき》の新戦艦《せんかん》、三～四隻《せき》の重巡洋艦《じゅうじゅんようかん》、十二～十五隻《せき》の駆逐艦《くちくかん》主力の水雷《すいらい》戦隊が護衛《ごえい》する。これをワン・セット（Task Group という）とし、それを四つ集めてタスク・フォース（Task force）といった。

艦載機《かんさいき》は正式空母に八十五～百一機、軽空母に三十数機。したがってタスク・グループの艦《かん》載機《さいき》は二百五、六十機になり、タスク・フォースは千数十機を超《こ》えている。何ともはや、その強大な破壊《はかい》エネルギーをみよ、である。これをアメリカは短い期間で作りあげたのである。緒《しょ》戦《せん》の真珠湾攻撃《しんじゅわんこうげき》のときの日本の機動部隊の兵力は約三百五十機、それでも圧倒的《あっとうてき》な威力《いりょく》を発《はっ》揮《き》した。その三倍にも及《およ》ぶマグニチュードをもったエネルギーが、日一日と蓄積《ちくせき》されていたのである。

たいしてわが日本海軍は、やっとの想《おも》いで小沢治三郎《おざわじさぶろう》中将《ちゅうじょう》の率《ひき》いる第一航空《こうくう》戦隊（空母瑞《ずい》鶴《かく》、翔鶴《しょうかく》、瑞鳳《ずいほう》）を編制《へんせい》し、約百八十機がトラック島付近で全力をあげて猛訓練《もうくんれん》中なのである。

空母は真珠湾《しんじゅわん》いらいの生き残りのみであるし、ガ島の攻防戦《こうぼうせん》で多くのベテラン搭乗員《とうじょういん》が死傷《ししょう》し、新人搭乗員《とうじょういん》が主力で、その戦闘力《せんとうりょく》は昔日《せきじつ》の面影《おもかげ》もない。米大機動部隊の整備《せいび》をはたして知っていたかどうか、そんなことは問う必要もないであろう。かくのがスムースにいかない理由がおわかりになろうか。

B面に戻《もど》ると、十二月に入り、全国数万の学徒《がくと》がいっせいに〝出陣《しゅつじん》〟していってしまい、東京の街はどことなく間がぬけたようになった。連日のように、駅や街角に鳴《な》り響《ひび》いていた入隊壮行会《そうこうかい》の太鼓《たいこ》の音や、応援歌《おうえんか》や寮歌《りょうか》のガナリ声も嘘《うそ》のように消え、エッと思うほど静かになった。こぞの雪いまいずこ、昔日《せきじつ》のお祭り騒《さわ》ぎはどこへやら……。

そんな東京のあちらこちらで「疎開《そかい》」という言葉がしきりに囁《ささや》かれている。調べてみると、最初にこの言葉が登場したのは九月二十一日のことという。東条内閣《とうじょうないかく》が「現情勢《げんじょうせい》下に於《お》ける国政運営要綱《こくせいうんえいようこう》」を閣議《かくぎ》決定し、都市防衛《ぼうえい》のため官庁《かんちょう》、工場、家屋、店舗《てんぽ》などの整理を指示《しじ》し、その別紙の最後に「疎開《そかい》」の文字が記されていたという。

そもそもが軍隊用語で、戦況《せんきょう》に応《おう》じて隊列の距離《きょり》や間隔《かんかく》を疎《まば》らに開くという意なのである。それを都市防衛《ぼうえい》のための時局的な新語としてもちだすとは、軍人宰相《さいしょう》ならではのことなのか。

ついで十月五日、閣議《かくぎ》決定で、本土空襲《くうしゅう》が不可避《ふかひ》の情勢《じょうせい》にあると判断《はんだん》、東京をはじめとする主要都市の疎開方針《そかいほうしん》を定めることとなり、これをうけて十一月十三日には東京都計画局が東京都の建物などの疎開《そかい》計画を発表する。すなわち、幅広《はばひろ》い防火《ぼうか》帯（道路や広場）の設置《せっち》、重要工場と渋谷《しぶや》・蒲田《かまた》両駅周辺の建物疎開《そかい》計画、そのほか都内百五十カ所の建物疎開《そかい》で、建物を壊《こわ》して広い道路や広場をつくる、対象《たいしょう》家屋は四千六百戸に及《およ》ぶとあって、その線引きの中にあった人びとはもちろん、明日はわが身かと人心はかなり動揺《どうよう》しはじめる。

　こうなると、ある目的のために工場や建物の一部を散開ないし分散させるというそもそもの意味は消し飛んで、強制《きょうせい》によって住宅《じゅうたく》を撤去《てっきょ》させられるということになり、世の空気に濃厚《のうこう》な危機《きき》感というものが醸成《じょうせい》されはじめる。戦争が突如《とつじょ》として日常《にちじょう》生活の中に押《お》し入《い》ってきた。

　さらに十二月十日、文部省が学童《がくどう》の縁故《えんこ》疎開促進《そかいそくしん》を発表する。十二月二十一日、閣議《かくぎ》決定で「都市疎開実施要綱《そかいじっしようこう》」と「改正防空法《ぼうくう》」とが制定《せいてい》される。工場には自主的に地方移転《いてん》計画を立てさせ、都市への転入を規制《きせい》し、家々には家族ぐるみの地方転出が勧奨《かんしょう》される。大都市に住むことは危険《きけん》であるということで、とにかく矢つぎ早に疎開《そかい》の手を打ってくる。ちょっと調べればわかることであるが、政府《せいふ》はこの人口疎開《そかい》をドイツに学んだようなのである。この年の七月から八月にかけて、連合軍の爆撃《ばくげき》でハンブルクが廃墟《はいきょ》と化し、ナチス政府《せいふ》はあわててベルリン市民の百万人以上を地方に転出させている。なるほど、これあるかなと日本政府《せいふ》はさっそく転ばぬ先の杖《つえ》にと飛びついた、とみればみえるのである。

　たしかに危機《きき》感がいっぺんにわれらの身辺に迫《せま》ってきたのである。東京に間違《まちが》いなく敵機《てっき》の爆弾《ばくだん》がふってくる。かつての日の南京《なんきん》や重慶《じゅうけい》のように、軍と民間との見境《みさかい》もなく攻撃《こうげき》目標となる。こうなると、強制《きょうせい》される前に自発的に、自分たちの身が大事と、東京を去っていく人びとも出はじめる。この影響《えいきょう》はわが家にも及《およ》んで、早見えのするおやじと下町が好きなおふくろの大論争《だいろんそう》のあったことをしっかりと記憶《きおく》にとどめている。

「親と子が離《はな》れ離《ばな》れになることなんて、ゼッタイに反対です」

「じゃあ、みんな一緒《いっしょ》にくたばればいいというのか」

「いいじゃありませんか。みんな一緒《いっしょ》にここで死ねるなんて、すばらしいことです」

「バカをいうな、子供《こども》たちにそんな覚悟《かくご》はない。また、死なしてなるもんか」

「じゃあ、一利《かずとし》は中学生だから残る、というのは、一利《かずとし》にその覚悟《かくご》があるというのですか」

「………」

決して笑い話ではない。東京ばかりではない、大阪、名古屋など大都市の家庭のいたるところで同様の論争《ろんそう》があったであろうと思う。

この年の十二月三十一日の永井荷風《ながいかふう》の日記を長々と引くことにしたい。

「親は四十四五才にて祖先《そせん》伝来の家業を失いて職工《しょっこう》となり、その子は十六七才より学業をすて職工《しょっこう》より兵卒となりて戦地に死し、母は食物なく幼児《ようじ》の養育に苦しむ。国を挙げて各人皆《みな》重税《じゅうぜい》の負担《ふたん》に堪《た》えざらむとす。今は勝敗を問わず唯《ただ》一日も早く戦争の終了《しゅうりょう》をまつのみなり」

まったくそのとおり、日本にいながら日本から亡命《ぼうめい》したつもりの荷風《かふう》はこの国の情《なさ》けなさをよくみている。

それなのに愛育研究所保健《ほけん》部長斎藤文雄《さいとうふみお》『戦時の育児法』はおごそかに説《と》いている。

「一人寝《ね》の訓練＝添《そ》い寝《ね》をしないこと。これは寝《ね》つきの悪い甘《あま》ったれ子を作る因《もと》ですから、誰《だれ》かが傍《そば》にいないと眠《ねむ》れないという癖《くせ》は、独立心《どくりつしん》のない、精神《せいしん》の弱い子供《こども》を作ってしまいます。

暗いところで寝《ね》る訓練＝暗闇《くらやみ》を恐《おそ》れない。臆病《おくびょう》な気持を起こさせない訓練。と同時に、灯火管制《かんせい》に慣《な》れさせるため、これはぜひ実行させねばなりますまい」

などなど、赤ちゃんも猛訓練《もうくんれん》が要求される時代となった。もういっぺん、荷風《かふう》日記を引く。

「然《しか》れども余《よ》ひそかに思うに戦争終局を告ぐるに至《いた》る時は政治《せいじ》は今よりなお甚《はなはだ》しく横暴残忍《おうぼうざんにん》となるべし。今日の軍人政府《せいふ》の為《な》すところは秦《しん》の始皇《しこう》の政治《せいじ》に似《に》たり。国内の文学芸術《げいじゅつ》の撲滅《ぼくめつ》をなしたる後はかならず劇場《げきじょう》閉鎖《へいさ》を断行《だんこう》し債券《さいけん》を焼き私有財産《しゆうざいさん》の取上げをなさでは止《や》まざるべし。かくして日本の国家は滅亡《めつぼう》するなるべし。（欄外朱書《らんがいしゅしょ》）疎開《そかい》ト云《い》ウ新語流行ス民家取払《とりはらい》ノコトナリ」

そうした大日本帝国《ていこく》の滅亡《めつぼう》を早めんとするかのように、米大機動部隊が中部太平洋の島々に襲《おそ》いかかってきた。

第八話

鬼畜《きちく》米英と神がかり

昭和十九〜二十年

この章のポイント

一九四五（昭和二十）年、広島・長崎に原爆《げんばく》が投下され、日本は敗戦します。実はアメリカで原子爆弾《ばくだん》の開発が進んでいたことは日本にも伝えられ、戦局の悪化を心配する人びとは、戦争を一気に終結させてしまう恐《おそ》ろしい力の存在《そんざい》を感じていたようです。全国民を軍隊と見なした政府《せいふ》からは「一億一心」「鬼畜《きちく》米英」など、非現実的《ひげんじつてき》なスローガンが発表されますが、もはや精神力《せいしんりょく》や神仏《しんぶつ》にすがるしかなくなった戦争末期、東京大空襲《だいくうしゅう》や沖縄戦で多くの人びとの命が失われてしまいます。

キーワード

横浜事件《よこはまじけん》／マッチ箱の爆弾《ばくだん》／竹槍事件《たけやりじけん》／学童疎開《そかい》／焼夷弾《しょういだん》の退治《たいじ》法／鬼畜《きちく》米英／学徒勤労動員《がくときんろうどういん》／東京大空襲《だいくうしゅう》／本土決戦／特攻《とっこう》／沖縄戦

昭和十九年（一九四四）

アメリカ軍の〝東京への道〟はその雄大《ゆうだい》な工業力・資源《しげん》力に支《ささ》えられて急速に、かつ強力に押《お》し広《ひろ》げられていく。ソロモン諸島《しょとう》づたいにフィリピンへ、というマッカーサー大将《たいしょう》指揮《しき》の陸軍にたいして、ニミッツ大将《たいしょう》指揮《しき》の海軍は海兵隊とともに中部太平洋の島づたいに攻《せ》め上《のぼ》るという遠大な作戦計画をうちたてた。ソロモンからフィリピンまでの進撃《しんげき》は基地《きち》空軍の援護《えんご》で十分である。新編制《へんせい》の大機動部隊はいまや余力《よりょく》となった。この余《あま》った戦力で、フィリピン目指してもう一本の矢を放とうというのである。まず空母航空《こうくう》部隊による制空権奪取《せいくうけんだっしゅ》の猛攻撃《もうこうげき》、つづいて戦艦《せんかん》・重巡洋艦《じゅうじゅんようかん》群の艦《かん》砲射撃《ほうしゃげき》、そして海兵隊大部隊の上陸という島嶼《とうしょ》作戦の公式が、ここに無敵《むてき》の戦法となってきた。

ソロモン諸島《しょとう》を〝蛙《かえる》飛び作戦〟で攻《せ》め上《のぼ》ってくる米陸軍の一本の矢さきにばかり目を向けていた日本軍は、思いもかけない方面からの大機動部隊の暴風《ぼうふう》のような攻撃《こうげき》に、戦略態勢《せんりゃくたいせい》の根本からの建て直しを迫《せま》られた。しかしながら、資源枯渇《しげんこかつ》、戦力消耗《しょうもう》、物資欠乏《ぶっしけつぼう》で整備《せいび》に余裕《よゆう》のないときに妙案妙策《みょうあんみょうさく》のあろうはずはなかった。時間は待っていてくれないのである。

しかも、陸軍は十九年春からインド進攻《しんこう》のための「無謀《むぼう》なる」という形容詞《けいようし》をつけてよばれるインパール作戦を決行している。じつに十万余《あまり》の大軍が、二週間ほどの食糧《しょくりょう》を携行《けいこう》し、しかも山岳《さんがく》地帯をゆくので野砲《やほう》ではなく山砲《さんぽう》を、という具合に軽装《けいそう》で攻撃《こうげき》をはじめる。それがのちにどういう結果をうんだか、もうかくまでもないことであろう。

　この年半ばともなると、太平洋の島々やソロモン諸島《しょとう》の島々での玉砕《ぎょくさい》につぐ玉砕《ぎょくさい》、そしてインパール作戦での惨《さん》たる敗走また敗走。しかもいたるところで糧食《りょうしょく》・弾薬《だんやく》が尽《つ》き、補給《ほきゅう》はいっさいなし、餓死者《がしや》、栄養失調による病死と、日本軍にとっての戦《せん》闘《とう》の実相は悲惨《ひさん》というほかにかきようがなくなった。そこに六月になって、米大機動部隊が難攻不落《なんこうふらく》の〝絶対国防圏《ぜったいこくぼうけん》〟を誇《ほこ》っていたサイパン島、テニアン島、グアム島など中部太平洋のマリアナ諸島《しょとう》に目をあけていられないほどの猛撃《もうげき》をかけてきたのである。例によって空からの攻撃《こうげき》、山容《さんよう》も改まるほどの艦砲射撃《かんぽうしゃげき》、そして海兵隊の上陸。六月二十四日、絶対国防圏《ぜったいこくぼうけん》は抵抗《ていこう》も空《むな》しくあっさり突《つ》き破《やぶ》られ、その奪回《だっかい》は絶望《ぜつぼう》となって、大本営《だいほんえい》はサイパン島放棄《ほうき》をやむなく決定する。しかも、その十日ほどあとにはインパール作戦もまた敗北をもって中止の命令が下されている。

　こうして憲兵政治《けんぺいせいじ》で猛威《もうい》を奮《ふる》った東条英機《とうじょうひでき》を首相《しゅしょう》とする内閣《ないかく》が倒《たお》れた。いや、倒《たお》された。新聞論評《ろんぴょう》は一切厳禁《いっさいげんきん》されたが、「敵《てき》はついに倒《たお》れた！」の声は巷《ちまた》にあっという間にひろがる。その「敵《てき》」という言葉が国民のだれの胸《むね》にも実感として響《ひび》いたという。

マリアナ失陥《しっかん》のあと、もはやこの戦争の勝機は完全に失われた。状況《じょうきょう》は絶望的《ぜつぼうてき》であったが、大本営《だいほんえい》はなお戦い続行のためにつぎの作戦計画を策定《さくてい》しなければならなかった。それが捷号《しょうごう》作戦というものであるが、所詮《しょせん》は蜃気楼《しんきろう》のごときものというほかはない。十月のフィリピン諸島《しょとう》レイテ島への米陸軍の上陸、準備《じゅんび》していた捷《しょう》一号作戦が発動されたが、結果的には連合艦隊《かんたい》水上部隊の壊滅《かいめつ》、しかも反撃《はんげき》の戦法に窮《きゅう》しきって特別攻撃《こうげき》隊が正式の作戦となる、などかくことは多いがすべて略《りゃく》とする。十九年度の軍事費《ぐんじひ》は国家予算の九〇・五パーセントの七百三十五億円に及《およ》んだ。この数字が大日本帝国《ていこく》の断末魔《だんまつま》の苦悩《くのう》をそのままに物語っている。国民は食べるものに窮《きゅう》しはじめた。

◆大言壮語《たいげんそうご》の表と裏《うら》

「世界をあげての大戦争のさなかにおける新年のはじめだ。家々には旗がかかげられてはいるけれども、人の足音もきこえず、世間はひっそりしずまりかえっている。このあたらしい年、一九四四年には世界にはおおきな変動がおこり、日本もまた内外ともにあわただしさをくわえるだろう。この身、この家族のうえにもなにごとがおこるかわからない」

一月一日の日記に、哲学者《てつがくしゃ》古在由重《こざいよししげ》はかき記している。対米英戦争三年目を迎《むか》え、戸ごとに日の丸の旗をかかげていたが、新しい年を寿《ことほ》ぐよりも、前途《ぜんと》のますます暗くなる思いに国民はひっそりと身をちぢめている。しかし、同じ日の各新聞には情報局総裁《じょうほうきょくそうさい》の年頭の辞がすごいことを訴《うった》えている。

「戦争とは意思と意思、戦意と戦意との戦いである。世界の列強も、すでに国力をあげて戦うこと数年、それぞれ疲労困憊《ひろうこんぱい》して一日も早く戦争をやめたいというのが実情《じつじょう》であろうから、ここでもう一押《ひとお》し、押《お》し切《き》った方が、最後の勝利を獲得《かくとく》するのである」

なにやら熱心に新聞を読んでいたおやじが、突然《とつぜん》、それを放り投げて例のごとく大声であたりに聞こえよがしに毒《どく》づいた。

「その押《お》し切《き》る力が、ロクに食うものもなくちゃ出やしねえじゃないのか、ッていってるんだよ」

いまにして思えばこっちのほうが正しかったのであろうが、わたくしとおふくろは「またロクでもないことをほざいて」といわんばかりにたがいに顔をしかめ合った。事実、国民の多くはまだ、国内の生産と補給《ほきゅう》とが喪失《そうしつ》に追いつかなくなり、じり貧《ひん》どころではなく事態《じたい》は手のつけようもないほど悪化しているのを薄々《うすうす》は察しつつ、撃《う》ちてし止《や》まむで闘志《とうし》を燃《も》やしていた。あと一押《ひとお》しと信じようとしていた。それに乗っかるように、いや煽《あお》るように、政府《せいふ》も軍部も総力《そうりょく》戦の上に永久《えいきゅう》戦争を唱え、戦局にかんしては楽観的な観測《かんそく》を呼号《こごう》しつづけていた。

けれどももし歴史的《れきしてき》な事実を少しでもこのときに知る機会があったならば、といまはしみじみと思う。国民とは、ほんとうにいつの時代でも、真の情報《じょうほう》に接《せつ》することのできないあわれな存在《そんざい》、ということ。それが歴史《れきし》の恐《おそ》ろしさというのではないかと思う。参謀《さんぼう》本部戦争指導班《しどうはん》の『機密《きみつ》戦争日誌《にっし》』が一月一日の記で事実をあからさまに記している。

「……八月ごろ、敵《てき》の大型機《おおがたき》の本土空襲《くうしゅう》実施《じっし》を予期す。右諸《しょ》作戦および空襲《くうしゅう》を考慮《こうりょ》し、本年の国力は相当に低下すべし。……国内的には、一時相当世論《よろん》動揺《どうよう》あり。現内閣《げんないかく》および統帥部《とうすいぶ》に対する批判《ひはん》、深刻化《しんこくか》すべし。……帝国《ていこく》の本年度直面すべき危機《きき》を打開し、長期持久《じきゅう》態勢《たいせい》を確立《かくりつ》するための前記施策《しさく》の実行には、明治維新《いしん》断行《だんこう》以上の決意と勇気とを要すべく、国家百年の大計のため、首脳部《しゅのうぶ》の英断《えいだん》を切望す」

　弱い犬はよく吠《ほ》えるのそしりを、はたしてこの手記は免《まぬが》れることができるであろうか。それにしても戦争指導層《しどうそう》はほんとうにそうすれば勝てると思っていたのであろうか。そんなことは知らない国民は、いや、これ以後はまた民草《たみくさ》とかくべきなのかもしれない。事実を何一つ知らされず上からの命のままに、風にそよぐ葦《あし》のごとくに動かされているのであるからそう改めるほうがいいと思えてくる。で、その必ず勝つと信じている民草《たみくさ》は、どこか鈍《にぶ》いところがあったと思えてならない。欲《ほ》しい衣類があり切符《きっぷ》があったとしても、これを手に入れるのを我慢《がまん》して、古い衣料品をひきだし、ツギをあて「欲《ほ》しがりません勝つまでは」「足らぬ足らぬは工夫《くふう》が足らぬ」と標語をたえず口にしながら、夜を日についで働きつづけていたのである。そしてわれら中学生はいざというときのために軍事教練や体力錬磨《れんま》に汗《あせ》をしぼっていたのである。

だれもが指導者《しどうしゃ》の豪語《ごうご》する〝幻想《げんそう》〟を信じていたのである。

しかし、その従順《じゅうじゅん》な民草《たみくさ》にして、古在博士《こざいはかせ》の日記にあるように、自身の身や家族に何事かが起こるかもわからないという不吉《ふきつ》な予感を、新しい年を迎《むか》えるにさいしてもちはじめたといえようか。

◆「マッチ箱の爆弾《ばくだん》」の話

不吉《ふきつ》な予感というよりも、あまりにもむごい現実《げんじつ》が雑誌《ざっし》ジャーナリズムを襲《おそ》った。昭和十七年の新聞統合《とうごう》につづいて、検閲《けんえつ》や監視《かんし》を容易《ようい》にするため、軍報道部《ほうどうぶ》と情報局《じょうほうきょく》の指導《しどう》のもとに、全国で五百近くある出版社《しゅっぱんしゃ》を百九十五社にしぼる、つまり要《い》らざるものは廃業《はいぎょう》させる。かつ、口うるさく論評《ろんぴょう》する総合雑誌《そうごうざっし》は四誌《し》のみ、あとは外す、というはなはだしく強圧的《きょうあってき》な指令が各出版《しゅっぱん》・雑誌社《ざっししゃ》に下された。

残される総合雑誌《そうごうざっし》四つとは何と何と何なのか。これが衆目《しゅうもく》の一致《いっち》するところ軍部追従《ついじゅう》の御《ご》用雑誌《ようざっし》とみられていた「現代《げんだい》」「公論《こうろん》」「創造《そうぞう》」、そして毛色の違《ちが》った「中央公論《こうろん》」の四誌《し》である。陸軍報道部《ほうどうぶ》の出版《しゅっぱん》・雑誌担当《ざっしたんとう》の課員である秋山邦雄《あきやまくにお》中佐が、一月十一日に東京・駿河台《するがだい》の雑《ざっ》誌《し》会館でひらかれた会議の席上で、おごそかにご託宣《たくせん》をのべたという。

「『現代《げんだい》』と『公論《こうろん》』と『創造《そうぞう》』は文句《もんく》なし。『中央公論《こうろん》』は首を傾《かし》げるところ大であるが、対外宣伝《せんでん》上必要と思われるので、総合雑誌《そうごうざっし》として残すことにする」

まさしく鶴《つる》の一声、出席していた各社の担当《たんとう》役員たちはへへェーと頭を下げるほかはない。かくて「改造《かいぞう》」が時局雑誌《ざっし》へ、「日本評論《ひょうろん》」が経済雑誌《けいざいざっし》へ、「文藝春秋《ぶんげいしゅんじゅう》」が文芸雑誌《ざっし》へと追いやられる憂《う》き目《め》にあった。

さらに一月二十九日早朝から、出版界《しゅっぱんかい》を震撼《しんかん》したもっと大きな事件《じけん》がはじまった。神奈川県の特別高等警察《とくべつこうとうけいさつ》（特高《とっこう》）は、この日を手はじめに、都下の雑誌《ざっし》編集者《へんしゅうしゃ》を中心に、新聞記者、研究所員などの一斉検挙《いっせいけんきょ》を、ものものしく強行していったのである。計四十九人。罪状《ざいじょう》は治安《ちあん》維持法違反《いじほういはん》、これを「横浜事件《よこはまじけん》」とよぶ。

検挙《けんきょ》された編集者《へんしゅうしゃ》は「中央公論《こうろん》」「改造《かいぞう》」「日本評論《ひょうろん》」から岩波書店にまで及《およ》んだ。これら編集者《へんしゅうしゃ》は、共産党再建《きょうさんとうさいけん》をもくろんでいるという嫌疑《けんぎ》をかけられているが、もちろんウソっぱち。そこで、その虚構《きょこう》の犯罪《はんざい》事実を強引《ごういん》にでっちあげるために、特高《とっこう》がとったのは脅嚇《きょうかく》と拷問《ごうもん》の一手で、とにかく、やみくもに架空《かくう》のストーリーをこしらえあげていった。

逮捕《たいほ》された編集者《へんしゅうしゃ》たち全員が、取調べの合間に聞かされた特高《とっこう》の、嫌味《いやみ》な、自信たっぷりのセリフがある。

「吐《は》いても吐《は》かなくても、どっちでも同じよ。どうせお前さんたちの会社は潰《つぶ》される運命にあるんだからな」

事実、七月十日、「改造《かいぞう》」「中央公論《こうろん》」に廃刊《はいかん》令、両社に解散《かいさん》命令。といった具合に、いくつもの出版社《しゅっぱんしゃ》・雑誌社《ざっししゃ》がこの年の七月末までに潰《つぶ》されていく。編集者《へんしゅうしゃ》にとっては、すさまじくも、まったく許《ゆる》しがたく嫌《いや》な時代になっていた。

さて、こうした事件《じけん》にはまだひっかからないときに編集《へんしゅう》され、発行されたものなのか、この年の一月号の「科学朝日」に興味津々《きょうみしんしん》の記事が載《の》っている。東京文理科大教授朝永振一郎《きょうじゅともながしんいちろう》、東大教授嵯峨根遼吉《きょうじゅさがねりょうきち》たち日本の物理学の超《ちょう》一級の学者たちが集まって、東大助教授糸川英夫《じょきょうじゅいとかわひでお》を司会とする座談会《ざだんかい》「戦争と新しい物理学」でこんなことを語っていた。

朝永《ともなが》　中性子《ちゅうせいし》を当てても他のものでは大したことをやらないのですが、ウラニウムとかトリウムとかですと、非常《ひじょう》に変った型《かた》の核分裂《かくぶんれつ》という壊《こわ》れ方《かた》をします。つまり核《かく》が大体半分に割《わ》れるのです。

糸川《いとかわ》　そのとき出るエネルギーは一グラムあたりのカロリーでは大体どのくらいなのですか。

朝永《ともなが》　……大体同じ重さの石炭の百万倍とでも思えばよいでしょう。

さらに先のところでは、いっそう驚愕《きょうがく》せざるを得《え》ない対話がなされている。

嵯峨根《さがね》　……アメリカでは戦争の始まる前から、もうこういうものを使えそうだという気がしたのかどうか知りませんが、ウラニウムやそれに関係したものを全部輸出禁止《ゆしゅつきんし》しちゃったですよ。

朝永《ともなが》　ウランを売らんというわけですね（笑）。

糸川《いとかわ》　なるほど。

嵯峨根《さがね》　そういう所を考えると、アメリカでは相当真剣《しんけん》にウラニウムのことを考えてるのじゃないかという気もするのです。

このような専門的《せんもんてき》な、いまとなれば原子爆弾《ばくだん》とわかる話が、世の隅々《すみずみ》にまで知《し》れ渡《わた》っていたといいたいために引用しているわけではない。「科学朝日」をこのときに読んでいる人びとなど極少で、問題にするに当たらないと承知《しょうち》しながらかくのであるが、中学生になったばかりのわたくしの耳にも、たしかに「マッチ箱の爆弾《ばくだん》」という超新兵器《ちょうしんへいき》のことは入ってきていたのである。

ことの起こりは前年十八年の貴族院《きぞくいん》の本会議場での、質問《しつもん》に立った地球物理学の権威《けんい》田中館《たなかだて》愛橘博士《あいきつはかせ》の演説《えんぜつ》にあったという。このあとの記者会見で老博士《はかせ》は、原子力の問題の重要性《じゅうようせい》を説《と》き、政府《せいふ》および軍部に強く反省を求めていった。

「おそらく諸君《しょくん》にはわからないであろうが、今日《こんにち》の物理学の進歩は、原子の力を利用することができるまでに発達したのである。マッチ箱大ぐらいの大きさの爆弾《ばくだん》で、実に莫大《ばくだい》な爆発《ばくはつ》を行い、軍艦《ぐんかん》一隻《せき》を沈《しず》め得《う》る見込《みこ》みがついている」

しかし、博士《はかせ》の声を大にしての忠言《ちゅうげん》もその重要性《じゅうようせい》に気づくものとてなく、記者の耳には空《むな》しくこだまするだけである。が、一部の新聞がこの田中館演説《たなかだてえんぜつ》をとりあげて報《ほう》じた。〝マッチ箱の爆弾《ばくだん》で軍艦《ぐんかん》が沈《しず》められる〟というキャッチ・フレーズは、好個《こうこ》の話題であり、新聞の見出しに最適《さいてき》とあって、たちまちにこれが巷《ちまた》に流れでた。もとより原子力にたいする正しい理解《りかい》のあるはずもなかったが、戦局の前途《ぜんと》に多難《たなん》を察知しはじめた民草《たみくさ》の智恵《ちえ》が、戦争を一挙《いっきょ》に終結してしまうであろう強大な力をそこに予感したのである。

◆原爆《げんばく》は日本に使用する

中学校一年生のわたくしはたしかに「マッチ箱の爆弾《ばくだん》で軍艦《ぐんかん》一隻《せき》」の話を級友たちとした記《き》憶《おく》がある。ただし、当時しきりに読まれていた南洋一郎《みなみよういちろう》や海野十三《うんのじゆうざ》らの冒険《ぼうけん》小説、空想科学小説の世界の話と同じような夢物語《ゆめものがたり》として、つまりあり得《え》ない話と心得《こころえ》て一席やっていたにちがいない。が、戦後もずいぶんあとになって東京工業大教授崎川範行《きようじゆさきかわのりゆき》氏から、戦時中の雑誌《ざっし》「新青年」に、ウラニウム235を利用した爆弾《ばくだん》を日本がつくり、サンフランシスコを壊滅《かいめつ》させたという小説があった、という話を聞かされた。わたくしには記憶《きおく》はないが、原子爆弾《ばくだん》という超近代兵器《ちようきんだい》の概念《がいねん》はかなり当時の大人たちの間にひろまっていたのであろうか。

かもしれないが、朝永《ともなが》、嵯峨根《さがね》といった超一流《ちよういちりゆう》の物理学者が、アメリカも「相当真剣《しんけん》に考えている」といった程度《ていど》の認識《にんしき》でしかなかったのである。いわんや日本の指導者《しどうしや》においてをや。それに田中館博士《たなかだてはかせ》が熱心すぎるほどのローマ字論者《ろんしや》であるのがいけなかった。老いの一徹《いってつ》ともいえる信念と情熱《じようねつ》のために、「館さんといえばローマ字」と、一直線につなげられていた。博士《はかせ》の重大な提言《ていげん》に耳を傾《かたむ》け、まともに考えるものが少なかったのもやむを得《え》ないことであったのである。

歴史《れきし》というものの巨大《きよだい》にして強力な流れの恐《おそ》ろしさ。日本が戦っているアメリカでは、〝相当真剣《しんけん》〟どころか、原子爆弾《ばくだん》はこのときには〝現実《げんじつ》の新兵器〟になりつつあったのである。しかしたとえ間に合ったとしても、同じ白人種であるナチス・ドイツに使用する意思はなかった。ということであるならば、標的はもう一つのほうとなる。

少し先のことであるが、この年の九月十八日、ルーズベルト米大統領とチャーチル英首相《しゅしょう》とが、ひそかに米英原子力協定に関する覚書《おぼえがき》を交換《こうかん》し、これに調印している。それは恐《おそ》るべき歴《れき》史的決断《してきけつだん》が正式文書となったときであった。

「原子爆弾《ばくだん》が完成すれば、慎重《しんちょう》に考慮《こうりょ》したうえで、これを日本に使用するものとす。日本が降伏《こうふく》するまで、われわれは原爆攻撃《げんばくこうげき》を続行する旨《むね》、警告《けいこく》することになろう」

連合国の多くの科学者や技術者《ぎじゅつしゃ》は、ナチス・ドイツが先を越《こ》すのではないかという恐怖《きょうふ》と、人類の進歩に参加することになるとして、もう何年も前から原爆製造《げんばくせいぞう》に身を挺《てい》してきた。政治《せいじ》は〝国家のため〟の名のもとに、科学の力によって戦争を勝利に導《みちび》き、国家の尊厳《そんげん》を保持《ほじ》しようとする。愛国心によって、という大義名分《たいぎめいぶん》をつけ加えてもいい。そこに疑問《ぎもん》の入る余地《よち》はない。科学者の思想、技術者《ぎじゅつしゃ》の思想、政治指導層《せいじしどうそう》の思想とは、およそそういうものであろう。すべては〝国のために〟である。

そしてさらに軍の思想とは？　爆弾《ばくだん》は敵《てき》にたいし使用するためにつくる。威力《いりょく》や大小を問わない。敵《てき》を殲滅《せんめつ》するために使う、それ以外のどんな意味があるというのか。たしかに巨大《きょだい》な工場の建設《けんせつ》のために十二万五千人の労働者が必要であった。この工場を稼働《かどう》させるためにはさらに六万五千人。あるだけの頭脳《ずのう》と技術《ぎじゅつ》と汗《あせ》とを投入した。こうして、二十億ドル以上の巨費《きょひ》を食った「怪物《かいぶつ》」がいまできようとしている。

ヒューマニズムとかモラルとか、ましてや人の情《じょう》とかがそこに入りこむ余地《よち》はない。人類はじまっていらい、およそ戦争というものはそういう凶暴《きょうぼう》なもの非情《ひじょう》なものであると、だれもがそう思うことで軍人たちは自分の心を納得《なっとく》させていたのである。

日本人はそれを、まったく、知らないでいた。

◆「竹槍事件《たけやりじけん》」のこと

前項《ぜんこう》はあまりにもA面的な話題であったかもしれない。が、つぎに進むためにはどうしてもかいておかなければならないことであった。これで安心してB面に転じられるのであるが、二月二十二日、東条首相《とうじょうしゅしょう》は閣議《かくぎ》で国民の一大奮起《ふんき》を求める大演説《だいえんぜつ》をした。

「戦局は重大である。決して楽観は許《ゆる》されぬ。これを乗り切ってこそ、初めて必勝の途《みち》は開かれる。いまやまさに帝国《ていこく》は文字通り岐路《きろ》に立っている。国民はこのさい、一大勇猛心を奮《ふる》い起《おこ》す秋《とき》。そこに必ず難局打開《なんきょく》の道があるのである」

日本軍の最重要拠点《きょてん》のトラック島が敵《てき》大機動部隊の猛撃《もうげき》のもとに壊滅的《かいめつてき》打撃《だげき》をうけたあとの、いわば苦しまぎれの〝全国民いまこそ奮起《ふんき》せよ〟の叱咤激励《しったげきれい》なのである。これを翌《よく》二十三日、毎日新聞は朝刊《ちょうかん》一面トップで「首相《しゅしょう》、閣議《かくぎ》で一大勇猛心強調」「非常時宣言《ひじょうじせんげん》」などと、いくらかお太鼓《たいこ》記事で報《ほう》じた。そこまでは上々であったのに、その解説《かいせつ》のような体裁《ていさい》で、毎日新聞だけが一面中央に「勝利か滅亡《めつぼう》か　戦局は茲《ここ》まで来た　眦《まなじり》決して見よ、敵《てき》の鋏状侵寇《きょうじょうしんこう》」とやった上で、となりに「竹槍《たけやり》では間に合わぬ　飛行機だ　海洋航空機《こうくうき》だ」とかなり大きな見出しで謳《うた》いあげた。

「大東亜《だいとうあ》戦争は海洋戦である。しかも太平洋の攻防《こうぼう》の決戦は日本の本土沿岸《えんがん》において決せられるものではなくして、数千海里《カイリ》を隔《へだ》てた基地《きち》の争奪《そうだつ》をめぐって戦われるのである。本土沿岸《えんがん》に敵《てき》が侵攻《しんこう》し来《きた》るにおいてはもはや万事休《ばんじきゅう》すである。（中略《ちゅうりゃく》）敵《てき》が飛行機で攻《せ》めて来《きた》るのに竹《たけ》槍《やり》をもって戦い得《え》ないのだ。問題は戦力の結集である。帝国《ていこく》の存亡《そんぼう》を決するものはわが航空《こうくう》兵力の飛躍増強《ひやくぞうきょう》にたいするわが戦力の結集如何《いかん》にかかって存《そん》するのではないか」

　まさに正鵠《せいこく》を得《え》ている記事といえる。ところが、この正論《せいろん》が大問題となった。首相東条《しゅしょうとうじょう》が、一億国民が竹槍《たけやり》をもって戦えば九十九里浜《くじゅうくりはま》で米軍の本土上陸を粉砕《ふんさい》できると、大いに息まいて飛ばした檄《げき》を、毎日新聞のみがおちょくったことになる。カンカンとなった東条《とうじょう》が新聞社に「反戦思想だ」と弾圧《だんあつ》をかけてきた。

　じつはそれには裏《うら》の事情《じじょう》があった。その直前の二月半ば、陸軍と海軍との間で、血をみないではすまないような激烈《げきれつ》な大論争《だいろんそう》がもちあがっていたのである。海軍側の強硬《きょうこう》な要求からはじまった「航空資材《こうくうしざい》をわが海軍へもっと寄越《よこ》せ」大論争《だいろんそう》がそれで、それこそ海軍の悲鳴にも近い要求であった。しかもこんどこそは、一歩も退《ひ》かじと眦《まなじり》を決してのド迫力をもって陸軍に喧《けん》嘩《か》を売ってきた。

しかも、東条首相兼陸相《とうじょうしゅしょうけんりくしょう》の民草《たみくさ》への大演説《だいえんぜつ》のあったその日の夕方、海軍報道《ほうどう》部長栗原悦蔵《くりはらえつぞう》大佐が記者会見で「飛行機がなくては海軍は戦争ができない。しかし、海軍は政治力《せいじりょく》をもっていない。ゆえに、残念ながらどうすることもできない」と切々と、しかし憤懣《ふんまん》もあらわにまくしたてていた。これが即座《そくざ》に陸軍側に伝わる。こうなっては陸軍側は毎日新聞の記事を、陸軍が軍需物資《ぐんじゅぶっし》とくに航空資材《こうくうしざい》を優先的《ゆうせんてき》にとっていることへの痛烈《つうれつ》な非難《ひなん》にして、新聞に名を借りた海軍の卑怯《ひきょう》な挑戦《ちょうせん》とうけとめることとなった。

とくに新聞の「海洋航空機《こうくうき》」の文字にカチンときた東条《とうじょう》は、断《だん》じて許《ゆる》さんと躍起《やっき》となる。「毎日は海軍の代弁者《だいべんしゃ》だ」ときめつけ、新聞の発行禁止《きんし》、関係者の厳罰《げんばつ》を命じた。新聞社側も敢然《かんぜん》と抵抗《ていこう》し、執筆者《しっぴつしゃ》の新名丈夫《しんみょうたけお》記者の処罰《しょばつ》をこばみ通し、編集《へんしゅう》局長吉岡文六《よしおかぶんろく》と次長加茂勝《かもかつ》雄《お》を休職処分《きゅうしょくしょぶん》にすると発表する。しかし、東条《とうじょう》の憤怒《ふんぬ》はこんなことではおさまらない。時をおかずに報復《ほうふく》にでる。記事掲載《けいさい》の三日後、三十七歳《さい》の新名《しんみょう》記者に召集令状《しょうしゅうれいじょう》を発し、本籍地《ほんせきち》の四国の丸亀《まるがめ》連隊に入隊せよ、と命じてきた。乱暴《らんぼう》かつ無茶苦茶《むちゃくちゃ》もいいところであるが知ったこっちゃない。これを昭和史《しょうわし》では「竹槍事件《たけやりじけん》」という。

これに海軍側が猛烈《もうれつ》な抗議《こうぎ》をして、即刻《そっこく》に新名《しんみょう》記者を海軍報道班員《ほうどうはんいん》に徴用《ちょうよう》する。そして大正生まれの兵役免除者《へいえきめんじょしゃ》を一人だけ不意に召集《しょうしゅう》するとは何事か、とガンガンとやると、陸軍はなんと、大正生まれの兵役免除者《へいえきめんじょしゃ》二百五十人に合わせて召集令状《しょうしゅうれいじょう》をかける、という天罰《てんばつ》も恐《おそ》れぬ暴挙《ぼうきょ》をやってのけた。海軍はあわてて新名《しんみょう》海軍報道班員《ほうどうはんいん》をまだ戦場からはほど遠いフィリピンに派遣《はけん》することにした。

と、こんなことをかいていると何とも情《なさ》けなくなる。が、これにて打ち止めにしたい気持ちを押《お》し殺《ころ》して、あえて蛇足《だそく》をかく。陸海軍の物資《ぶっし》分配大論争《だいろんそう》の決着である。侃々諤々《かんかんがくがく》、喧々《けんけん》囂々《ごうごう》の議論《ぎろん》がそれからも連日戦わされたものの、泰山《たいざん》鳴動して鼠《ねずみ》一匹《ぴき》と昔からいうとおり、航《こう》空資材《くうしざい》の配分は陸海軍で半分ずつ分ける、という政治的《せいじてき》な妥協《だきょう》で話がまとまる。なあーんだ、と読者は思うであろう。それでも海軍は、これまでの陸軍六ないし七、海軍四ないし三が、五分五分となったのであるからと「勝った勝った、はじめて陸軍をへこましてやった」と大喜《おおよろこ》びで乾杯《かんぱい》のグラスを連日挙げたという。

陸も海も、軍人たちのやることは呆《あき》れてものもいえない、とはこのこと。いったい、東京にいる陸軍や海軍のお偉方《えらがた》たちや参謀《さんぼう》たちは、どこと戦争していたのか。本気でアメリカと戦争をしていたのであろうか。

なお、再召集《さいしょうしゅう》された大正生まれのこれら二百五十人はのちに硫黄島《いおうとう》に送られ、大半が還《かえ》らなかったという。名前は忘《わす》れたがダルマと渾名《あだな》のあった七中時代の軍事教練の教師《きょうし》が、それも間違《まちが》いなく大正生まれの元准尉《じゅんい》ドノが、召集《しょうしゅう》をうけのちに硫黄島《いおうとう》で戦死した、と戦後に聞かされたことを想《おも》いだした。エッ、なんで四十歳《さい》に近いあの人が、という思いをそのとき抱《いだ》いたが、まさかこのときの犠牲者《ぎせいしゃ》のひとりであったわけではあるまいが。ダルマ准尉《じゅんい》ドノはその渾《あだ》名《な》のとおり赤ら顔の、きびしいなかに優《やさ》しさを秘《ひ》めた、銃剣術《じゅうけんじゅつ》で「ヤッ!」という突《つ》きの格《かっ》好《こう》が見事にきまったオッサンであった。

◆「決戦非常《ひじょう》措置《そち》要綱《ようこう》」

赤紙に懲罰召集《ちょうばつしょうしゅう》あり、ということはこの「竹槍事件《たけやりじけん》」で当時ひろく一般《いっぱん》に知られた、とは考えられない。「竹槍事件《たけやりじけん》」とは第一に戦後の命名にちがいないであろうから。が、毎日新聞記者はもちろんのこと、ほかの新聞社の記者たちは何をするかわからない陸軍の権力《けんりょく》にひとしく震撼《しんかん》した。ということは、かなり民草一般《たみくさいっぱん》にもわかった、と思われる。そして裏《うら》を返せば、情《じょう》実《じつ》で赤紙を免《まぬが》れることも可能《かのう》、ということすからい現実《げんじつ》も民草《たみくさ》のよく知れるところとなっていたことであろう。まったく、「星に錨《いかり》に闇《やみ》に顔」の世となっていたこともわかる。

とにかくすさまじい時代、いや、転落の時代とすべきなのかもしれない。民草《たみくさ》が戦場において銃後《じゅうご》において歯を喰《く》いしばって死《し》にもの狂《ぐる》いで戦っているが、大日本帝国《ていこく》の滅亡《めつぼう》への転落は、速度をましてはじまっていた。

質量《しつりよう》ともに爆発的《ばくはつてき》な飛躍《ひやく》をみせるアメリカの大機動部隊の猛威《もうい》のまえに、戦略《せんりやく》が根本的に破綻《はたん》した日本軍は後手後手となり、防禦《ぼうぎょ》いっぽうで、ただその鉄と火の暴風《ぼうふう》に追いまくられるばかり。太平洋の各所で鉄と火に肉体をぶつける玉砕《ぎょくさい》がつづいた。二月二十五日、大本営《だいほんえい》はクェゼリン島ならびにルオット島の守備隊《しゅびたい》四千五百名の全員戦死を発表した。そしてこの夜から十日間、全国のラジオ演芸《えんげい》放送はいっさいの娯楽《ごらく》番組を中止。翌日《よくじつ》から劇場《げきじょう》、映画館《えいがかん》も一斉《いっせい》休場とさせられる。

そしてこの二十五日、政府《せいふ》は閣議《かくぎ》で「決戦非常措置要綱《ひじょうそちようこう》」を細かく決め、その詳細《しょうさい》の情報《じょうほう》局《きょく》発表が翌日《よくじつ》の新聞に載《の》った。ここには毎日新聞のそれをやや簡略《かんりゃく》にして引用する。

「①原則《げんそく》として中等学校以上の学生生徒はすべて今後一年常時勤労《じょうじきんろう》その他非常任務《ひじょうにんむ》に出動せしめうる組織体制《そしきたいせい》におく。②家庭の根幹《こんかん》たるものをのぞく女子の女子挺身隊《ていしんたい》強制加入の途《みち》を拓《ひら》く」

さてさて、もうすぐ中学二年生になるわたくしは見事にこれにあてはまった。完璧《かんぺき》に学業を放棄《ほうき》して軍需《ぐんじゅ》工場に勤務《きんむ》するようになるのは秋からであるが、それまでも何かと勤労奉仕《きんろうほうし》に「出動せしめ」られ大いに国のため働かされた。基礎《きそ》学力を身につけなければならない肝腎《かんじん》のときに、これを空《むな》しくさせられた。で、〝学歴《がくれき》あれど学力なし〟のいまの自分のでき上がったのをこの「決戦非常措置要綱《ひじょうそちようこう》」のせいにしている。

いや、B面としてかかねばならないのはそんな個人的事情《こじんてきじじょう》のことではなく、情報局《じょうほうきょく》発表の要綱《ようこう》の⑥のことである。

「高級料理店、待合は休業せしめ、また高級興業《こうぎょう》、歓楽《かんらく》場などは一時閉鎖《へいさ》し、その施設《しせつ》は必要に応《おう》じて他に利用せしむ」

こんな大それたことがお上の命令一つで有無《うむ》をいわせることなく実行できたのであるから、ただものすごい時代であったと歎《たん》ずるほかにない。

実際《じっさい》の話は、新体制《しんたいせい》運動が宣言《せんげん》され大政翼賛会《たいせいよくさんかい》が旗揚《はたあ》げした昭和十五年から、芸者をあげて騒《さわ》ぐ料亭《りょうてい》や踊《おど》り子《こ》がでるセクシーなレビューなどの劇場《げきじょう》、そしてキャバレーや高級バーをつぶせの声は高々とあがってはいた。が、高級料亭《りょうてい》でお客の「星と錨《いかり》」が羽ぶりをきかせている間はそうもいかず、「ぜいたくは敵《てき》だ」も強制力《きょうせいりょく》なきスローガンにすぎなかったのである。

しかし、玉砕《ぎょくさい》そして玉砕《ぎょくさい》のつづくいまや「星や錨《いかり》」もそんなこれ見よがしに権力《けんりょく》をふるっていられるときではなくなっている。軍の上層部《じょうそうぶ》そのものが、芸者遊びを認《みと》めていると士気《しき》が衰《おとろ》える、という理由をあげて、芸者や待合をつぶせといいだしたのである。かくて、「要綱《ようこう》」があっという間に閣議《かくぎ》決定され、歌舞伎座《かぶきざ》、新橋演舞場《しんばしえんぶじょう》、帝劇《ていげき》、日劇《にちげき》など、全国十九の大劇《だいげき》場《じょう》が三月五日から閉鎖《へいさ》となり、精養軒《せいようけん》、雅叙園《がじょえん》、新喜楽《しんきらく》をはじめ東京の八百五十の料亭《りょうてい》、二千五十の待合、四千三百の芸者置屋が閉店《へいてん》あるいは休業と相成った。三月四日付の朝日新聞夕《ゆう》刊《かん》によると、廃業《はいぎょう》した芸者は東京だけで八千九百人という。ある築地《つきじ》の料亭《りょうてい》などは、休業と決まった五日の前の晩《ばん》に、手もちの樽酒《たるざけ》を全部あけてなじみの客にドンチャン騒《さわ》ぎで振舞《ふるま》った。翌日《よくじつ》の朝が白々と明けるまで出たり入ったり酔客《すいきゃく》は絶《た》えなかったという。

関連して、永井荷風《ながいかふう》の日記『断腸亭日乗《だんちょうていにちじょう》』三月三十一日の項《こう》には、興味津々《きょうみしんしん》のことがかかれている。浅草《あさくさ》オペラ館の踊《おど》り子《こ》たちとの別れに、思わず荷風《かふう》も泣いたというのである。ちょっと長く引く。

「……二階踊子《おどりこ》の大部屋に入るに女達《たち》の鏡台すでに一ツ残らず取片《かた》づけられ、母親らしき老《ろう》婆《ば》二三人来り風呂敷包《ふろしきづつみ》手道具雨傘《あまがさ》など持去るもあり。八時過《すぎ》最終の幕《まく》レヴューの演奏《えんそう》終り看《かん》客《きゃく》立去るを待ち、館主田代旋太郎《たしろせんたろう》一座《いちざ》の男女を舞台《ぶたい》に集め告別《こくべつ》の辞を述《の》べ、楽屋頭取長沢一《ながさわいち》座《ざ》に代りて答辞を述《のべ》るうち感極《きわま》り声をあげて泣出せり。これにさそわれ男女の芸人およそ四五十人一斉《いっせい》に涙《なみだ》をすすりぬ。踊子《おどりこ》の中には部屋にかえりて帰仕度《じたく》しつつなおしくしく泣くもあり。各《おのおの》その住処《すみか》番地を紙にかきて取交《とりかわ》し別《わかれ》を惜《お》しむさま、数日前新聞紙に取払《とりはらい》の記事出でし時余《よ》ひそかに様子を見に来りし時とはまったく同じからず。余《よ》も覚えず貰《もらい》泣きせしほどなり」

すでに「一億一心」に類する言葉は何度もかいてきた。彼我《ひが》の物量の差はいまや「一億総玉《そうぎょく》砕《さい》」の言葉と変わってハッキリとなっていた。しかし、たとえ料亭《りょうてい》の灯《あかり》が消え劇場《げきじょう》の扉《とびら》が開かず、シャレた喫茶店《きっさてん》がすべて消え去ろうとも、ほとんどの日本人は一億一心で、戦いに勝つことを信じ、あらゆることに堪《た》える覚悟《かくご》と決意を固めていた。戦争終結や勝利について具体的な材料がなくなろうと、「欲《ほ》しがりません勝つまでは」であったのである。国家第一主義《しゅぎ》であったのである。

◆ゲンゴロウの幼虫《ようちゅう》とサナギ

考えてみるまでもなく、その鬱陶《うっとう》しいというか重苦しい世にわたくしはたしかに日々を送っていたのである。が、いまだ中学生の分際《ぶんざい》。大人たちとは生活形態《けいたい》を異《こと》にしている。中学校は、全部が全部同じというわけでなく校長の方針《ほうしん》でかなりの差があるようであるが、とにかく小さな戦士《せんし》をつくるための軍事教育の場となっていた。鉄拳制裁《てっけんせいさい》やビンタなどはもう日常茶飯事《にちじょうさはんじ》、といえるくらいはげしくなった。対向ビンタというものもある。指名された二人がお互《たが》いに向かい合って、教師《きょうし》の「ヤメ」の号令のかかるまで交互《こうご》に頰《ほお》をひっぱたき合うのである。「頭ァ右ッ」「左向けェ左ッ、前へ進めッ」の分列行進は、やがてダ、ダ、ダと、足並《あしな》みがきちんとそろって、配属将校《はいぞくしょうこう》から「おおむね良好」の褒《ほ》め言葉《ことば》をもらうくらい上達する。匍匐《ほふく》前進、突撃《とつげき》ッ、ワーッと木銃《もくじゅう》をもって突進《とっしん》する訓練もなかなかに勇ましくなった。

　そして雨の日には、室内での教練の時間となる。「伊藤《いとう》（・—《トツウ》）、路上歩行（・—・—《トツウトツウ》）、ハーモニカ（—・・・《ツウトトト》）……」のモールス信号や、紅白《こうはく》の旗をもった両手を大きく動かしての手旗信号を必死になって覚えた。覚えなければ往復《おうふく》ビンタをどれほど食《く》らうことになるかわからなかった。そして、「一旦緩急《いったんかんきゅう》あらば義勇《ぎゆう》公に奉《ほう》じ」と、そのときになれば国に殉《じゅん》じる決意を固めていた。わたくしの場合は固めていたように思うのであったが。

　こんなときおやじやおふくろがどんな気持ちで戦局の転落をみていたのか、それはわからない。戦争が終ってからも、多分返答に困《こま》るかと思い、聞いてみようとはしなかった。記録によれば、昭和七年の納税《のうぜい》は一人当たり平均《へいきん》十七円であったのが、昭和十八年には百三十一円になったという。そして間接税《かんせつぜい》は昭和十九年には化粧品《けしょうひん》は十二割《わり》、羽毛蒲団《うもうぶとん》や座蒲団《ざぶとん》も十二割《わり》、中折帽《ぼう》や靴《くつ》、ネクタイは四割《わり》の値上《ねあ》げと、新聞にかかれている。ついでに酒税《しゅぜい》についてふれれば、清酒一級は一升《しょう》七円が十二円に、二級五円が八円、三級三円五十銭《せん》が五円に、焼酎《しょうちゅう》は三円五十銭《せん》が五円に大幅値上《おおはばねあ》げとなっている。

税金《ぜいきん》も物価《ぶっか》も上がり、しかも物資《ぶっし》不足はいよいよひどくなっている。配給はなお一応《いちおう》は守られていたが、遅配《ちはい》がちとなり、それも米の代わりに芋《いも》、といった代替《だいたい》食がふえてきた。副食にいたっては滅茶苦茶《めちゃくちゃ》なことになった。東京ではたとえば五日に一回、一人当たり魚一切れ、ネギが三日に一度一人に三本、牛乳《ぎゅうにゅう》は二人に一合の割《わ》り当《あ》て、という具合になったという。「週刊《しゅうかん》朝日」四月二十三日号は「食べられるものいろいろ」特集をして、ゲンゴロウの幼虫《ようちゅう》やサナギなどがうまいからと勧《すす》めていた。

こうした国情《こくじょう》にあって、わたくしを含《ふく》めて子供《こども》四人をかかえたわが両親が、どんな苦闘《くとう》を強《し》いられたものかを聞いても、ただ返答に困《こま》るだけであったであろう。

それでも民草一般《たみくさいっぱん》は、いずれ絶対《ぜったい》に神風《かみかぜ》が吹《ふ》くと信じ、その日まであらゆる困難《こんなん》を耐《た》え忍《しの》べとの政府《せいふ》の掛《か》け声《ごえ》に呼応《こおう》していた。いま思えば、何と純真《じゅんしん》な、純情《じゅんじょう》な国民であったことか。

そう、酒好きであるからかくのではないが、「国民酒場」というものが、東京に登場した。地方によっては「健民酒場」とよばれていたという。日本酒なら一合、ビールは大瓶《おおびん》一本、生ビールも一杯《いっぱい》だけというのが建て前。もちろん立ち飲みである。それでも配給の酒では足りぬ飲んべえには、干天《かんてん》の慈雨《じう》というべきもの。酒一合が七十五銭《せん》、ビール一本二円。記録には東京では五月一日から、全部で百三店が開店、とある。

とにかく生活的には不平不満だらけであったものの、民草《たみくさ》のほとんどすべてがいつか「無感覚」になっていたのである。大局からみればあまりにも明らかであったであろうが、敗戦は信じたくなかった。「軍艦《ぐんかん》マーチ」に飾《かざ》られた無敵皇軍《むてきこうぐん》の記憶《きおく》はまだそこにあったし、戦争遂行《すいこう》に不信を抱《いだ》こうとはせず、玉砕《ぎょくさい》につぐ玉砕《ぎょくさい》にも無感覚になった。そしてせいぜい鬱憤《うっぷん》ばらしに、ヤミの安酒をかっくらいながら茶碗《ちゃわん》を叩《たた》いて替《か》え歌《うた》を歌うのが精一杯《せいいっぱい》であったのである。それも隣組《となりぐみ》のうるさい監視《かんし》の目を気にしながら。

〽人のいやがる軍隊へ
　志願《しがん》ででてくる馬鹿もいる
　お国のためとはいいながら
　かわいスーチャンと泣き別れ

もっとも、なかには厭戦《えんせん》・反戦の言を堂々《どうどう》と吐《は》き散らして、当局に逮捕《たいほ》される豪《ごう》のものもいた。内務省警保局《ないむしょうけいほ》「思想旬報《じゅんぽう》」（四月二十日）にもっとも悪質《あくしつ》な厭戦《えんせん》的流言として記されているものがある。

「この戦争は負ければ偉《えら》い人は殺《ころ》されるかもしれぬが吾々《われわれ》――百姓《ひゃくしょう》、労働者、貧乏人《びんぼうにん》――は殺《ころ》される様なことはあるまい。吾々《われわれ》は働かねば食われないのだから、戦争に勝っても負けても大したことはない」

「特高月報《とっこうげっぽう》」にも旧《きゅう》陸海軍文書にある不穏《ふおん》な言動がいくつも記されている。

「大本営特報《だいほんえいとくほう》、我《わが》軍は本日米英に対し降伏《こうふく》せり。よってルーズベルト及《およ》びチャーチルは我帝《われてい》都《と》に入城せり。陛下《へいか》はよってたいほせられたり」（三菱《みつびし》重工の落書　一月二十二日）

「戦争に負けたら敵《てき》が上陸して来て、日本人を皆殺《みなごろ》しにすると宣伝《せんでん》しているが、それは戦争を続けるために軍部や財閥《ざいばつ》が国民を騙《だま》して言うことで、自分は米英がそのような残虐《ざんぎゃく》なことをするとは信ぜられん」（岡山市内　四月二十五日）

民草《たみくさ》の大多数の性根《しょうこん》を割《わ》ってみれば、あるいはこれがいちばん正直なところであったのかもしれない。が、戦争は断々乎《だんだんこ》としてつづけられなければならなかった。敗《ま》けてたまるものか、であった。

◆「お兄ちゃん、サヨナラ」

ここで五月三十日の作家伊藤整《いとうせい》の日記から少し長く引いてみたい。知的な人といわれるこの作家ですら、戦争の〝実相〟を知らないゆえに、こんな風に戦局を観じていたのだという証《あか》しになろうと思う。この夜、出版報国団《しゅっぱんほうこくだん》の講演会《こうえんかい》で、海軍の高瀬五郎《たかせごろう》大佐の話を伊藤《いとう》は聞いた。飛行機と船舶《せんぱく》の生産が上昇《じょうしょう》曲線を描《えが》きだしたので、押《お》され放しの戦局にも一筋《ひとすじ》の光明を見ることができるようになった、と知り、伊藤《いとう》はこうかくのである。

「こういう事情《じじょう》であれば、大学、専門《せんもん》学校、中等学校の生徒まで動員して工場や農村の生産を増進《ぞうしん》しようとする政府《せいふ》の最近の方針《ほうしん》は至極《しごく》当然のことだ、そうしなければこの急場の人力を補《おぎな》って行けないのだ、と私《わたし》は祖国《そこく》の運命について、これまでにない急迫《きゅうはく》したものを感じた」

ところが、そのいっぽうで、年の功といおうか永井荷風《ながいかふう》は同じ日の日記に、こんな愉快《ゆかい》なことをかいている。この日、自宅《じたく》の天井裏《てんじょううら》を走り回っていた鼠《ねずみ》がひっそりとし音を立てなくなったことに気づいたらしい。

「鼠《ねずみ》群の突然《とつぜん》家を去るは天変地妖《てんぺんちよう》の来《きた》るべき予報《よほう》なりとも言えり。果して然《しか》るや。暴風《ぼうふう》も歇《や》む時来れば歇《や》むなり。軍閥《ぐんばつ》の威勢《いせい》も衰《おとろえ》る時来れば衰《おとろえ》うべし。その時早く来れかし。家の鼠《ねずみ》の去りしが如《ごと》くに」

この翌々日《よくよくじつ》の六月一日、インド東部ナガランド州の要衝《ようしょう》コヒマを包囲《ほうい》していた第三十一師団《しだん》長佐藤幸徳中将《ちょうさとうこうとくちゅうじょう》は、補給杜絶《ほきゅうとぜつ》、作戦続行不可能《ふかのう》ゆえをもって独断《どくだん》で指揮《しき》下の全部隊に退却《たいきゃく》を命じた。壮大《そうだい》な夢《ゆめ》のインド進攻《しんこう》物語といえるインパール作戦計画は、この日に崩壊《ほうかい》が決定づけられた。

さらに六月十五日の米軍上陸を機に戦われていたマリアナ諸島《しょとう》サイパン島の攻防戦《こうぼうせん》は、日に日に日本軍の敗色が濃《こ》くなりつつあった。そもそもが敵《てき》上陸の当日、マリアナ防衛《ぼうえい》の総指揮《そうしき》をとる第三十一軍司令官小畑英良中将《おばたひでよしちゅうじょう》は、パラオ方面視察《しさつ》中でサイパンには不在《ふざい》、海軍の中部太平洋艦隊《かんたい》司令官南雲忠一中将《なぐもちゅういちちゅうじょう》は「陸戦には口を出さず」としていた。事実上、サイパン戦を指揮《しき》していたのは参謀長井桁敬治少将《さんぼうちょういげたけいじしょうしょう》であった。

その井桁参謀長《いげたさんぼうちょう》に、上陸前哨戦《ぜんしょうせん》の敵《てき》機動部隊による空からの攻撃《こうげき》がはじまった直後に、大《だい》本営《ほんえい》から暗号電報《でんぽう》が送られてきた。

「天皇《てんのう》ヨリ井桁敬治《いげたけいじ》ニ命令ス　アスリート飛行場ヲ死守スベシ」

これに井桁参謀長《いげたさんぼうちょう》はただちに返電する。

「デキナイモノハデキナイノダ」

ここには井桁《いげた》の怒《いか》りがこめられている。なぜなら、大元帥直属《だいげんすいちょくぞく》の日本陸海軍への命令はすべて天皇《てんのう》の命令であるからである。「天皇《てんのう》ノ命ニヨリ」という文面はあったが、「天皇《てんのう》ヨリ命令ス」はありえない。井桁《いげた》は大元帥《だいげんすい》がこのような死守命令をだすことはあり得《え》ない、天皇《てんのう》の名をかりた大本営《だいほんえい》の秀才参謀《しゅうさいさんぼう》どもの非情《ひじょう》かつ独善《どくぜん》なりと、悲壮《ひそう》な判断《はんだん》をしたのである。

であるからといって、井桁《いげた》が戦闘《せんとう》を放棄《ほうき》していたわけではない。しかし水際防禦《みずぎわぼうぎょ》は圧倒的《あっとうてき》な猛攻撃《もうこうげき》の前にほとんど蟷螂《とうろう》の斧《おの》にひとしかった。アスリート飛行場が米軍に占拠《せんきょ》されたのは上陸四日目の十八日のこと、たちまちに航空機《こうくうき》の発着が思うままの大基地《きち》となっていく。その翌《よく》日《じつ》に生起したマリアナ沖海戦は〝海上決戦〟という名を冠《かん》するに値《あたい》する日米海軍総力《そうりょく》をあげての激突《げきとつ》であった。結果はあっけなかった。日本海軍は一年がかりでやっと養成した航空《こうくう》部隊が壊滅《かいめつ》、そして戦果はゼロ。米戦史《せんし》が「まるで七面鳥を撃《う》ち落《お》とすように」と形容《けいよう》するほど、アメリカ海軍の開発したレーダー、ＶＴ信管などの新兵器の防空幕《ぼうくうまく》のなかに、日本機は突入《とつにゅう》していってつぎつぎに撃墜《げきつい》された。未帰還機はじつに三百九十五機。

マリアナ諸島《しょとう》奪回《だっかい》はかくて絶望《ぜつぼう》となる。すなわちこの戦争における大日本帝国《ていこく》の勝機は一〇〇パーセントなくなったのである。「来月上旬《じょうじゅん》にはサイパン守備隊《しゅびたい》は玉砕《ぎょくさい》すべし。もはや希望ある戦争指導《しどう》は遂行《すいこう》し得《え》ず、残るは一億玉砕《ぎょくさい》による敵《てき》の戦意放棄《ほうき》をまつあるのみ」と大本営《だいほんえい》は六月二十四日の『機密《きみつ》戦争日誌《にっし》』に記している。マリアナ諸島《しょとう》を基地《きち》に超大型爆撃機《ちょうおおがたばくげきき》B29による日本本土空襲《くうしゅう》は必至《ひっし》となったのである。

ところで、ここで五月に東京都の防衛《ぼうえい》本部がきめた「罹災《りさい》死体処理要綱《しょりようこう》」なるものの一部を引用しておくのも、決して無益《むえき》ではないと思うのである。すなわち、

「東京がアメリカ軍の空襲《くうしゅう》に遭《あ》ったとしても、一〇、〇〇〇個の柩《ひつぎ》を準備《じゅんび》しておけば十分だろう。この数字は、関東大震災《だいしんさい》の教訓から、そして欧州《おうしゅう》各地の空襲被害《くうしゅうひがい》の資料《しりょう》から、厳密《げんみつ》に計算されたものである」

都民五百万（当時）のうち空襲《くうしゅう》による犠牲者《ぎせいしゃ》はせいぜい一万人、と小指導者《しどうしゃ》どもは楽観していたことが、なんともかき写していると悲しくなってくる。

小指導者《しどうしゃ》はさておいて、政府《せいふ》はこの現実《げんじつ》を前に急いで対策《たいさく》を早急《さっきゅう》に練らねばならなくなった。そのもっとも具体的な方策《ほうさく》として〝疎開《そかい》〟ということがさらに強くいわれだした。そのそもそもはとなると、十八年十二月二十一日の「都市疎開実施要綱《そかいじっしようこう》」の制定《せいてい》にあるのであるが、そのときはほとんどの民草《たみくさ》の関心をひかなかった。しかし、いまやそうはいかなくなる。五月四日、第四次改正の「帝都疎開促進要綱《ていとそかいそくしんようこう》」の発表があり、東京都は真剣《しんけん》になって、人口疎開《そかい》や、施設《しせつ》

と建物の疎開《そかい》に本腰《ほんごし》を入れねばならなくなる。さっそく標語がつくられる。「勝《か》ち抜《ぬ》く聖戦《せいせん》、断《だん》じて疎開《そかい》」とか「疎開《そかい》が帝都《ていと》の防衛《ぼうえい》なのだ」とか。

されど都民がなかなか動かないのに業《ごう》を煮《に》やした当局は強制的《きょうせいてき》に建物の取壊《とりこわ》しを実施《じっし》しはじめる。これが六月十五日。なんと同じ日に中国大陸から飛来したB29による北九州への爆撃《ばくげき》がはじめて行われたのである。空襲《くうしゅう》がいよいよ具体的になってきた。こうなってきては建物取壊《とりこわ》し作業は強引《ごういん》なものとなり、ところによっては戦車までが出動する。

学童疎開がはじまり、兄妹もちりぢりとなった（昭和19年７月）

　六月三十日、こうした事態《じたい》をふまえて「学童疎《そ》開促進要綱《かいそくしんようこう》」が閣議《かくぎ》決定される。東京はもとより京浜《けいひん》、阪神《はんしん》、名古屋、北九州などの計十三都市の国民学校初等科児童を縁故《えんこ》を頼《たよ》って疎開《そかい》させる。三年生以上の縁故《えんこ》のないものは集団疎開《しゅうだんそかい》させる、というものである。

「敵機《てっき》は必ず帝都《ていと》へやって来る。次代を担《にな》う少国民はどんなことがあっても守らねばならぬ。かわいい子供《こども》を手放したがらないお父さんお母さん

もお国のために決心してほしい」（朝日新聞　七月九日付）

そして東京の各区は疎開先《そかいさき》の府県を割《わ》り当《あ》てられた。

七月に入るとサイパン島守備隊《しゅびたい》の玉砕《ぎょくさい》はもうだれの目にも明らかになり、日本本土はB29の行動圏《けん》に入るも同然となった。急げ急げで、学童の疎開《そかい》は九月一日を目標に、完了《かんりょう》させねばならないことになった。かくて集団疎開《しゅうだんそかい》の第一陣《じん》が出発したのが八月四日。品川《しながわ》区城南《じょうなん》第二国民学校の百五十九人と板橋《いたばし》区上板橋《かみいたばし》第三、練馬《ねりま》区練馬《ねりま》第二、石神井《しゃくじい》東、石神井《しゃくじい》西、大泉《おおいずみ》第二の各国民学校の百九十八人である。そしてすべての計画が完了《かんりょう》したのは九月二十四日。

ここには元女優にして参議院議員でもあった扇千景《おうぎちかげ》さんの集団疎開《しゅうだんそかい》の思い出の記をあげておこう。

「鳥取県岩美郡岩井町《いわみぐんいわいちょう》に一年間いました。温泉街《おんせんがい》で、宿舎《しゅくしゃ》の前に大きな川が流れていて、湯気がポカポカたっていました。大豆入りのごはんを〝百回噛《か》め〟といわれて食べました」

と、資料《しりょう》にもとづいて長々とA面記事もふくめてかいてきたが、これがわたくし自身のこととなるとどうも記憶《きおく》がおぼろげになる。うすら寒いとき、のような気がするから十月に入ってからか。弟（五歳《さい》）、妹（三歳《さい》）、弟（一歳《さい》）がおふくろの里である茨城県下妻市《しもつまし》の近くにおふくろともども疎開《そかい》することになった。国策《こくさく》に協力的であったわけではなく、例によっておやじの先見《せんけん》の明《めい》というか、敗戦の早目の覚悟《かくご》によるものである。

「もう東京がやられるのは必至《ひっし》だ。住めるところがあるのだから、さっさと東京から離《はな》れたほうがいい」

トラックに山と積んだ荷物の間に、小さくなって坐《すわ》った弟妹《ていまい》たちは、まるで遊園地かどこかへ行くような楽しそうな顔で、

「お兄ちゃん、サヨナラ」

と手を振《ふ》って去っていった。おふくろだけが心細そうに最後までわたくしから眼《め》を離《はな》そうとはしなかった。とくにそのときは悲壮感《ひそうかん》はなかったが、あとから考えると、やがてふれることになるであろう東京大空襲《だいくうしゅう》で、もうちょっとのところでわたくしは死ぬような体験をしたのである。それは永遠《とわ》の別れとなるかもしれないサヨナラであったのである。人間、まったく先のことはわからないとつくづく思う。

そんな私的《してき》なことではなく、B面の話題として七月十一日付の朝日新聞を引くことは忘《わす》れてはならないことであろう。

「わが国思想界に長い間地歩を占《し》めていた中央公論《こうろん》社、改造《かいぞう》社は思想指導《しどう》上不適当《ふてきとう》なるものとして十日、情報局《じょうほうきょく》から自発的廃業《はいぎょう》をすすめられた。即《すなわ》ち情報局《じょうほうきょく》では両社の営業《えいぎょう》について調査《ちょうさ》の結果、その営業方針《えいぎょうほうしん》において戦時下国民の思想指導《しどう》上許《ゆる》し難《がた》い事実が明らかになったので、……（以下略《いかりゃく》）」

というわけで、「中央公論《こうろん》」と「改造《かいぞう》」は廃刊《はいかん》となった。この二誌《し》だけではない。十九年の一年間に廃刊《はいかん》になった雑誌《ざっし》は二千三百冊《さつ》を超《こ》えている。敗戦の月まで残ったのはわずかに百八十

八誌《し》。総合雑誌《そうごうざっし》ではなくなっていた「文藝春秋《ぶんげいしゅんじゅう》」は二十年二月号まで生きのびていたが、以後は休刊《きゅうかん》となっている。

◆東条内閣《とうじょうないかく》の総辞職《そうじしょく》

以下は完全にA面的な話となるが、かき落とすわけにはいかない。

七月六日、サイパン島玉砕《ぎょくさい》。大本営《だいほんえい》は重苦しい空気の底に沈《しず》みこんだ。陸海の守備《しゅび》部隊四万三千五百名が玉と砕《くだ》けたのである。それにもまして多くの民間人が軍の盾《たて》となって亡《な》くなった。非戦闘員《ひせんとういん》である女子供《おんなこども》も容赦《ようしゃ》なかった。軍が豪語《ごうご》してサイパンは難攻不落《なんこうふらく》の鉄壁《てっぺき》の要塞《ようさい》といいつづけてきただけに、影響《えいきょう》はあまりに大きすぎた。陸軍報道《ほうどう》部長は涙《なみだ》をこぼしつつこの報《ほう》を伝える。心ある人には、このまま戦争を継続《けいぞく》することの愚《おろ》かさ、無謀《むぼう》さ、そしてそれは民族の滅亡《めつぼう》を意味することを心底から憂《うれ》えさせた。

そうした民草《たみくさ》の声なき声に応《こた》えるかのように、七月十五日、陸軍は省部の全幹部が集まって、今後の戦争指導方針《しどうほうしん》の検討《けんとう》会議をひらいている。

第一案 （イ）本年国力をあげて決戦する。

（ロ）今後のことはどうでもよし。

第二案 （イ）本年国力戦力の充実《じゅうじつ》に徹底的《てっていてき》重点を構成《こうせい》する。

（ロ）全力をもって自活、自戦態勢《たいせい》を強化す。

第三案　本年後期の作戦遂行《すいこう》と、爾後《じご》の自活、自戦態勢《たいせい》との二本立にて行う。

議は猛烈《もうれつ》に紛糾《ふんきゅう》したが、結論《けつろん》としてはどっちつかず、何とかなるであろうの第三案の採用《さいよう》となった。ではあるけれど、あとは野となれ山となれの、自暴自棄《じぼうじき》ともいうべき第一案が、むしろ怒号《どごう》と涙《なみだ》とをもって主張《しゅちょう》され、それをどうにかこうにか上長が抑《おさ》えたというのである。

これをうけて東条英機首相兼陸相兼参謀総長《とうじょうひできしゅしょうけんりくしょうけんさんぼうそうちょう》は、七月十八日に必勝を鼓舞《こぶ》する談話を発した。

「マリアナ諸島《しょとう》においては六月十一日いらい皇軍将兵《こうぐんしょうへい》の敢闘《かんとう》により、敵《てき》に大打撃《だいだげき》を与《あた》えたるも、サイパン島は遂《つい》に敵《てき》の掌中《しょうちゅう》に陥《おちい》り、宸襟《しんきん》を悩《なや》まし奉《たてまつ》れることはただただ恐懼《きょうく》に堪《た》えない次第《しだい》である」

東条《とうじょう》がこのように天皇《てんのう》に詫《わ》びたのは、開戦いらいはじめてのことであったのである。東条《とうじょう》はこれまでの度重《たびかさ》なる敗戦にも、「戦史《せんし》に稀《まれ》なる絶妙《ぜつみょう》の転進」といったような白々しいことを口にしつづけてきた。この、いわば天皇《てんのう》への哀願《あいがん》ともお愛想《あいそ》ともとれる言葉もその甲斐《かい》はもはやなかった。その十八日に、二年十カ月にわたって戦争を指導《しどう》してきた東条内閣《とうじょうないかく》は、緊急《きんきゅう》の重臣会議の結果、総辞職《そうじしょく》に追いこまれた。天皇《てんのう》の信頼《しんらい》がすでに失われてしまっていた。

ただし、民草《たみくさ》に知らされたのは二十日。同日の夜になって、小磯国昭内閣《こいそくにあきないかく》の成立が伝えられる。あわただしい政権《せいけん》の交代である。

この日の、作家山田風太郎《やまだふうたろう》（当時二十二歳《さい》の大学生）の日記より。

「日本の苦悶《くもん》――われわれはいかにすべきか。いかに祖国《そこく》の難《なん》に応《おう》ずべきか？――一日中、このことが頭にこびりつく。／疎開《そかい》の運搬《うんぱん》作業中も『無責任《むせきにん》な奴《やつ》だなあ！』とみな東条《とうじょう》さんを罵《ののし》る」

評論家《ひょうろんか》清沢洌《きよさわきよし》も長文を日記に残し、東条内閣《とうじょうないかく》をきびしく批判《ひはん》している。

「これくらい乱暴《らんぼう》、無知をつくした内閣《ないかく》は日本にはなかった。結局は、かれらを引きまわした勢力《せいりょく》の責任《せきにん》だけれども、その勢力《せいりょく》の上に乗って戦争をしていた間は、どんな無理でも通った」

日記はさらに新聞批判《ひはん》にまで怒《いか》りの筆がおよんでいる。

「昨日も、今日の新聞も悲憤慷慨《ひふんこうがい》の文字で全面を盛《も》っている。もっとも現在《げんざい》は一週間のうち三日は、ただの二頁《ページ》であるが、その二頁《ページ》が〝一億試練の時〟〝南溟《なんめい》に仇《あだ》を報《ほう》ぜん〟〝急げ輸送《ゆそう》隘路《あいろ》の打開〟〝怒《いか》りの汗《あせ》に滲《にじ》み職場《しょくば》を離《はな》れぬ学徒《がくと》〟〝津々浦々《つつうらうら》に滅敵《めってき》の誓《ちかい》〟（以上、朝日）といった記事で、ほかにはなにもない。『朝日』がそうだから、ほかの新聞は想像《そうぞう》しうるべし」

たしかに「滅敵《めってき》の誓《ちかい》」や「怒《いか》りの汗《あせ》」で、最後に達した戦局がどうなるものでもなかった。サイパン島失墜《しっつい》は、日本国民にとっては〝終りの始まり《ザ・ビギニング・オブ・ジ・エンド》〟であった。

ついでにもう一度、山田風太郎《やまだふうたろう》の日記の七月二十一日の項《こう》。

「ドイツ大本営爆破《だいほんえいばくは》の陰謀《いんぼう》によりヒトラー総統負傷《そうとうふしょう》す。『いやンなっちゃうわねえ！』と下宿のおばさん嘆声《たんせい》をあげる」

わがおやじがこのとき、「あっちでもこっちでも独裁者倒《どくさいしゃたお》れるの日だなあ。偶然《ぐうぜん》の一致《いっち》ってあるんだよなあ」と、えらく感心したようにいっていたのを覚えている。

サイパン島につづいてテニアン島は八月三日、グアム島は八月十日に陥落《かんらく》する。東条《とうじよう》が倒《たお》れても戦局のほうは足早に悪化が進んでいく。もはやB29の日本本土空襲《くうしゆう》は防《ふせ》ぎようがなくなった。問題はそれがいつか。そのわずかとも思われる時間的余裕《よゆう》を有効《ゆうこう》に使って、防空《ぼうくう》＝空襲対《くうしゆうたい》策《さく》にいろいろと当局が指示《しじ》をだしてきた。いまも残されている資料《しりよう》をみれば、つい吹《ふ》きだしたくなるようなものばかりであるが、民草《たみくさ》は真剣《しんけん》に、むつかしく考えずにその指示《しじ》を守ったのである。

そのいくつかを、後世への教訓として。

「**防空服装《ぼうくうふくそう》**
〈鉄兜《てつかぶと》〉空襲《くうしゆう》時には頭部負傷《ふしよう》が最も多いから男ばかりでなく女も必要である。

〈頭巾《ずきん》〉婦人《ふじん》の毛髪《もうはつ》は燃《も》え易《やす》いから特に注意し、丈夫《じようぶ》な布《ぬの》でできるだけ部厚《ぶあつ》くする。

〈筒袖《つつそで》上衣・モンペ〉比較的軽装《ひかくてきけいそう》でよいが服装《ふくそう》はすべてを通じ火災《かさい》、毒《どく》ガス等予防《よぼう》のため丈《じよう》夫《ぶ》な布《ぬの》で作り、できるだけ露出《ろしゆつ》部を少なくする。

〈脚絆《きやはん》〉これは女にも着用させたい。

〈足がため〉厳重《げんじゆう》にする。靴《くつ》などは屋根の上で滑《すべ》り易《やす》いから縄で滑《すべ》り止《ど》めをしておく。

〈その他〉手袋《てぶくろ》、防毒《ぼうどく》面、認識票《にんしきひよう》（住所、隣組《となりぐみ》、姓名《せいめい》、年齢《ねんれい》、血液型《けつえきがた》等を記載《きさい》した布片《ふへん》を着用、衣類、持物の個々《ここ》のすべてに縫《ぬ》いつけておく）、水筒《すいとう》、呼子《よびこ》笛、非常袋《ひじようぶくろ》（各自用）」

「警報《けいほう》伝達一覧《いちらん》

〈警戒警報《けいかいけいほう》〉サイレンは三分間ポー、これを連続する。警鐘《けいしょう》はカン、カンカンと一点と二点の連打をくり返す。

〈空襲警報《くうしゅうけいほう》〉サイレンはポーと四秒、八秒の間をおいてまたポーと四秒、これをくり返す。警鐘《けいしょう》はカン、カンカンカンカンと一点と四点連打をくり返す」

「焼夷弾《しょういだん》の退治《たいじ》法

○エレクトロン……破裂《はれつ》の瞬間《しゅんかん》、煌々《こうこう》たる白銀の光を放ち、一面に火沫《ひまつ》を飛ばす。弾体《だんたい》へ濡《ぬ》れ筵数枚《むしろすうまい》をかぶせ、上からどんどん水を浴びせる。

○油脂《ゆし》……真っ赤な焔《ほのお》と三〜五メートルに及《およ》ぶ黒煙《こくえん》を上げる。これを消すには、弾体《だんたい》に砂《すな》、泥《どろ》をかけ、その上から濡《ぬ》れ筵《むしろ》をかぶせる。少量の水をかけると却《かえ》って拡《ひろ》がって危険《きけん》だ。隣組《となりぐみ》防火群《ぼうか》は、水を使わぬがよい。

○黄燐《おうりん》……落ちた時大きな爆音《ばくおん》がし、濛々《もうもう》たる白煙《はくえん》をあげ無数の燐片《りんぺん》を飛散させ、百メートルに達することがある。退治《たいじ》法は大たい油脂《ゆし》と同様だが、火力は前二者に比《ひ》していささか弱いが、破壊力《はかいりょく》が強大で、爆風《ばくふう》、弾片《だんぺん》の危険《きけん》もある」

いまこのように写しながら、あらためて、焼夷弾《しょういだん》を退治《たいじ》することなどとてもできないことであったとの思いを深くする。しかし当時は、ナニクソ、消せんだと確信《かくしん》していた。この中学二年生は何と頭の悪い奴《やつ》であったかと、情《なさ》けなくなるばかりである。

いやいや、わが援軍《えんぐん》がここに現《あらわ》れた。ふたたび山田風太郎《やまだふうたろう》の日記である。少し先に飛ぶが十二月五日の項《こう》。

「焼夷弾《しょういだん》の火力大したことなし。爆弾《ばくだん》の爆発力《ばくはつりょく》も恐《おそ》るるほどのものにあらず。いったん消火を始めたる上は死すともこれを放擲《ほうてき》するなかれと教えらる」

大学生だって、こう考えていたのであるんだから……と、いい訳《わけ》したくなってしまう。

◆神社一斉《いっせい》に撃滅祈願《げきめつきがん》

八月四日の新聞各紙に民草《たみくさ》をひとしく驚《おどろ》かせるような大きな見出しと記事が載《の》った。「見よ鬼畜《きちく》米英の残忍性《ざんにんせい》」という見出しで、「ミズーリ州のカトリック教大司教管区の一教徒が、友人の家の子供《こども》が南太平洋戦線に従軍中《じゅうぐん》の兄から送ってきた日本人の頭蓋骨《ずがいこつ》をおもちゃにしているのを見て、その旨《むね》を教会に通知したのが端緒《たんしょ》となり、死体冒瀆《ぼうとく》問題が重大化するに至《いた》った」こと、さらには「ペンシルヴァニア州選出下院議員フランシス・ウォルターが、ルーズヴェルトに太平洋戦線で戦死した日本兵の上膊骨《じょうはくこつ》で作った紙切り小刀を贈《おく》った」ことなどの外電を、朝日新聞が伝えている。

読売報知《ほうち》新聞も同じ外電を伝え、「これが米兵の本性《ほんしょう》だ」の見出しで「頭蓋骨《ずがいこつ》を玩具《がんぐ》にし、勇士《ゆうし》の腕《うで》をペーパーナイフとしたこの非人道的《ひじんどうてき》な行為《こうい》は、本国の人間にさえあまりに残虐行為《ざんぎゃくこうい》として非難《ひなん》され指弾《しだん》されているという」と解説《かいせつ》して、はげしい言葉で民草《たみくさ》の尻《しり》を叩《たた》いた。

「鬼畜《きちく》め、野獣《やじゅう》！　たぎり立つ憤激《ふんげき》のなかにわれら一億は、この不倶戴天《ふぐたいてん》の米鬼《き》どもを今こそ徹底的《てっていてき》に叩《たた》きつけねばならぬ」

さらに十一日の朝刊《ちょうかん》で、雑誌《ざっし》「ライフ」に載《の》った〝日本兵の骸骨《がいこつ》を前にお礼の手紙を書いている女性《じょせい》の姿《すがた》〟の写真を民草《たみくさ》は見せられた。そのコピーが「屠《ほふ》り去れこの米鬼《き》」。そして説明に曰《いわ》く。

「可憐《かれん》なるべき娘《むすめ》の表情《ひょうじょう》にまでのぞかれる野獣性《やじゅうせい》、この野獣性《やじゅうせい》こそ東亜《とうあ》の敵《てき》なのだ。あえてここに掲《かか》げる英霊《えいれい》の前にわれわれは襟《えり》を正して〝米鬼撃滅《きげきめつ》〟を誓《ちか》おう」

これ以前から一部に鬼畜《きちく》米英の声はあったといわれているが、一般的《いっぱんてき》にはこのとき以後ではなかったかという記憶《きおく》がわたくしにはある。「鬼畜《きちく》米英」――それこそ最高の標語となり、だれもがこれからのちは口にだし何かにつけて歯ぎしりして唱えるようになる。そしてこの戦意昂《こう》揚《よう》の超流行語《ちょうりゅうこうご》のもとに「いいか負けたら男はみんな奴隷《どれい》にされる。女はみんなアメ公の妾《めかけ》にされちまう。敵《てき》はとにかく鬼畜《きちく》、野獣《やじゅう》と同じなんだぞ」という風説が流れだし、多くの人びとがそれを信じた。もちろん、愚《おろ》かな中学生がそれに疑《うたが》いをもつはずもなかった。

少しあとの話になるが、「主婦之友《しゅふのとも》」十二月号にこんな記事が載《の》っている。ルーズベルトによる敗戦後の日本処分案《しょぶんあん》について、である。

「働ける男を奴隷《どれい》として全部ニューギニア、ボルネオ等の開拓《かいたく》に使うのだ。女は黒人の妻《つま》にする。子供《こども》は去勢《きょせい》してしまう。かくして日本人の血を絶《た》やしてしまえ。日本本土に上陸したら、虐殺競演《ぎゃくさつコンクール》をやろう。女は別である。女については自ら道がある。子供《こども》には奴隷《どれい》としての教育を施《ほどこ》すのだ」（「敵《てき》のほざく戦後日本処分案《しょぶんあん》」より）

あるいは悪い冗談《じょうだん》であったのかもしれない。が、世の中全体がおかしければ、悪い冗談《じょうだん》がいつか真実のごとくに全体を覆《おお》って、現実感《リアリズム》は失われてしまうのである。

もはや勝機はない、つまり敗戦必至《ひっし》となってとるべき術《すべ》をすべて失った当局は狂《くる》ったように叫《さけ》びだした。口だけは減《へ》らないというが、まさしくそのとおり、それこそこの「鬼畜《きちく》米英」を筆頭に、多量の標語が巷《ちまた》に溢《あふ》れだした。電信柱といわず、公衆《こうしゅう》便所や公衆《こうしゅう》電話の壁《かべ》といわず、民家の塀《へい》といわず、ベタベタと標語が貼《は》られ、街角には立看板《たてかんばん》が立てかけられた。

「綿《めん》を出そう、この綿《めん》が火薬となって敵艦轟沈《てきかんごうちん》――東京都」「銀、航空《こうくう》決戦に銀を出そう――大蔵省《おおくらしょう》」「戦局は一片《いっぺん》の白金の退蔵《たいぞう》を許《ゆる》さず、白金を出す最後の機会――軍需省《ぐんじゅしょう》」……いまどきの若《わか》い人には何のことかさっぱりであろうが、もう少しつづけると、なかには「決戦だ体力だ増産《ぞうさん》だ――神命丸本舗《ほんぽ》」「乗《の》り降《お》りは押《お》し合《あ》うより譲《ゆず》り合《あ》う――家伝夜尿症《やにょうしょう》薬」という標語まがいの広告《こうこく》もまじっていたし、たとえば「沢庵和尚報国《たくあんおしょうほうこく》大講演会《こうえんかい》」と太い字でかかれたビラも風に吹《ふ》かれてひらひらしていた。この講演会《こうえんかい》の主催者《しゅさいしゃ》は東京都漬物統制《つけものとうせい》組合とあった。

そしてまた、大きな駅の掲示板《けいじばん》などには、「海軍甲種《こうしゅ》飛行予科練習生徴募《ちょうぼ》！」と大きなポスターが、わたくしたち中学生を「さあ、いらっしゃい」と誘《さそ》っていた。

さらに世の空気は次第《しだい》に神がかり的になっていく。「神風《かみかぜ》は絶対《ぜったい》に吹《ふ》く」を、圧倒的《あっとうてき》に多数となった軍国おじさんが口々に唱えるようになる。鎌倉《かまくら》時代の元寇《げんこう》のときのように、神風《かみかぜ》が吹《ふ》きかならずや敵艦隊《てきかんたい》を撃滅《げきめつ》するであろうと。人びとの神社詣《もう》でがさかんになる。それも必勝祈《き》願《がん》ではなくいつか敵撃滅祈願《てきげきめつきがん》となっていく。ついには内務省《ないむしょう》が乗りだしてきた。内務《ないむ》大臣の名をもって、全国一万六千人の神官神職《しんしょく》に訓令が発せられる。「驕敵《きょうてき》を一挙撃滅《いっきょげきめつ》し、神州《しんしゅう》を奉《ほう》護する祈願《きがん》を、諸神社《しょじんじゃ》にて一斉《いっせい》に実施《じっし》すべし」。日本の神々は国土のあらゆるところにも遍在《へんざい》し給《たま》うのであるが、とにかくばらばらに祈禱《きとう》していたのでは、神々も戸惑《とまど》うばかりである。心を合わせて一斉《いっせい》に祈《いの》ることによって一挙撃滅《いっきょげきめつ》の〝神罰《しんばつ》〟が敵《てき》に下されるであろう。八百万《やおよろず》の神霊《しんれい》パワーをもって敵艦《てきかん》を轟沈《ごうちん》せしめねばならない、というのである。

大日本神祇会《じんぎ》はこれに応《こた》えて、正式な基準《きじゅん》を決定して全国の神社に通達した。

「一、今回の祈願《きがん》はその性質《せいしつ》が祭典とは異《こと》なるので、特別な一斉励行《いっせいれいこう》として行うこと。そのために恒例《こうれい》の祭事などを中止あるいは延期《えんき》してもよろしい。

一、全国一斉祈願《いっせいきがん》の執行時刻《しっこうじこく》は、早暁《そうぎょう》または夜間とし、厳格周到《げんかくしゅうとう》な斎戒《さいかい》の上、神職《しんしょく》の励《れい》行《こう》を主体とし、敵国撃滅《てきこくげきめつ》のその日まで継続《けいぞく》する。

一、執行《しっこう》の前後には太鼓《たいこ》を用い、参加希望者ある場合は、神職《しんしょく》みずからこれを率《ひき》いて行うこと」

かくて時刻《じこく》こそ定めなかったが、まさに八月二十八日が「寇敵撃滅神州奉護《こうてきげきめつしんしゅうほうご》の祈願《きがん》」のその日となった。ただしこの全国一斉《いっせい》の調伏祈願《ちょうぶくきがん》が「敵国撃滅《てきこくげきめつ》のその日まで」すべての神社で行われていたとは思えないが、それは確《たし》かめようがない。

そして神様への敵撃滅祈願《てきげきめつきがん》には小磯国昭首相《こいそくにあきしゅしょう》みずからも陣頭《じんとう》に立った。九月八日の大詔奉戴《たいしょうほうたい》日の首相《しゅしょう》の行動の一部始終を新聞が報《ほう》じた。朝五時起床《きしょう》、ただちに〝みそぎ〟を行い、官邸《かんてい》の庭から宮城遥拝《きゅうじょうようはい》、つづいて仏間《ぶつま》で読経《どきょう》、六時半に官邸《かんてい》の放送室から国民への講話《こうわ》を流し、七時半官邸《かんてい》をでる。そして、このあとである。打ち合わせどおり米内海相《よないかいしょう》と杉山陸相《すぎやまりくしょう》と連れだって明治神宮《じんぐう》へ、つづいて靖国《やすくに》神社へ。そして軍人宰相《さいしょう》の小磯《こいそ》は「明治神宮《じんぐう》で、明治天皇《てんのう》の霊《れい》に敵国撃滅《てきこくげきめつ》を心から祈願《きがん》した」と記者に語ったという。戦争指導《しどう》のトップに立つ軍人三人がいまや神々のご加護《かご》を願うほかはなかったということなのである。

そういえば、その少し前の九月三日、これも元海軍大将《たいしょう》であった野村吉三郎《のむらきちさぶろう》がラジオの戦局講演《こうえん》で、「時宗《ときむね》の心を持て」と呼《よ》びかけている。元寇《げんこう》のときの北条時宗《ほうじょうときむね》のスローガンは「死中に活を求める」。野村《のむら》はだせるだけの声を張《は》りあげていったという。

「必死の敢闘《かんとう》などでではなく、いまや死中に活を求めるといういわゆる一億時宗《ときむね》の気持ちになり戦い抜《ぬ》かねばならぬ。そうすればかならず勝ち得《え》るのである」

もはや戦争の勝利は不可能《ふかのう》であると戦争指導者《しどうしゃ》たちは察知していた。しかし、であるから、神仏《しんぶつ》にすがって「撃《う》ちてし止《や》まむ」と叫《さけ》びつづけねばならなかった。そうやって勝つことのない戦いをつづけるほかはない。

◆「学徒勤労動員《がくときんろうどういん》の歌」

正直にいうと、B面昭和史《しょうわし》はここで筆止めとせざるを得《え》ないように思う。かいていても同じようにただ日本人が力《りき》んでいる話ばかりとなり読まれるほうも退屈《たいくつ》されるだけであろう。せいぜい九月九日から二十六日にかけて後楽園《こうらくえん》球場や甲子園《こうしえん》、西宮《にしのみや》球場で日本野球総進軍優勝《そうしんぐんゆうしょう》大会が開催《かいさい》された話ぐらいしかかくことがない。巨人《きょじん》、阪神《はんしん》、阪急《はんきゅう》、産業、朝日、近畿《きんき》日本の六チームが参加、選手を三つに分けて二回戦総当《そうあ》たりの十二試合が戦われた。観客は防空頭巾《ぼうくうずきん》、鉄兜《てつかぶと》を持参、後楽園《こうらくえん》球場の二階席には高射砲陣地《こうしゃほうじんち》があるというものものしさであったという。

また、若《わか》い男の少なくなった東京の街々では、いざというときに備《そな》えて防空頭巾《ぼうくうずきん》にモンペ姿《すがた》のおばさんやおねえさんたちが竹槍《たけやり》をもっての突撃《とつげき》訓練、加えて防空《ぼうくう》訓練。「焼夷弾《しょういだん》落下！」のかけ声とともに、バケツ、濡《ぬ》れ筵《むしろ》、はたき、鳶口《とびぐち》などをもって駆《か》けつけて、火《ひ》の粉《こ》を打ち払《はら》う猛訓練《もうくんれん》をくり返す。落下地点に濡《ぬ》れ筵《むしろ》や砂袋《すなぶくろ》を投げつけて、猛《もう》スピードで所定の場所に戻《もど》る。

「モタモタするな！　全力で走れッ」

と警防団員《けいぼうだんいん》に怒鳴《どな》られてその場にへたりこむ人もいたりする。そんな光景を学校からの帰り道に何度もみかけた。

その背景《はいけい》には昭和十二年に制定《せいてい》された「防空法《ぼうくうほう》」があったことはかくまでもない。これに十六年に応急《おうきゅう》消火義務《ぎむ》が追加され、逃《に》げるな、火と戦えと、消火活動が優先《ゆうせん》され、さらに改定され防空《ぼうくう》を妨害《ぼうがい》したものは逮捕《たいほ》されることになっていた。

科学的であれ、合理的であれ、というかつての日のかけ声はもはやどこへやら、みんな神がかりになっていたとかくほかはないか。

その間にも連合軍の侵攻《しんこう》は容赦《ようしゃ》がなかった。ヨーロッパ戦線では、西からはドーバー海峡《かいきょう》を越《こ》えてフランスに上陸した連合軍の猛攻《もうこう》、そして東からはソ連軍の追撃《ついげき》戦に挟撃《きょうげき》されて、ドイツ軍の敗退《はいたい》につぐ敗退《はいたい》は日ましに急を告《つ》げている。ヒトラーの神通力は完全に失われた。九月二十一日、日本では、大本営政府連絡《だいほんえいせいふれんらく》会議改め最高戦争指導《しどう》会議が、ドイツが降伏《こうふく》してしまったときに対処《たいしょ》すべき新国家方針《ほうしん》をうちたてた。

「(イ)ドイツ降伏《こうふく》により欧州《おうしゅう》における米英ソの内面確執《かくしつ》は恐《おそ》らく激化《げきか》すべく、在欧《ざいおう》米英兵力を全面的に東亜《とうあ》に転用することは不可能《ふかのう》なること。

(ロ)欧州《おうしゅう》戦終結により敵側《てきがわ》軍隊に和平気分醞醸《うんじょう》し、その戦意は低下すべく、帝国《ていこく》として飽《あ》くまで戦うに於《お》ては敵側継続《てきがわけいぞく》戦意志《いし》に動揺《どうよう》を来《き》たすべきこと。

(ハ)欧州《おうしゅう》に於《お》て行われたるごとき徹底的大規模《てっていてきだいきぼ》なる空襲《くうしゅう》は、我《わが》本土に対しては実行困難《こんなん》なること」

それにしても、この期《ご》に及《およ》んでも日本の戦争指導者《しどうしゃ》がこうした戦略《せんりゃく》観をもっていたとは、あまりにも能天気《のうてんき》な、あまりにも自己《じこ》本位な、そしてあまりにも阿呆《あほ》らしいと申すばかり。そして民草《たみくさ》をして「一層《いっそう》の覚悟《かくご》を強くするの要ある指導《しどう》をする」とともに「国民をして危惧《きぐ》を抱《いだ》かしめざることに着意する」ことを決めている。

しかし、歴史的《れきしてき》事実は、サイパン島では六月三十日には日本本土空襲《くうしゅう》のための爆撃機《ばくげきき》用の基《き》地《ち》が完工し、ヨーロッパで使われていた爆撃機《ばくげきき》よりもはるかに強力な〝超空《ちょうそら》の要塞《ようさい》〟ボーイングB29の整備《せいび》も完了《かんりょう》しつつあったのである。

また九月の最高戦争指導《しどう》会議より少し前の八月十一日の閣議《かくぎ》で、藤原銀次郎軍需《ふじわらぎんじろうぐんじゅ》大臣が「物的国力」についてこんな報告《ほうこく》をしていた。

「すでに現状《げんじょう》において主要食糧《しょくりょう》は何とか確保《かくほ》し得《う》るも、現状程度《げんじょうていど》の国民生活を爾余《じよ》は維持《いじ》することも、逐次困難《ちくじこんなん》なる趨勢《すうせい》にあり。すなわち十九年末には国力の弾発性《だんぱつせい》はおおむね喪失《そうしつ》するものと認《みと》めらる」

総力《そうりょく》戦とはいいながら、これが国力の現状《げんじょう》であった。そうと知りつつ最高戦争指導《しどう》会議の面々は、どこを押《お》せばこんな楽観論《ろん》をいいだせたというのか。「徹底的大規模《てっていてきだいきぼ》なる空襲《くうしゅう》」は実行困難《こんなん》と、いったいどんな根拠《こんきょ》があって結論《けつろん》づけられたのか。

あとは少々端折《はしょ》ってかくと、十月二十日に米軍がフィリピン諸島《しょとう》レイテ島に上陸開始。これを撃破《げきは》せんとした陸軍のレイテ決戦の陸上戦の大失敗、それにともなって出撃《しゅつげき》した連合艦隊《かんたい》水上部隊は、戦艦大和《せんかんやまと》・武蔵《むさし》を中心に、「天佑《てんゆう》を確信《かくしん》し全軍突撃《とつげき》せよ」との命のもと、死力をつくして戦った。が、制空権《せいくうけん》のないところ、巨大戦艦《きょだいせんかん》も所詮《しょせん》は無力というほかはなく、武蔵《むさし》は撃《げき》沈《ちん》され、練りに練ったオトリ作戦も成功せず、ここに水上艦隊《かんたい》は壊滅《かいめつ》し戦闘力《せんとうりょく》を完全に失った。また、史上《しじょう》初めて編制《へんせい》された神風《かみかぜ》特別攻撃《こうげき》隊が、米軽空母に果敢《かかん》な十死零生《じっしれいせい》の体当たり攻撃《こうげき》をかけ撃沈《げきちん》したのは、このときである。

このどうにも挽回不可能《ばんかいふかのう》の戦況《せんきょう》下で、わたくしたち七中の二年生にも総力《そうりょく》戦の一翼《いちよく》としての学徒勤労動員《がくときんろうどういん》の命令がかかる。軍事教練をやっている秋《とき》にあらず、国語・漢文・国史《こくし》・西洋《せいよう》史《し》・英語・代数・物理などの授業《じゅぎょう》も、手旗信号やモールス信号や匍匐《ほふく》前進の教練も何もかも放りなげて、海軍の軍需《ぐんじゅ》工場で零式戦闘機《れいしきせんとうき》の二十ミリ機関銃《きかんじゅう》の弾丸《だんがん》をつくる作業に従事《じゅうじ》することとなった。十月下旬《げじゅん》からと記憶《きおく》しているが、いや十一月上旬《じょうじゅん》であった、違《ちが》う、違《ちが》う、あれは十二月一日からであったと、いい張《は》る級友もいる。

「何だ、中学校にせっかく入れてやったのに、工員になったのか」

おやじは毎朝くたびれたような顔をして出勤《しゅっきん》していくわたくしをみてちょっと笑ったが、珍《めずら》しくそれ以上はいつもの皮肉っぽいことはいわなかった。やがてはじまるであろう米空軍の爆撃《ばくげき》では、軍需《ぐんじゅ》工場はいちばんの目標になる、学校ならまだいくらか安全であろうに、わざわざ空襲《くうしゅう》の目標にセガレが通っている、何ということかと内心は思っていたかもしれないが。そんなことは考えもせず、わたくしは国家大難《だいなん》をしっかり意識《いしき》して、とにかく学校ではなく工場へ毎日カラ元気をだして通うことになった。

いまも〝学徒勤労動員《がくときんろうどういん》の歌〟がふと口をついてでてくることがある。これがなかなかにいい歌で、一番は全部いまなお歌える。

〽花もつぼみの若桜《わかざくら》
五尺《しゃく》の生命《いのち》ひっさげて
国の大事に殉《じゅん》ずるは
我等学徒《われらがくと》の面目《めんもく》ぞ
あゝ、紅《くれない》の血は燃《も》ゆる　（「あゝ紅《くれない》の血は燃《も》ゆる」、野村俊夫《のむらとしお》作詞《さくし》、明本京静《あけもときょうせい》作曲）

終《しま》いまでは歌えないが、三番の出だしの「君は鍬《くわ》とれ我《われ》は鎚《つち》／戦う道に二つなし」も、どうしてか頭に浮《う》かんでくる。とにかく国家の一大事に身を捨《す》てて殉《じゅん》ずること、そこに最高の生きる意義《いぎ》がある。なにしろ敵《てき》は天もともに存在《そんざい》を許《ゆる》さない鬼畜野獣《きちくやじゅう》なのである。わたくしもかなり神がかりになっていたのかもしれない。

なお、戦時下の勤労動員《きんろうどういん》の実態《じったい》について、敗戦直後の九月に厚生省《こうせいしょう》から議会に提出《ていしゅつ》された資料《しりょう》をみたことがある。それによると、学徒《がくと》動員百九十二万七千三百七十九人、女子挺身隊《ていしんたい》四十七万二千五百七十三人、ということである。そのうちの主目標となった工場で何人、いや何千人が爆撃《ばくげき》をうけて犠牲《ぎせい》となったことか、その数は示《しめ》されていなかった。かなりの学徒《がくと》が亡《な》くなったことと思う。

◆本土空襲《くうしゅう》はじまる

東京上空に、サイパン島から発進したB29がはじめて姿《すがた》をみせたのは、十一月一日午後一時すぎ。投弾《とうだん》はたしかゼロ。空からの写真偵察《ていさつ》にきたものとみられ、悠々《ゆうゆう》として千葉県勝浦《かつうら》付近から去っていった。予想が現実《げんじつ》となって軍部の狼狽《ろうばい》はその極に達した。この超空《ちょうそら》の要塞《ようさい》がどのくらいマリアナ基地《きち》に集結しているのか、これを確認《かくにん》することが焦眉《しょうび》の急となった。決死の陸軍の偵察機《ていさつき》が硫黄島《いおうとう》から飛び立ち、その第一報《ぽう》が届《とど》いたのは十一月六日。サイパン島に十五機のB29がいることを確認《かくにん》する。さらに九日に海軍機も偵察《ていさつ》に成功し、グアム島になんと三十機余《あまり》が着陸していることが明らかになる。

大本営《だいほんえい》の秀才参謀《しゅうさいさんぼう》たちの眼《め》は血走り、血の逆流《ぎゃくりゅう》は脳天《のうてん》を突《つ》きあげる。〝本土の戦い《バトル・オブ・ジャパン》〟が本格的《ほんかくてき》にはじまろうとするとき、大日本帝国《ていこく》は最後の一兵まで戦う決意をあらためて固めた。ただし、政府《せいふ》にも軍部にも戦局挽回《ばんかい》の秘策《ひさく》はなかったし、何度もかくが、戦力的には日本の〝敗北〟はもう明らかにすぎた。十九年一年間のタンカーの喪失《そうしつ》は七十五万四千総《そう》トンが予想され、南方からの石油の還送量《かんそう》はわずか百三十万トン、前年の半分以下となり、艦船《かんせん》はおろか戦闘機《せんとうき》の搭乗員《とうじょういん》の訓練もままならなくなった。これ以上戦争をやりぬくためには、精神力《せいしんりょく》にただ一つの望みを懸《か》けるしかない。

作家大佛次郎《おさらぎじろう》は、『敗戦日記』の十一月十八日の項《こう》で、「主婦之友《しゅふのとも》」十二月号をみて「我《わ》が国《くに》第一の売行《うれゆき》のいい女の雑誌《ざっし》がこれで羞《はずか》しくないのだろうか」と呆《あき》れかえっている。この号の特集のタイトルが「これが敵《てき》だ、野獣《やじゅう》民族アメリカ」というもので、各ページの上段《じょうだん》に大きな活字で「アメリカ兵を生かしておくな」「アメリカ兵をぶち殺《ころ》せ」と物騒《ぶっそう》この上ない言葉をいち

日本上空を飛行するB29

いち入れている。大佛《おさらぎ》はこの異様《いよう》な誌面《しめん》を心底から歎《なげ》いている。
「日本の為《ため》にこちらが羞《はずか》しいことである」
しかし、これも編集部《へんしゅうぶ》が情報《じょうほう》局《きょく》出版《しゅっぱん》課の指令に従《したが》ったまでのことであった。すなわち「米英人の残忍性《ざんにんせい》を実例を挙げて示《しめ》し、殊《こと》に彼《かれ》らの暴虐《ぼうぎゃく》なる行為《こうい》を暴露《ばくろ》すること」、それで民草《たみくさ》の「敵愾心《てきがいしん》を激成《げきせい》せよ」というのである。もう民族の矜持《きょうじ》も気宇《きう》も、わずかな自尊心《じそんしん》もかなぐり捨《す》てていた。
十二月十一日午後一時二十二分きっかり、小磯首相《こいそしゅしょう》は、いまいるその場にて一分間黙禱《もくとう》することによって、伊勢神宮《いせじんぐう》に必勝の祈《き》願《がん》をせよと、全国民に指令した。その昔、元《げん》の来寇《らいこう》のとき神風《かみかぜ》が吹《ふ》き日本を救《すく》ったという。いままた、全国民の精神力《せいしんりょく》によって神風《かみかぜ》を吹《ふ》かせ、連合軍の大機動部隊を撃滅《げきめつ》し、B29の編隊《へんたい》を撃墜《げきつい》しようというのであった。

空襲《くうしゅう》について軍部は国民を指導《しどう》した。

「爆弾《ばくだん》とか焼夷弾《しょういだん》は決して全部が全部、うまく命中するものでない。弾《たま》は目的物になかなか命中するものではないのであって、一〇〇発中一発、せいぜい五〇発中の一発が命中すれば上出来である。一回二〇〇機の空襲《くうしゅう》をうけて、焼夷弾《しょういだん》四〇〇発を投下されたとしたら、直撃弾《ちょくげきだん》そのものでは大体一〇〇人くらいの死傷《ししょう》があって、まことに微々《びび》たるものであり、戦争する以上は、当然忍《しの》ぶべき犠牲《ぎせい》である」

それゆえ問題となるべきは精神面《せいしんめん》での敗北感であると、戦争指導層《しどうそう》は躍起《やっき》になって吼《は》えまくった。たとえその最後が日本民族の絶滅《ぜつめつ》を意味しようとも、軍部は委細かまわぬほど狂《くる》った。狂《きょう》気《き》と神がかりでさきがまったくみえなかった。

在郷《ざいごう》軍人や警防団員《けいぼうだんいん》もしきりに叱咤《しった》した。

「必勝の信念をもて。この信念をもてば国の興廃《こうはい》を憂《うれ》える必要がどこにあるというのか。それを憂《うれ》えるヤツは非国民《ひこくみん》なんだ。わかったか」

十一月一日にはじめて姿《すがた》をみせていらい、十数回にわたる写真偵察《ていさつ》ののち、マリアナ諸島《しょとう》からのB29による本格的《ほんかくてき》な空襲《くうしゅう》が開始されたのは、その月の二十四日のこと。編隊《へんたい》は八機、十二機、二十四機と波をなして東京上空に侵入《しんにゅう》した。この日から東京は〝生《い》き地獄《じごく》〟となり、無残な死は、すべての民草《たみくさ》のすぐ隣《とな》りにあった。

つづいて二十七日午後に約四十機、三十日深夜に約二十機、十二月三日午後に約七十機と、東京都内への爆撃《ばくげき》はつづいた。もっとも、そのほかにも爆撃効果《ばくげきこうか》を確認《かくにん》するための半ば偵察兼《ていさつけん》務《む》の少数機の来襲《らいしゅう》は毎日つづいていた。そのつど、警戒警報《けいかいけいほう》のサイレンや見張《みは》り櫓《やぐら》の鐘《かね》が鳴ったあと、「東部軍情報《じょうほう》（のち東部軍管区情報《じょうほう》となる）敵《てき》数目標は南方洋上より本土に近接《きんせつ》しつつあり」というラジオの報道《ほうどう》がはじまる。やがてこの数目標が十数目標、数十目標と変わると、今日の空襲《くうしゅう》はでかいぞ、ということになった。

空襲警報《くうしゅうけいほう》が発令されると街は真っ暗である。家庭防護班《ぼうごはん》は防空服装《ぼうくうふくそう》に身を固めて、バケツ、火はたきなどを手にして門口に立つ。男は戦闘帽《せんとうぼう》にゲートル、鉄兜《てつかぶと》を肩《かた》にかけ、女は洋服にズボンかモンペ姿《すがた》で、防空頭巾《ぼうくうずきん》をかぶり、戦場にある兵隊と同じ姿《すがた》であり同じ心で、戦いの日々を送り迎《むか》えるようになる。昭和十九年はこうして押《お》しつまる。その十二月三十一日、この夜、東京の民草《たみくさ》は空襲警報《くうしゅうけいほう》でしばしば起こされた。

大学生山田風太郎《やまだふうたろう》は日記に短くかいた。

「大晦日《おおみそか》、一片《いっぺん》の色彩《しきさい》も美音もあらず、管制《かんせい》にて闇黒《あんこく》なる都に、むなしき木枯《こが》らしの風のみ吹《ふ》く」

作家海野十三《うんのじゅうざ》が日記に年の変わり目を記している。

「『一月ではない。十三月のような気がする』とうまいことをいった人がある。／昨大みそか夜も三回来襲《らいしゅう》。みな一機ずつ。しかも警報《けいほう》の出がおそく、壕《ごう》まで出るか出ないかに焼夷弾《しょういだん》投下、高射砲《こうしゃほう》うなる。
　敵機《てっき》なお頭上に在《あ》りて年明くる
ちらちらと敵弾《てきだん》燃《も》えて年明くる
　焼夷弾《しょういだん》ひりし敵機《てっき》や月凍《こお》る」
永井荷風《ながいかふう》は句《く》などひねることなくひたすら憤激《ふんげき》している。
「夜半過《す》ぎまた警報《けいほう》あり。砲声頻《ほうせいしきり》なり。かくの如《ごと》くにして昭和十九年は尽《つ》きて落寞《らくばく》たる新年は来らむとするなり。我邦開闢《わがくにかいびゃく》以来かつて無きことなるべし。これ皆《みな》軍人輩《やから》のなすところその罪永《つみなが》く記憶《きおく》せざるべからず」
荷風《かふう》によって憎悪《ぞうお》された軍人たちは年が明けると「一億玉砕《ぎょくさい》」とか「一億特攻《とっこう》」と叫《さけ》びだす。戦争をどのように終えるかの判断《はんだん》ももてず、単なるやみくもな戦術《せんじゅつ》として人命を利用することしか考えつかなかったのである。それこそは「亡国《ぼうこく》の思想」というものであった。

◆◆◆◆◆

昭和二十年（一九四五）

年が明けて昭和二十年はまさに「特攻《とっこう》の秋《とき》」である。戦場も銃後《じゅうご》もなく一億総特攻《そうとっこう》である。祖国《そこく》の明日のためには、これ以外に道はないと、決然と死地に赴《おもむ》いた若《わか》き特《とっ》攻隊員《こうたいいん》が美しく、哀《あわ》れであればあるほど、それを唯一《ゆいいつ》の戦法と採用《さいよう》した軍の思想は永《えい》久《きゅう》に許《ゆる》すことができない。神風特攻《かみかぜとっこう》も回天特攻《とっこう》も志願《しがん》によった、とされている。志願《しがん》せざるを得《え》ない状況《じょうきょう》にしておいて志願《しがん》させるのでは、形式にしかすぎないのである。そこには指導者《しどうしゃ》の責任《せきにん》の自覚もモラルのかけらもない。おのれの無能《むのう》と狼狽《ろうばい》と不安とを誤魔化《ごまか》すための、大いなる堕落《だらく》があるだけである。

さらに昭和二十年は五月の初めに盟邦《めいほう》ドイツが降伏《こうふく》したあと、大日本帝国《ていこく》だけが世界の国々を敵《てき》として戦いつづけることとなった。戦うというよりはいっぽう的に痛《いた》めつづけられるだけである。銃後《じゅうご》もまた、戦場となった。つまり昭和二十年は日本の大・中の都市が焼野原となる年であった。

歌人にして国文学者の折口信夫《おりくちしのぶ》（釈迢空《しゃくちょうくう》）は決して「空襲《くうしゅう》」とはいわず、「焼討《やきう》ち」といったというが、一夜にしてすべてを失わねばならなかった人には、たしかにそのいい方のほうがぴったりであったかもしれない。それはもう不意に猛火《もうか》と黒煙《こくえん》とが襲《おそ》いきたって荒《あ》れ狂《くる》う阿鼻叫喚《あびきょうかん》の巷《ちまた》となることなのである。

そして八月、ポツダム宣言《せんげん》を受諾《じゅだく》して大日本帝国《ていこく》は降伏《こうふく》する。十五日に放送された「終戦の詔書《しょうしょ》」には「戦陣《せんじん》ニ死シ職域《しょくいき》ニ殉《じゅん》シ非命《ひめい》ニ斃《たお》レタル者及《およ》ビ其《そ》ノ遺族《いぞく》ニ想ヲ致《いた》セハ五内為《ごだいため》ニ裂《さ》ク」とある。然《しか》り、のべ一千万人の日本人が兵士《へいし》あるいは軍属《ぐんぞく》として戦い、戦死二百四十万（うち七〇パーセントが広義《こうぎ》の餓死《がし》である）。原爆《げんばく》や空襲《くうしゅう》や沖縄などで非命《ひめい》に死んだ民草《たみくさ》は七十万人を超《こ》える。戦火で焼かれた家屋は日本中を合わせて二百四十万戸以上。まさしく鬼哭啾々《きこくしゅうしゅう》、万骨《ばんこつ》の空《むな》しく枯《か》れたのちに戦争はやっと終結することができたのである。

その惨《さん》たる年に、B面の物語などがあるべきはずはないであろう。とにかく、八月十五日正午の天皇《てんのう》放送を聞くまで、日本人は最後の一人になるまで戦い抜《ぬ》くつもりでいた。天皇《てんのう》放送を聞き、多くの人は満目蕭条《まんもくしょうじょう》たる焼《や》け跡《あと》の広がりを眺《なが》め、そしてことあらためて思ったことは、この戦争で空《むな》しく死ななければならなかった人たちのことではなかったか。その人たちはいまもなおわたくしたちに語りかけている。すなわち戦争が悲惨《ひさん》、残酷《ざんこく》、そして非人間的《ひにんげんてき》であるということを。さらに、空《むな》しいということを。

◆◆◆◆◆

◆無慈悲《むじひ》な寒気と栄養失調

この年の新年は零《れい》時五分、警戒警報《けいかいけいほう》のサイレンで明けた。すでに残酷無慈悲《ざんこくむじひ》な毎日の生活に慣《な》れている東京の民草《たみくさ》は、警戒警報《けいかいけいほう》などは無視《むし》して、空襲警報《くうしゅうけいほう》の短い、断続的《だんぞくてき》なサイレンがヒステリックに鳴りわたるまでは起きようとはしなかった。この年は寒さがとくにきびしく、しかも燃料《ねんりょう》のないことに困窮《こんきゅう》しきっていたからでもある。

その上に、割当《わりあ》てのガス使用量をわずかでも超《こ》えた場合には、待ったなしに栓《せん》を閉《し》められてしまう。超過使用《ちょうか》三〇パーセント以上になれば、延々《えんえん》一カ月にわたって閉《し》められた。ガスの代わりの薪《まき》や炭はもう半年以上にわたってほとんど配給されていなかった。家庭でも職場《しょくば》でも燃《も》えるものは燃《も》やして寒さを凌《しの》いだ。企業《きぎょう》では、まっさきに古い書類が燃《も》やされ、つぎに空いた書棚《しょだな》。さらには応召《おうしょう》された同僚《どうりょう》の机《つくえ》、腰掛《こしか》けの順で火中に放りこまれた。そして室内でも外套《がいとう》や手袋《てぶくろ》をはめたまま事務《じむ》をとった。

そんな国情《こくじょう》ながら、元旦《がんたん》の新聞はこんな歌を掲《かか》げて新しい年を言祝《ことほ》いだ。

神鷲《しんしゅう》が護《まも》る都の空高らかに
　初日かがよひ新春来《きた》る　　佐佐木信綱《ささきのぶつな》

一月二十四日付の毎日新聞にこんな投書が載《の》っている。

神国のちから見よと黒けむり
　空にうづまきてB29墜《お》つ　　斎藤茂吉《さいとうもきち》

「都内にはいたるところ樹木《じゅもく》がある。丘《おか》の上に、路上に、邸内《ていない》に、つい眼《め》の前に薪炭資源《しんたんしげん》は豊《ほう》富《ふ》にあるではないか。都内の立木は防火防空《ぼうかぼうくう》そのほか特殊《とくしゅ》な目的のため必要なものをのぞき、ことごとく伐《き》り倒《たお》して燃料《ねんりょう》とする。伐採《ばっさい》の跡《あと》は戦時菜園とする。（中略《ちゅうりゃく》）都内の立木は、お国の役に立つべく待っているのだ」

燃料《ねんりょう》ばかりでなく食糧事情《しょくりょうじじょう》もまた惨憺《さんたん》たるものであった。米はもとより野菜や魚や肉も完全統制《とうせい》であった。これを買い求めるための長時間の行列が日常《にちじょう》となる。が、生鮮《せいせん》食品は保存《ほぞん》がきかない。計画的に生産できない。当局としては厳重《げんじゅう》に取《と》り締《し》まりたいが、そうも簡単《かんたん》にいかない。いきおい自由市場つまりヤミの流通が大手《おおで》をふっていた。そこで農家や漁場への買い出し、ヤミという「好ましからざる」取引きを認《みと》めるほかなく、ずるずると公定価格《かかく》の締《し》めつけを甘《あま》くしないわけにいかなくなった。

民草《たみくさ》の買い出しを皮肉るような替《か》え歌《うた》があったことを想《おも》いだした。

若《わか》い疎開《そかい》のおばさんが
七つばかりの子供《こども》を連れて
今日も行く行く買い出し部隊
でかいリュックにゃイモがある

これをかの「予科練の歌」の節回しで歌いながら、買い出し部隊は田舎道《いなかみち》をせっせと歩いたのである。

ずいぶんと時間を先に飛ばすが、日本中の都市で、民草《たみくさ》がいかに食べものに窮《きゅう》して悲鳴をあげていたかがわかる新聞記事がある。七月二十九日付の京都新聞。でてくるのは蛙《かえる》や鼠《ねずみ》や蛇《へび》。情《なさ》けないと思えば思うほど、おかしい記事ということでここで引く。

「戦時栄養失調は一般《いっぱん》に脚気《かっけ》、貧血《ひんけつ》などのほか下痢《げり》をともなうが、原因《げんいん》は動物性蛋白《どうぶつせいたんぱく》の不足である。だが、現状《げんじょう》では一般《いっぱん》食肉が不足しているので、蛙《かえる》、鼠《ねずみ》、蛇《へび》などが注目される。調理はごく簡単《かんたん》で、首を切り皮を剝《は》ぎ臓物《ぞうもつ》を除《のぞ》けばよく、いわゆる〝テリ焼き〟などにして食すると非常《ひじょう》にあっさりする」

というが、わたくしはこれらのテリ焼を食べたことはまったくない。そういえば、主食として米の代わりにクローズアップされたものにイモがあった。しかも前年の十九年度にはサツマイモ十九億貫《かん》（一貫《いっかん》＝三・七五キログラム）とジャガイモ九億貫《かん》の生産が計画されていたから、民草《たみくさ》にはその大量生産に期待するところがすこぶる大きかったのである。ところが、一月二十五日、折から会期中であった衆議院《しゅうぎいん》予算総会《そうかい》で杉山陸相《すぎやまりくしょう》が、イモもまた第一級の軍需品《ぐんじゅひん》であることを力説したではないか。これを教えられて心の底からがっかりした。

「イモの増産《ぞうさん》が食糧《しょくりょう》ならびに液体燃料《えきたいねんりょう》の増産《ぞうさん》に重要であることについては、軍としてもっとも重要事項《じこう》として考えている。すでに軍の用地をイモの増産《ぞうさん》に提供《ていきょう》することにしているが、軍自体においてもイモの生産に着手することになっている」

すなわち、それゆえに生産されるイモの大半は軍需品《ぐんじゅひん》として軍部にまわされねばならない。イモからつくられるブタノールを原料とし、飛行機の燃料《ねんりょう》イソオクタンを生産する。国民諸君《しょくん》はそれをよくよく承知《しょうち》して貰《もら》わねばならぬ、と。

こうして寒さにも堪《た》え、空腹《くうふく》にも我慢《がまん》のかぎりをつくして堪《た》えている民草《たみくさ》の頭の上に、爆弾《ばくだん》や焼夷弾《しょういだん》の雨が容赦《ようしゃ》なく降《ふ》りそそいだ。皮肉にいえば、戦う軍隊ではなく、穴掘《あなほ》りやイモづくりの農民と化した陸海軍は、火力を誇《ほこ》るB29にたいして抵抗《ていこう》すべくもなかったのである。

しかし、民草《たみくさ》の悲鳴や怒声《どせい》や呻吟《しんぎん》にかぶせるようにして、大本営《だいほんえい》はつぎつぎに戦果を発表し、士気《しき》の昂揚《こうよう》をはかり闘志《とうし》を煽《あお》り立《た》てようとする。一月七日＝荒鷲《あらわし》は六日リンガエン湾《わん》・ミンダナオで三十二艦船《かんせん》を轟沈破《ごうちんは》す。同十日＝本土来襲《らいしゅう》Ｂ29六十機中二十九機撃墜破《げきついは》す。同十二日＝九、十の両日リンガエン湾《わん》で空母など九隻轟沈《せきごうちん》す。同十五日＝十四日名古屋来襲《らいしゅう》のＢ29六十機中四十三機を撃墜破《げきついは》す。ダモルテスに新上陸の米軍にたいし、わが荒鷲《あらわし》は艦船《かんせん》一十七隻《せき》撃沈破《げきちんは》の戦果をあぐ。……そしてこれら発表の前後には勇壮《ゆうそう》な「軍艦《ぐんかん》マーチ」が日夜をわかずにつづいていた。

　もちろん、マーチの勇壮《ゆうそう》さと裏腹《うらはら》に、これらの戦果が誤断《ごだん》ないしはいかさまであることを統《とう》帥部《すいぶ》は認識《にんしき》していた。それゆえにいっそう言葉というものがもつ政治性《せいじせい》あるいは効験《こうけん》という点からみて、絢爛《けんらん》たる内容《ないよう》の発表を呪文《じゅもん》のようにいいつづけた。そのことによって自分自身に魔《ま》術《じゅっ》をかけ、信じることで、それこそが真実と空中に楼閣《ろうかく》を懸命《けんめい》に描《えが》くのである。それに民草《たみくさ》がかならずや追随《ついずい》するものと確信《かくしん》するのである。事実、当時の日本人のほとんどはまだ軍に絶大《ぜつだい》な信頼《しんらい》をおいていた。神風《かみかぜ》は、やがてかならず吹《ふ》くものと信じ、そして念じていた。しかし、沈《しず》めても落としても、敵艦隊《てきかんたい》がいつまでも厳然《げんぜん》と存在《そんざい》し、Ｂ29の大編隊《だいへんたい》が毎日のように来襲《らいしゅう》してくるということは、いったいどういうことなのかと、疑念《ぎねん》が少しずつではあるが湧《わ》きだしていたこともまた事実である。

　そういえば二月に日比谷《ひびや》公園で、「撃墜敵機《げきついてっき》Ｂ29展《てん》」というのがあって、見物客が押《お》すな押《お》すなである、という噂《うわさ》を聞いて、おやじに見せに連れていけとせがんだが、ダメだ、途中《とちゅう》で空《くう》襲《しゅう》があったりしたらコトだ、とあっさり拒否《きょひ》されたことが思いだされた。なのに、おやじはこっそり見にいってきたらしく「本物じゃない、張《は》りぼてのB29だった。坊《ぼう》、だからわざわざ行く必要はない」といっていた。これには少なからず落胆《らくたん》した。何だ、模型《もけい》なのかという思いのほうが強かったからである。

◆つぎは「本土決戦」のみ

その二月に入って、降《ふ》ってわいたように「本土決戦」ということがいわれだした。日本本土への敵《てき》の大挙しての上陸作戦は、むしろ日本軍にとっては最高の好機《こうき》となる。引きつけて敵《てき》の力ののびきったところを一挙《いっきょ》に粉砕《ふんさい》する。戦局はそれによって天地のごとくひっくり返る。程《てい》度《ど》の低い下町の中学生は「そうか、そのためにわが連合艦隊《かんたい》は微動《びどう》だにせずであったのか」「海軍？　そんなものおりはせんというぞ。海の底だとさ」「デマに踊《おど》らされるな。そんな敗戦思想は許《ゆる》さん。神風《かみかぜ》は必ず吹《ふ》くんだ」といった会話を、わたくしたちは軍需《ぐんじゅ》工場の片隅《かたすみ》でやっていたことが思いだされる。

当時、日本国内にひそかに流布《るふ》されていた冗句《じょうく》に、こういうのがあった。

「戦争がはじまっていらい、
○増産《ぞうさん》されたもの＝法律《ほうりつ》とお金、歌わぬ音楽とシラミ
○減産《げんさん》されたもの＝物資《ぶっし》、食糧《しょくりょう》と親切心

〇不明のもの＝大和《やまと》魂《だましい》あるいは必勝の信念」

いま思うと、ずばりと当時の世相を射《い》ぬいているといっていい。

とくに必勝の信念が、不明とされているところが意味深長である。巷《ちまた》にあっては反戦や厭戦《えんせん》の言辞はとんでもないことであった。「造言《ぞうげん》蜚語《ひご》」（憲兵隊《けんぺいたい》）あるいは「不穏《ふおん》言動」（警察《けいさつ》）の用語のもと、言論《げんろん》はもとより噂《うわさ》ばなしであろうと、びしびしと摘発《てきはつ》された。憲兵隊《けんぺいたい》は、隣組《となりぐみ》や翼賛壮年団《よくさんそうねんだん》のなかに「憲兵連絡者《けんぺいれんらくしゃ》」という名の協力者を組織《そしき》し、多数の密告者《みっこくしゃ》と、好意的な通《つう》報者《ほうしゃ》の協力をもとめ、徹底的《てっていてき》に反戦・反軍の言辞を取《と》り締《し》まった。

なんだ、前項《ぜんこう》でもかいたことのくり返しではないか、とあるいは読者は思われるかもしれない。いや、何度くどくどかいても足りないとの思いが残る。当時の社会情勢《じょうせい》を少しでも知る人には、容易《ようい》に、われら日本人の狂態《きょうたい》を思い返せるが、知らぬ人にはいくら叮嚀《ていねい》に説明してみたところで想像《そうぞう》のつかない話であろう。国亡《ほろ》ぶるさなかの人間の浅はかさは、ほんとうに情《なさ》けないもの。国難《こくなん》を思うあまり考えることすべてが〝神がかり〟。しかもその信念たるものを、軍にとり入る手段《しゅだん》としたり、自己《じこ》の生活の安穏裕福《あんのんゆうふく》を得《え》るためのものとする。狡猾《こうかつ》、強欲《ごうよく》、傲慢《ごうまん》、横暴《おうぼう》と、いくつもこんな言葉をならべたくなるほどに、当局に媚《こ》びるとにかくひどい人間がまわりに多かった。親切心などこれっぽっちももっていなくなった。いまだって、あの時代の大人たちのことを考えると、われら日本人ってそれほど上等な民族じゃないぜ、世論《よろん》の叡智《えいち》なんていう甘《あま》い言葉は信じられないよ、とそう思いたくなってくる。

そうしたいわば強制《きょうせい》された〝神がかり〟の世論《よろん》を背景《はいけい》に、陸軍は本土決戦による必勝を豪語《ごうご》する。二月十九日、ある民間の協議会で、前例を破《やぶ》って参謀《さんぼう》本部作戦部長宮崎周一中将《みやざきしゅういちちゅうじょう》が戦況《せんきょう》について語った。

「戦局はいまや本土決戦を要請《ようせい》している。陸軍はガダルカナルの転進いらい、存分《ぞんぶん》に陸戦を行う機会がなかった。しかし、もし本土に米軍を迎《むか》え撃《う》つこととなれば、これこそ陸軍が待望した一大陸戦展開《てんかい》の好機《こうき》である」

ガ島、クェゼリン、サイパン、テニアン、そしてレイテといずれも島嶼《とうしょ》戦を戦い、兵力、弾《だん》薬《やく》や糧食《りょうしょく》の補給《ほきゅう》は海軍に依存《いぞん》せねばならず、海軍が敗れたために陸軍も一敗地《いっぱいち》にまみれざるを得《え》なかった。海軍がだらしなかったためである。建軍いらい七十年の伝統《でんとう》を誇《ほこ》る帝国《ていこく》陸軍は、狭《せま》い島より、広大な原野において、数個師団《すうこしだん》が正面からぶつかり合う本格的《ほんかくてき》な陸上決戦を本意とする。そう宮崎《みやざき》部長は自信をもっていい切るのである。

この陸軍の夢想《むそう》をあざ嗤《わら》うかのように、同じ日、米海兵師団《しだん》七万五千人が日本本土の表玄関《おもてげんかん》ともいうべき硫黄島《いおうとう》への上陸作戦を開始した。日本本土から千二百キロ南にある孤島《ことう》、しかし輸送機《ゆそうき》でも三時間でゆける要地である。

島では栗林忠道中将《くりばやしただみちちゅうじょう》の指揮《しき》のもとに、陸軍部隊一万五千五百人、海軍部隊七千五百人が堅牢《けんろう》な地下陣地網《じんちもう》によって果敢《かかん》に迎撃《げいげき》する。「われら敵《てき》十人を斃《たお》さざれば死すとも死せず」の栗《くり》林中将《ばやしちゅうじょう》の訓令を覚悟《かくご》とし、将兵《しょうへい》は死力をふるった。

しかし、陸軍中央部は硫黄島防衛《いおうとうぼうえい》をとうの昔に放棄《ほうき》していたのである。視線《しせん》は日本本土防衛《ぼうえい》にのみ向けられていた。二月二十二日、三日間にわたる大論議《だいろんぎ》ののちに「本土決戦完遂《かんすい》基本要《きほんよう》綱《こう》陸軍案」を決定している。それは本土防衛《ぼうえい》の戦備《せんび》を三月末までに三十一個師団《こしだん》、七月末までに四十三個師団《こしだん》、八月末までに五十九個師団《こしだん》に拡大《かくだい》動員する。これに国民義勇軍《ぎゆうぐん》の編制《へんせい》までも検討《けんとう》された。特攻攻撃《とっこうこうげき》による人海戦術《じんかいせんじゅつ》によって米上陸軍を海へ追い落とすためである。

参謀《さんぼう》本部より要求された動員計画の数字をみて陸軍省は呆然《ぼうぜん》自失した。国民生活、生産、行政《ぎょうせい》などの要員を勘案《かんあん》すれば、ぎりぎり四個師団《こしだん》（約十万）というのが、昭和二十年度の計画決定なのである。それを十倍以上にせよというではないか。『機密《きみつ》戦争日誌《にっし》』にあるように「実に十二、三歳《さい》の少女に子供《こども》を産めというに等しい」計画となる。合同会議の席上で陸軍次官柴《しば》山兼四郎《やまかねしろう》中将《ちゅうじょう》は大声で疑義《ぎぎ》を呈《てい》する。

「いったい、兵備《へいび》は多いのがよいのか、少数でも充実《じゅうじつ》したものがよいのか」

宮崎《みやざき》作戦部長は顔を真ッ赤にしていった。

「質《しつ》よりも、いまは数だ。数を第一とする」

参謀《さんぼう》次長秦彦三郎《はたひこさぶろう》中将《ちゅうじょう》もこれを援護《えんご》する。

「本土上陸はあらゆる手段《しゅだん》を講《こう》じてでも、その第一波を撃摧《げきさい》するにある。もしこれに失敗せば、その後の計画は不可能《ふかのう》である。あとのことは考えない。全兵力を投入して、第一波を完全撃摧《げきさい》することが最重要である」

そのための、人柱としての百五十万の大動員なのである。こうして梅津美治郎《うめづよしじろう》参謀総長《さんぼうそうちょう》、杉《すぎ》山《やま》陸相《りくしょう》以下関係課長まで全員が出席の上で「基本要綱《きほんようこう》」が決定された。

と、かきながら、拙著《せっちょ》『昭和史《しょうわし》』を開いてみたら簡潔《かんけつ》にすでにかいているではないか。昭和二十年のこの国に、Ｂ面の話題がそんじょそこらにころがってはいないのである。

それでも高見順《たかみじゅん》の日記の四月二十四日の項《こう》にこんなことが記されている。

「爆弾除《ばくだんよ》けとして、東京ではらっきょうが流行《はや》っている。朝、らっきょうだけで（他のものを食ってはいけない）飯を食うと、爆弾《ばくだん》が当らない。それを実行したら、知り合いにまた教えてやらないとききめが無い」

また金魚を拝《おが》むと爆弾《ばくだん》が当たらないという話も大いに広まっていた。

そして、前年十月に一円五十銭《せん》に値上《ねあ》げした新聞の月極《つきぎ》め料金が二月一日から一円六十銭《せん》に値上《ねあ》げとなった。三日、全国の神社で米英撃滅《げきめつ》豆まき節分が実施《じっし》された。十六日、大阪では日《にち》没《ぼっ》後は警戒警報《けいかいけいほう》発令とともに一般郊外《いっぱんこうがい》電車と同様に省線（現《げん》ＪＲ）も運行が停止《ていし》されることになった。十八日、「我《わが》日本の新兵器、風船爆弾出現《ばくだんしゅつげん》、万歳《ばんざい》」と新聞が大きく発表する。二十五日、東京の神田警察署《かんだけいさつしょ》が空襲《くうしゅう》時に盗《ぬす》みを働いた者を逮捕《たいほ》、ところが犯人《はんにん》は空襲《くうしゅう》で家を焼かれた罹災者《りさいしゃ》であった。二十八日、鉄道省は空襲罹災者《くうしゅうりさいしゃ》の鉄道運賃《うんちん》を無料とすることを決定する。

ざっと二月の話題としてはそんなことぐらいしか拾いだせない。つまり申《もう》し訳《わけ》ないが、どんどんＡ面的な昭和史《しょうわし》になってしまうのである。

忘《わす》れていたわけではないが、二十二日に硫黄島《いおうとう》の摺鉢山《すりばちやま》の山頂《さんちょう》に星条旗《せいじょうき》がひるがえったという世界的なニュースがあった。その掲揚《けいよう》場面の写真が、日本は別として、大きな反響《はんきょう》を世界にまき起こした。旗を押《お》し立《た》てている六人の兵士《へいし》が、その血統《けっとう》がインディアン、東欧《とうおう》からの移《い》民《みん》、フランス・カナダ系《けい》というように合衆国《がっしゅうこく》の構成《こうせい》人種をうまく代表していた。その写真はつまり「アメリカ」そのものであった。そのことがこの写真の人気をいっそう煽《あお》った。いや、これはアメリカ版《ばん》のB面史《し》であって、関係のない話であったか。

でも、この写真はなぜかいまも硫黄島《いおうとう》というとわたくしには象徴的《しょうちょうてき》に思いだせる。

硫黄島に星条旗をはためかせた兵士らはアメリカを象徴していた？

◆人道無視《むし》の無差別爆撃《ばくげき》

三月、五日間で攻略《こうりゃく》できるであろうと予定されていた硫黄島《いおうとう》の激戦《げきせん》がなおつづいているとき、マリアナ諸島《しょとう》の米第二十空軍司令部の不満は、爆発点《ばくはってん》に達しようとしていた。本土爆撃《ばくげき》開始いらいすでに四カ月に及《およ》んでいるのに、日本上空の強い偏西風《へんせいふう》に影響《えいきょう》されて、回数二十二回、のべ二千百四十八機の出撃《しゅつげき》、五千トンの投弾《とうだん》によっても、優先的《ゆうせんてき》に設定《せってい》された主目標十一のどれ一つとして壊滅《かいめつ》し得《え》なかったからである。隊の士気《しき》の日ましに落ちていくのに業《ごう》をにやしたカーチス・ルメイ少将《しょうしょう》は、ついに決断《けつだん》を下した。それまで守られてきた〝爆撃《ばくげき》の騎士道《きしどう》〟をかなぐり捨《す》てたのである。

一、日本の主要都市にたいし夜間の焼夷弾攻撃《しょういだんこうげき》に主力をそそぐこと。
二、爆撃《ばくげき》高度を五千～八千フィートとす。
三、各機は個々《ここ》に攻撃《こうげき》を行うこととす。（以下略《いかりゃく》）

作戦の根幹《こんかん》は焼夷弾《しょういだん》による低空からの市街地への無差別爆撃《ばくげき》である。
「日本の一般《いっぱん》家屋は木と紙だ。超低空《ちょうていくう》からの焼夷弾攻撃《しょういだんこうげき》で十分効果《こうか》があげられる」
とルメイは自信たっぷりにいった。

この新戦術《せんじゅつ》によるB29の大群の無差別絨毯爆撃《じゅうたんばくげき》が開始されたのが三月十日未明。それは東京の下町にたいする猛火《もうか》と黒煙《こくえん》とによる包囲焼尽《ほういしょうじん》作戦であった。

その夜、わが家は焼夷弾《しょういだん》の直撃《ちょくげき》をうけ、自分の家の火は何とか消したが、燃《も》え上《あ》がった付近の家の火はもう消すどころではなかった。「それは世界最大の火災《かさい》であった。ふき上がる火炎《かえん》の明かりで時計の文字盤《もじばん》が読めた」とアメリカ兵搭乗員《とうじょういん》は語ったという。わたくしはその火と煙《けむり》の海の中で「焼夷弾《しょういだん》は消せる」と真面目《まじめ》に消火活動したばかりに逃《に》げ遅《おく》れて、猛火《もうか》と黒煙《こくえん》に追いたてられ、ついには川に落ちて危《あや》うく生命を落としそうになるというひどい体験をした。しかし、そのことについてはすでに何度もかいているから略《りゃく》すことにする。

この無差別爆撃《ばくげき》の惨状《さんじょう》について、わたくしがウムと唸《うな》らせられた描写《びょうしゃ》がある。戦後の二十一年春にかかれたものであるが、作家坂口安吾《さかぐちあんご》の『白痴《はくち》』という小説である。この夜の絨毯爆《じゅうたんばく》撃《げき》後の下町の情景《じょうけい》を、大森《おおもり》に住んでいた安吾《あんご》はわざわざ〝見物〟にきたのである。わたくしが同じ話をくり返すよりも、これを引用したほうがずっといいことかと思われる。

「人間が焼鳥と同じようにあっちこっちに死んでいる。ひとかたまりに死んでいる。まったく焼鳥と同じことだ。怖《こわ》くもなければ、汚《きたな》くもない。犬と並《なら》んで同じように焼かれている死体もあるが、それは全く犬死で、然《しか》しそこにはその犬死の悲痛《ひつう》さも感慨《かんがい》すらも有りはしない。人間が犬の如《ごと》くに死んでいるのではなく、犬と、そして、それと同じような何物かがちょうど一皿の焼鳥のように盛《も》られ並《なら》べられているだけだった。犬でもなく、もとより人間ですらもない」

このリアリズム！　そう思う。辛《かろ》うじて生きのびたわたくしが、この朝に、ほんとうに数限《かぎ》りなく眼《め》にしたのはその「人間ですらない」ものであった。たしかにゴロゴロ転がっているのは炭化して真っ黒になった物。人間の尊厳《そんげん》とかいう綺麗事《きれいごと》はどこにもなかった。しかし、いま思うと、わたくしはそれまでにもあまりにも多くの爆弾《ばくだん》で吹《ふ》きちぎられた死体の断片《だんぺん》を見てきていたために、感覚がすっかり鈍磨《どんま》しきっていて、転がっている人間の形をしたそれらがもう気にもならなかったのである。

戦争というものの恐《おそ》ろしさの本質《ほんしつ》はそこにある。非人間的《ひにんげんてき》になっていることにぜんぜん気付かない。当然のことをいうが、戦争とは人が無残に虐殺《ぎゃくさつ》されることである。焼鳥のように焼け死ぬこと。何の落ち度もない、無辜《むこ》の人が無残に殺され転《ころ》がるだけのことである。とくに二十一世紀《せいき》の戦争は、人間的なものなど微塵《みじん》もないほどにいっそう非人間的《ひにんげんてき》な様相を呈《てい》するようになっている。しかも非情《ひじょう》な兵器の威力《いりょく》は人間の想像《そうぞう》を超《こ》えた。殺人《さつじん》に容赦《ようしゃ》はなく、大義《たいぎ》の有無《む》や正邪《せいじゃ》などは問われることなく、われら民草《たみくさ》はただ殺戮《さつりく》されることになる。楽しく語れるB面の話などまったくない。

　余計《よけい》な余計《よけい》な談義《だんぎ》であった。急いで本筋《ほんすじ》に戻《もど》ると、この九日から十日にかけての夜間攻撃《こうげき》による死者は、いまでも約十万ということになっている。焼失《しょうしつ》家屋二十六万戸、罹災者《りさいしゃ》百一万人。「東京空襲《くうしゅう》を記録する会」の調査報告《ちょうさほうこく》によると、正確《せいかく》には死者九万二千七百七十八人であるというが、それにしても一夜にしてこれほどの死者をだした戦闘《せんとう》の例は有史《ゆうし》いらいない。しかも死者は全員がまったくの非戦闘員《ひせんとういん》であり、それを百も承知《しょうち》のホロコースト（焼《や》き殺《ころ》し）を、日本の民草《たみくさ》はただただ運命と堪《た》えるしかなかった。これを「受忍《じゅにん》」というのであるそうだが、それが国家の命令に忠実《ちゅうじつ》な当時の日本人であった。そして十日正午のニュースで「帝都《ていと》に来襲《らいしゅう》、市街地を盲爆《もうばく》せり。右盲爆《もうばく》により都内各所に火災《かさい》を生じたるも、八時ごろまでに鎮火《ちんか》せり」とだけ大本営《だいほんえい》は発表したのである。

　三月十一日、蕭条《しょうじょう》たる焼野原からは離《はな》れた赤坂《あかさか》で帝国《ていこく》議会が再開《さいかい》され、首相《しゅしょう》、陸海相《しょう》、内相《ないしょう》らが決意そして戦況報告《せんきょうほうこく》などを演説《えんぜつ》した。小磯首相《こいそしゅしょう》は勇ましくもいい切った。

「驕慢《きょうまん》なる敵《てき》を洋上に撃滅《げきめつ》し、水際《みずぎわ》に叩《たた》き、陸上で殲滅《せんめつ》する！」

まだ焼けくすぶる焦土《しょうど》を眼《め》の前にして、どこを押《お》せば三段構《だんがま》えの殲滅《せんめつ》戦の大言壮語《たいげんそうご》が生まれるのであろうか。

敵《てき》はそんな強がりを歯牙《しが》にもかけない。二日後の十二日に名古屋、十四日大阪、十七日神戸、十八日北九州、二十日ふたたび名古屋、二十八日北九州に艦載機《かんさいき》、翌《よく》四月十三日には東京・山手、十五日は東京と無差別な絨毯爆撃《じゅうたんばくげき》がつづく。それらの「悲惨《ひさん》」は略《りゃく》とする。

ただ一ついえることは、この三月十日の空襲《くうしゅう》でわれら民草《たみくさ》は大いに学ぶところがあったのである。要はそれまでの防空演習《ぼうくうえんしゅう》などお遊びにすぎないということ、焼夷弾《しょういだん》は消せないということ。防空壕《ぼうくうごう》などというものは身を守るどころか、坐《ざ》して蒸《む》し焼《や》きにされるところ。川や運河《うんが》に飛びこんで助かろうとしても、火焔《かえん》は水面を走って顔面を焼き頭髪を燃《も》え上《あ》がらせ、黒煙《こくえん》が蔽《おお》いかぶさり窒息《ちっそく》させられるだけということ。

そしてわたくしが得《え》た教訓はただ一つ。黒澤明監督《くろさわあきらかんとく》『七人の侍《さむらい》』という名画のなかで、侍《さむらい》のひとりが百姓《ひゃくしょう》に戦い抜《ぬ》くための訓練をつけながらいっていた言葉、「いいか、戦《いく》さというものは走って走って走り抜《ぬ》くことだ。走っていれば生きられる。走れなくなったときは死ぬときだ」と。まったく然《しか》り。焼夷弾攻撃《しょういだんこうげき》をうけたならばいち早く逃《に》げて逃《に》げて逃《に》げ、火の及《およ》ばないところにゆくしか助かる道はない。

四月、五月にも東京は大空襲《だいくうしゅう》をうけたが、死者は数千人程度《ていど》であったように思う。それは民《たみ》草《くさ》がお上のいうことより実体験のほうを最大の教訓としたからにほかならないと、わたくしは不遜《ふそん》かもしれないが考えている。

いずれにしても、じつに情《なさ》けないことに、その悪魔《あくま》の使者のごときルメイどのに、昭和三十九年十二月にわが日本国は勲一等旭日大綬章《くんいっとうきょくじつだいじゅしょう》を授与《じゅよ》している。これを知らされたときのわたくしの怒髪《どはつ》が天をついたのは、いかがであろうか、無理はないことと読者は思われぬか。同時に、日本人の人の好《よ》さにホトホト愛想《あいそ》をつかした、いや感服したことも事実である。

◆統帥《とうすい》の外道《げどう》・特攻《とっこう》

三月二十三日の朝、読谷《よみたん》、嘉手納《かでな》、小禄《おろく》、伊江《いえ》の沖縄の日本軍の飛行場はいっせいに艦載機《かんさいき》の攻撃《こうげき》をうけ濛々《もうもう》たる爆煙《ばくえん》につつまれた。那覇《なは》の軍港も徹底的《てっていてき》に叩《たた》かれ炎《ほのお》と煙《けむり》のなかにある。しかし迎撃《げいげき》する日本軍戦闘機《せんとうき》は一機もいなかった。そして夕方六時、まるで勤務《きんむ》が終ったかのように、敵艦載機《てきかんさいき》群はさっと引《ひ》き揚《あ》げていった。

翌日《よくじつ》も、またその翌日《よくじつ》も、夜明けとともに敵機《てっき》は来襲《らいしゅう》し、攻撃《こうげき》は夕刻《ゆうこく》まで正確《せいかく》にくり返された。二日目の午後からは、機動部隊護衛《ごえい》の戦艦《せんかん》・重巡《じゅうじゅん》部隊からの艦砲射撃《かんぽうしゃげき》も開始された。

沖縄上陸作戦がはじまったのである。

二十六日、大本営《だいほんえい》はここに沖縄防衛《ぼうえい》のための天一号作戦を下令した。杉山陸相《すぎやまりくしょう》は全国民にむけて勇ましい談話を発表する。

「肉を斬《き》らせて骨《ほね》を断《た》つ。これが日本剣道《けんどう》の極意《ごくい》である。戦争の極意《ごくい》もまた然《しか》りである。必ず敵《てき》を殲滅《せんめつ》して宸襟《しんきん》を安んじ奉《たてまつ》る」

しかし、第一線の指揮官《しきかん》の苦悩《くのう》の色は濃《こ》かった。

「連合艦隊《かんたい》は本日『天一号作戦発動』を下令、ここに挙軍決戦に入る。／右により二航空艦《こうくうかん》隊余《たいよ》の指揮《しき》下に入る。これまた練度未熟《みじゅく》の後詰《ごづめ》、とても心細き次第《しだい》なり」

沖縄航空《こうくう》決戦の総指揮《そうしき》をとる第五航空艦隊《こうくうかんたい》司令長官宇垣纏《うがきまとめ》中将《ちゅうじょう》の日誌《にっし》『戦藻録《せんそうろく》』二十六日の記録である。航空《こうくう》決戦を豪語《ごうご》しようにも「練度未熟《みじゅく》」のものばかり、つまりは十死零生《じっしれいせい》の特攻攻撃《とっこうこうげき》のほかに戦法はない。

四月一日、快晴《かいせい》下の嘉手納《かでな》正面に米軍が上陸、沖縄攻略《こうりゃく》作戦がはじまった。海兵二個師団《こしだん》、陸軍二個師団《こしだん》を基幹《きかん》とする十八万三千人が先陣《せんじん》に立つ。嘉手納《かでな》沖は、ひしめき合う上陸用舟《しゅう》艇《てい》にうずめられた。これ以前に天一号作戦下令のもとに、ほそぼそと、ときに十数機が翼《つばさ》をつらねて敵大艦隊《てきだいかんたい》にたいする特攻攻撃《とっこうこうげき》を開始していたが、本格的《ほんかくてき》な特攻《とっこう》作戦が開始されたのは四月六日、陸海軍機の協同攻撃《こうげき》による菊水《きくすい》一号作戦からといっていいかもしれない。同じ日、連合艦隊《かんたい》は最後の水上部隊である戦艦大和《せんかんやまと》を中心とするわずか十隻《せき》の残存《ざんそん》の艦隊《かんたい》にも特攻出撃《とっこうしゅつげき》を命じている。

沖縄攻防戦《こうぼうせん》がはじまってからは、もう志願《しがん》にして志願《しがん》にあらず、諾否《だくひ》を許《ゆる》さない状況《じょうきょう》下で非情《ひじょう》の作戦命令として、軍部は一丸となって特攻《とっこう》の組織化《そしきか》を急いだのである。ここに一つの海軍の極秘《ごくひ》文書が残されている。一部の特攻隊員《とっこうたいいん》に手渡《てわた》されたものである。

「一、最後マデ照準《しょうじゅん》セヨ。眼《め》ヲツムルナカレ。眼《め》ヲツムレバ命中セズ。

二、過速《かそく》トナルナカレ。六百キロメートル以上ハ、最後ノ舵《かじ》キカズ。

三、命中角度ハ六十度～四十度ヲ可《か》トス」

軍上層部《じょうそうぶ》が定めたもので、さまざまな実験の結果、体当たり攻撃《こうげき》は突入《とつにゅう》する角度で効果《こうか》の違《ちが》うことが判明《はんめい》したのである。三十度の角度では六十度の角度にくらべて三分の一の威力《いりょく》しか示《しめ》さない。また速力が六百キロメートル（時速）以上になると、零戦《ぜろせん》は操縦《そうじゅう》ができなくなる。そのことを心得《こころえ》の条《じょう》として示《しめ》したのである。特攻隊《とっこうたい》の若《わか》き戦士《せんし》がこれをどんな思いで読んだものか。何とも無残、非情《ひじょう》、残酷《ざんこく》なことというほかはない。

元海軍少佐安延多計夫《やすのぶたけお》氏が調査《ちょうさ》した航空機《こうくうき》の特攻《とっこう》の数字がある。八月十五日までに陸海軍合わせて二千四百八十三機、命中機は二百四十四機。至近弾《しきんだん》、つまり敵艦艇《てきかんてい》のそばに突《つ》っこみ少しでも損傷《そんしょう》を与《あた》えたもの百六十六機。したがって奏効率《そうこうりつ》一六・五パーセント。戦死した人が海軍二千五百三十五名、陸軍千八百四十四名であったという。わたくしの調べでは海軍二千六百三十二名、陸軍千九百八十三名なのであるが……。どの範囲《はんい》まで数えるかによって差がでるという問題になるが、ほぼこれほど多くの若《わか》ものが生命を散らしたということになる。

ちなみに回天特別攻撃隊《こうげきたい》で亡《な》くなった人が八十名。ただ、出撃《しゅつげき》前の訓練で殉職《じゅんしょく》した人が十六名いる。桜花《おうか》、すなわちロケット爆弾《ばくだん》（人間爆弾《ばくだん》）での戦死が五十六名。ただし桜花《おうか》を抱《いだ》いていった親機である一式陸上攻撃機《こうげきき》も落とされていて、総計《そうけい》五十二機で搭乗員《とうじょういん》三百七十二名。しかも桜花《おうか》は命中ゼロ。それに援護《えんご》の戦闘機《せんとうき》の搭乗員《とうじょういん》も同じくらい撃墜《げきつい》されてしまっている。

しかし五月二十九日付の朝日新聞には「一発轟沈神雷特攻隊《ごうちんじんらいとっこうたい》　ロケット弾《だん》に乗って敵艦《てきかん》船群に体当り」の見出しで、くわしくも華々《はなばな》しく報《ほう》ぜられていた。

「攻撃機《こうげきき》の腹下《はらした》に収《おさ》めて敵艦隊《てきかんたい》上空にいたり、上空に到達《とうたつ》するや噴射推進《ふんしゃすいしん》式の『人間爆弾《ばくだん》』が人体の耐《た》え得る最大速力を以《もっ》て敵艦《てきかん》に突入《とつにゅう》、一屯《とん》といわれるその炸薬《さくやく》を以《もっ》て一発必ず敵《てき》空母、戦艦《せんかん》を瞬時《しゅんじ》に轟沈《ごうちん》せしめるものである」

飛行機、水中兵器、水上兵器、それにロケット。なぜ若《わか》ものがそこに最後まで乗っていかなければならなかったのか。ただ目標に方向をきちんと定めるだけ、そのためにだけといっていい。技術《ぎじゅつ》と資金《しきん》の不足を人間の生命で贖《あがな》ったのである。手段《しゅだん》に窮《きゅう》したから精神主義《せいしんしゅぎ》に頼《たよ》る、若《わか》ものが犠牲《ぎせい》になってもらう。こうした風潮《ふうちょう》はいまも決して失《う》せたわけではない。

こうかきながら、悪ガキのころからさんざんに仕込《しこ》まれた「武士道《ぶしどう》」をついつい想起してしまう。死ぬ事と見付けたり、死は鴻毛《こうもう》よりも軽《かろ》し、不惜身命《ふしゃくしんみょう》、などなどとともに、死して悠《ゆう》久《きゅう》の大義《たいぎ》に生きる、という武士道《ぶしどう》の究極の極意《ごくい》なるものを。武士道《ぶしどう》における生命とは、単なる個人《こじん》の生命ではなく、悠久《ゆうきゅう》の国家の生命をつなぐ長い鎖《くさり》のなかの一環《いっかん》として、おのれの生命を位置づけなければならぬのである、とコンコンと教え諭《さと》されたものであった。

中学生には理解不可能《りかいふかのう》といってよかった。わからんなら、もういっぺんいう。いいか、日本人の死というのは、光輝《こうき》ある民族精神《せいしん》の継承《けいしょう》という尊《とうと》いものがふくまれておる。先祖《せんぞ》からうけついだ高貴《こうき》の遺産《いさん》の上に、なにがしかの意義《いぎ》あるものを加え、それを子孫に譲《ゆず》り渡《わた》す、その崇高《すうこう》な任務《にんむ》を果たすための死と思えば、何事かある、死は恐《おそ》るるに足らずだ。死して悠久《ゆうきゅう》の大《たい》義《ぎ》に生きるとは、ざっとそういうことだ。……

いま思いだしながらかいているのであるが、恐《おそ》らく多くの特攻隊《とっこうたい》の若《わか》ものたちも同じようなことを上のものからいわれていたのではないか。

くり返す、特攻攻撃《とっこうこうげき》とは、軍上層部《じょうそうぶ》の無責任《むせきにん》かつ人間無視《むし》の非情《ひじょう》の作戦でしかなかった。精神的《せいしんてき》な苦痛《くつう》や動揺《どうよう》を乗りこえて、まっすぐに死地に赴《おもむ》いた若《わか》い人たちの心情《しんじょう》を思うと、辛《つら》すぎる。親潜水艦《せんすいかん》から、回天《かいてん》に乗りこんで下から扉《とびら》をガチャッと閉《し》めるとあとはもう戻《もど》れない。たった一人で操縦桿《そうじゅうかん》を握《にぎ》り、暗い海の中を敵艦《てきかん》を目指した若《わか》ものたちは、いかなる思いを抱《いだ》いて突《つ》き進《すす》んでいったのか……。

これ以上はあまりに悲しすぎるので、もうかき進めることをやめにしたい。いまにしては、われら想《おも》いを正しく馳《は》すこともなく、安穏《あんのん》に死者への挽歌《ばんか》をうたうべきではない、と強く思っている。と、かいたそばから一人の元海軍少佐の言葉を思いだした。美濃部正《みのべただし》という当時、千葉県木更津《きさらづ》の第三航空艦隊《こうくうかんたい》の最若輩《じゃくはい》の飛行隊長であった。ときに二十年二月、連合艦隊《かんたい》司令部主催《しゅさい》の次期作戦会議の席上でのこと。会議は連合艦隊参謀《かんたいさんぼう》の「全機特攻《とっこう》」にだれも異論《いろん》をとなえるものがなく終ろうとした。そのときに、若輩《じゃくはい》の少佐が立ち上がったのである。彼《かれ》は「このためたとえ銃殺刑《じゅうさつけい》をうけることになろうとも甘《あま》んじて受けよう」という悲壮《ひそう》な覚悟《かくご》で、正面から反対論《はんたいろん》をぶった。

「練習機までつぎ込《こ》んでいる戦略戦術《せんりゃくせんじゅつ》のあまりにも幼稚《ようち》な猪突《ちょとつ》で、ほんとうに勝てると思っているのですか。降伏《こうふく》なきわれら皇軍《こうぐん》にはいまや指揮官《しきかん》先頭、全力決戦死闘《しとう》して、天皇《てんのう》および国民にお詫《わ》びする時なのではありませんか。訓練も行《い》き届《とど》かない少年兵、前途《ぜんと》ある学徒《がくと》を死突《しとつ》させ、無益《むえき》な道づれにして何の菊水《きくすい》作戦でありますか」

結果として、彼《かれ》が指揮《しき》する芙蓉《ふよう》部隊の三百人の部下は特攻編制《とっこうへんせい》からはずされ、夜襲《やしゅう》部隊として菊水《きくすい》作戦に参加することになる。少佐は常《つね》に陣頭《じんとう》に立った。戦死者も多くでたが、ともかくも十死零生《じっしれいせい》の作戦を強要する権利《けんり》はない、という統帥《とうすい》の正道を少佐は守りぬいた。

「これで海軍からは抹殺《まっさつ》されるなと思いつつ発言をつづけたとき、身体は自然にぶるぶる震《ふる》えましたな」

と、ちょっと苦笑《くしょう》の表情《ひょうじょう》をみせながら、元少佐はわたくしの取材に答えていた。

◆東京は完全に爆砕《ばくさい》した

四月一日からはじまった沖縄攻防戦《こうぼうせん》の実相は、当然のことながら民草《たみくさ》のほとんど知るところではなかった。そして四月二十七日には情報局総裁下村宏《じょうほうきょくそうさいしもむらひろし》がラジオを通して内地の民草《たみくさ》の尻《しり》を叩《たた》く大演説《だいえんぜつ》をぶち、情況《じょうきょう》がかならずしも優勢《ゆうせい》に進んでいないことを知らせた。ただしわが日本軍も相当の犠牲《ぎせい》をだしているが、飛行機と艦船《かんせん》の損耗《そんもう》では敵《てき》のほうがケタ違《ちが》いに大きい。とにかくいまこそ前線も銃後《じゅうご》もなく、一億が火の玉とならなければならないときだ、といったあとでこう結論《けつろん》した。

「一億総特攻《そうとっこう》あってこそ神州《しんしゅう》は不滅《ふめつ》であり、大東亜《だいとうあ》戦争の完遂《かんすい》期して待つべきものがあるのである」

こうして少しくわしく時間を追ってかけばかくほどA面的になっていくばかりである。どんな苛酷《かこく》な環境《かんきょう》であったとしても、そこに生きて暮《く》らしているかぎり、人びとのささやかな喜怒《きど》哀楽《あいらく》はあったはずである。しかしながら、民草《たみくさ》ののんびり落ち着いた、まともな、居酒屋《いざかや》でオダをあげたり、友人と冗談《じょうだん》やら猥談《わいだん》やらをいえる生活、つまりB面の歴史《れきし》を綴《つづ》ることが容易《ようい》ではなくなっている。それにわたくしはこれまでにも『15歳《さい》の東京大空襲《だいくうしゅう》』（ちくまプリマー新書）や『原爆《げんばく》が落とされた日』（PHP文庫）などで、かなりくわしくこれ以後のことをかいている。ほんとうはここですっぱりと筆を擱《お》きたいとも思うのであるが、いくつかの拙著《せっちょ》を参考にもう少しすすめることにする。

五月、永井荷風《ながいかふう》が日記に「近日見聞録」と題して東京の現状《げんじょう》を皮肉まじりにかいている。

「一、東京市街焦土《しょうど》となりてより戦争の前途《ぜんと》を口にする者憲兵署《けんぺいしょ》に引致《いんち》せられ、また郵書《ゆうしょ》の検閲《けんえつ》を受け罰《ばつ》せらるる者はなはだ多しと云《い》う、

一、目黒祐天寺《めぐろゆうてんじ》辺に住せる売卜者《ばいぼくしゃ》、この頃《ごろ》大に人気あり、戦争は六月中日本が勝ちにて突然《とつぜん》終局に至《いた》ると言える由《よし》、新宿笹塚《しんじゅくささづか》辺にもお地蔵《じぞう》様のお告《つげ》なりとて戦争終局同じく六月中なりとの流言盛《さかん》なる由《よし》」（八日）

もう一人、作家内田百閒《うちだひゃっけん》の日記を。こっちは焦土《しょうど》の東京にツバメの飛来している喜《よろこ》びを記している。

「四谷《よつや》駅の麹町《こうじまち》口の軒《のき》に今年も燕《つばめ》が巣をつくり、今日見たら卵《たまご》を温めているらしい。ぐるりが廃墟《はいきょ》になったので今年は来るかしらと心配していたが、今までどおりやって来て、まず安心した」（十六日）

そしてその四日前の朝日新聞には、何ともとぼけた記事が載《の》っていてびっくりする。三月十日の大空襲《だいくうしゅう》で焼けだされて茨城県下妻市在《しもつましざい》の村に疎開《そかい》していたわたくしの記憶《きおく》にはまったくないことであるが。

「朝日新聞社が全国の少国民たちからB29やP38、グラマンなどにつけるアダ名を募集《ぼしゅう》したが、このほど次のように呼《よ》ぶことに決まった。少国民の激《はげ》しい敵愾心《てきがいしん》が結集して敵機《てっき》に進上した傑作《けっさく》の名は、B29が『ビイ公』、P38はめざしにして撃墜《げきつい》してやるというので『めざし』、艦上《かんじょう》機のグラマンはぶんぶんうるさく鳴ってくるというので『くまん蜂《ばち》』」（十二日付）

そんな悠長《ゆうちょう》な応募《おうぼ》をやっているときにあらずと思えるのであるが、じつは新聞は、この年の一月から編集《へんしゅう》関係の指導《しどう》や用紙割当《わりあ》ての重要部門を、情報局《じょうほうきょく》にひきあげられ直接統制《ちょくせつとうせい》のもとにおかれていたのである。その結果、「日本新聞会」は解散《かいさん》し、三月からは「日本新聞公社」が設立《せつりつ》、情報局《じょうほうきょく》の協力機関となった。いつか大本営《だいほんえい》発表の掲載《けいさい》方法や取扱《とりあつか》いまでが、情報局《じょうほうきょく》や軍の指令するところとなり、編集権《へんしゅうけん》は新聞記者の手から情報局《じょうほうきょく》に強奪《ごうだつ》されていた（らしい）のである。

つまり軍や情報局《じょうほうきょく》の「記事指導《しどう》」というのがあり、新聞記事のかき方までが指導《しどう》されることになっていた。たとえば、特攻隊《とっこうたい》の記事はこう指導《しどう》されていたという。（イ）父兄《ふけい》の感想談中に、子弟《してい》を過度《かど》に賞揚《しょうよう》またはことさらに冷評《れいひょう》せざること、（ロ）わかき未亡人《みぼうじん》の感想を取《と》り扱《あつか》わざること、（ハ）家庭の悲惨《ひさん》感を印象《いんしょう》せしめざること、などなど。

しかも新聞社は協力一致《いっち》（？）して四月の終りごろに妙《みょう》な声明をだしている。

「来《きた》る五月一日を以《もっ》て、二種の新聞を御購読《ごこうどく》の各位には、一紙に限《かぎ》り購読《こうどく》願うことになりました。右は戦局緊迫《きんぱく》に伴《ともな》う新聞用紙に対処《たいしょ》し報道《ほうどう》使命の完遂《かんすい》を期せんがための措置《そち》でありますから各位の御協力《ごきょうりょく》を願います。ついては各配給所よりそれぞれ手配しますから御諒承《ごりょうしょう》願います」

そして朝日・東京・日本産業経済《けいざい》・毎日・読売報知《ほうち》と五社の名が連ねられている。要するに用紙も記事も当局におさえられて言論《げんろん》の自由なんてものはない。どれも同じ、ということを各新聞社が告白《こくはく》しているのである。

こうして日本人のほとんどが、戦争に敗《ま》けているのは明らかであるが、勝っていると思いこまされわけのわからない輿論《よろん》がつくられ、いろいろな考え方が一色に染《そ》めあげられて一つの方向に引きずられていく。陸軍報道部長《ほうどうぶちょう》は新聞とラジオを通して民草《たみくさ》の尻《しり》を大いに叩《たた》いた。

「古来勝者は常《つね》に強靭《きょうじん》な神経《しんけい》と烈々《れつれつ》たる闘志《とうし》をもって難局《なんきょく》を突破《とっぱ》してきた。戦う銃後《じゅうご》は静かな落着きのなかに燃《も》ゆる闘志《とうし》を蔵《ぞう》することがいちばん大事である。そして負《ま》けじ魂《だましい》を職場《しょくば》に生かし、日常《にちじょう》の生活のなかに生かさねばならない。私《わたし》は確信《かくしん》する。〝勝利は必ず勝つとの信念に存《そん》し、敗北は敗《やぶ》れたりとの感覚による〟と」

ではあるけれども、東京は五月二十四日の五百二十機による焼夷弾《しょういだん》三千六百四十トン、さらに二十五日から二十六日未明にかけての五百二機による三千二百六十三トンの猛攻《もうこう》をうけ、焼け残っていた西部、北部ならびに中央部が灰燼《かいじん》となった。東京駅、乃木《のぎ》神社、海軍省、陸相官邸《かんてい》、三笠宮邸《みかさのみやてい》、秩父宮邸《ちちぶのみやてい》、大宮御所《おおみやごしょ》などから、ついに宮城正殿《きゅうじょうせいでん》も炎上《えんじょう》する。必勝の信念とはかかわりのないきびしい現実《げんじつ》なのである。

疎開《そかい》していたわたくしは、宮城正殿《きゅうじょうせいでん》などの焼失《しょうしつ》の記憶《きおく》はおぼろげであるが、伊勢神宮《いせじんぐう》が炎上《えんじょう》したときのことはしっかりと覚えている。この伊勢《いせ》の大神《おおがみ》さまこそが国難《こくなん》を救《すく》い給《たま》う神通力のある神と信じていたのに、それが焼夷弾《しょういだん》で焼け落ちたというのである。このとき、おやじがいった言葉がいまも忘《わす》れられない。

「そうなんだ。神がかりで戦争に勝てるはずがないんだ。坊《ぼう》ッ、お前もその覚悟《かくご》をしろ」

それはともかく、二十六日の夜が明けたとき、四月七日から内閣《ないかく》を率《ひき》いることになった鈴木《すずき》貫太郎首相《かんたろうしゅしょう》は天皇《てんのう》へのお詫《わ》びの談話を発表する。さらに民草《たみくさ》にもおのれの決意をのべる。

「この道義《どうぎ》を無視《むし》する敵《てき》を撃滅《げきめつ》することをもって、この非礼《ひれい》きわまる蛮行《ばんこう》にたいする返答とするの決心をいよいよ深くした次第《しだい》であります。私《わたし》はおそらく一億国民の胸中《きょうちゅう》もみな私《わたし》の気持と同じであると信じます。……」

はたして民草《たみくさ》の気持ちが同じであったかどうか。三十日付の毎日新聞「硯滴《けんてき》」欄《らん》が悲しむべき道義《どうぎ》の低下をするどく衝《つ》いている。つまり、断乎滅敵《だんこめってき》の気持ちがかなり怪《あや》しくなっていたといえるのではないか、と。すなわち「忍《しの》ぶべからざることは、悪質《あくしつ》の地金があまりにも露出《ろしゅつ》している世相の一面がある。壕舎生活《ごうしゃ》をしているひとがいちばん嘆《なげ》いていることは、盗難《とうなん》の多いことで、盗《ぬす》まれるものなんかありそうもない壕舎専門《ごうしゃせんもん》の泥棒《どろぼう》がいるとみえ、届《とど》けとかなんとか、いろいろの手続きに奔走《ほんそう》している留守《るす》に狙《ねら》われる。配給一切《いっさい》をやられた人々は少なくないし、さらに気《き》の毒《どく》をきわめるのは、唯一《ゆいいつ》の持出品、リュックサックにいれておいた大切な書類を失った人々である」。

列車や電車の座席《ざせき》の革《かわ》やビロードは完全なまでに切りとられ、ボロむきだしになったが、これとても下駄《げた》の鼻緒《はなお》そのほかの原料として闇《やみ》ルートで売られたためであった。しかも元凶《げんきょう》は車輛《しゃりょう》を大切にしなければならないはずの鉄道従業員《じゅうぎょういん》であったともいう噂《うわさ》が広まった。

少し先の話になるが、ジャガイモを盗《ぬす》んだというので、横浜《よこはま》の南太田町《みなみおおたまち》の自警団《じけいだん》がこの男を捕《つか》まえて撲殺《ぼくさつ》したという事件《じけん》があった。それを七月八日に横浜地検《よこはまちけん》があえて起訴猶予《きそゆうよ》にしたということを新聞が報《ほう》じたが、だれも奇異《きい》とは思わなかった。

道義《どうぎ》は日に日に地に堕《お》ちた。盗難《とうなん》は頻々《ひんぴん》として生じ、ある大通りで、焼け残った電柱に中年の男が縛《しば》られていて上に貼《は》り紙《がみ》がしてあった。「焼跡《やけあと》で盗《ぬす》みを働いた不届至極《ふとどきしごく》の者なり。見せしめのため衆目《しゅうもく》にさらすものである」とかかれていた。人びとは生きるためだけの努力をする。爆弾《ばくだん》が人間を裸《はだか》にし虚栄《きょえい》の観念を奪《うば》ったあとには、民草《たみくさ》は遠い道を歩くことに慣《な》れ、入浴は週一度、ハンドバッグの代わりに大根を下げて歩くことを誇《ほこ》りとするようになった。

作家邦枝完二《くにえだかんじ》の日記も引いておきたい。

「五月三十一日……〔大正十二年の震災《しんさい》は〕一両年にして華《はな》やかなる復興《ふっこう》を完備《かんび》せり。いまや敵国《てきこく》の飛行機来りてひとと物とを滅《めっ》し去らんとす。いつの日か復興《ふっこう》のことあらんや。ハンブルクの如《ごと》く、ロンドンの如《ごと》く、やがて東京都は武蔵野《むさしの》の昔に返るなるべし。国破《やぶ》れて山河《さんが》あり。なんとしても勝たねばならぬ戦争だけに、敵《てき》を知らずして作戦を開始したる軍当局の明なきを悲しむや切なり。これ独《ひと》り余《よ》のみならんや」

「武蔵野《むさしの》の昔」とは、少々いいすぎかもしれないが、東京の六月末の人口は二百五十四万人、前年十九年二月の六百六十九万人とくらべると三分の一近くにまで減《へ》っていた。

同じ日、サイパン島にいたカーチス・ルメイ少将《しょうしょう》は声明を発した。

「東京はほとんど完全に爆砕《ばくさい》した。この結果、東京は軍事目標ではなくなった。現在灰燼《げんざいかいじん》に帰せる区域《くいき》は、宮城《きゅうじょう》を中心とする五十一平方哩《マイル》である。マリアナ基地《きち》のB29は七百五十機に達し、実働機は五百三十機である」
そしてこの日以後、米軍機の目標は多くの地方都市に移《うつ》されていくのである。

◆「沖縄県民斯《か》く戦へり」

四月いらい激戦《げきせん》がつづいてきた沖縄攻防戦《こうぼうせん》も、六月になったころは勝敗が明らかになっている。が、陸軍は多くの避難民《ひなんみん》がいる南部へと撤退《てったい》し、持久戦《じきゅうせん》をつづける戦術《せんじゅつ》を選んでいた。もはやあらためてかくまでもないであろう。大日本帝国《ていこく》にとって、沖縄防衛《ぼうえい》は本土決戦準備《じゅんび》のための時間稼《かせ》ぎであったのである。沖縄戦の作戦を立案した防衛軍参謀《ぼうえいぐんさんぼう》八原博通《やはらひろみち》は戦後に「本土決戦を有利ならしむる如《ごと》く行動」「戦略的《せんりゃくてき》には持久戦《じきゅうせん》」と著書《ちょしょ》に記している。そのために軍は県民を「軍官民共生共死」のスローガンのもとに戦闘《せんとう》にまきこんだ。一言でいえば、沖縄は本土の盾《たて》にされ、県民は軍の盾《たて》にされて死ななければならなかったのである。

それゆえB面の話などはない。のであるが、ここでは、二つの言葉だけを残しておく。一つはあまりにも有名なものであるが、あえてかく。六月六日付の、沖縄方面特別根拠地隊《こんきょちたい》司令官大田実《おおたみのる》海軍少将《しょうしょう》が発した海軍次官あての長文の電文である。これを読むたびに粛然《しゅくぜん》たる思いにかられる。これほど尊《とうと》くも悲しい報告《ほうこく》はないと思われるからである。その一部を――。

「沖縄島ニ敵攻略《てきこうりゃく》ヲ開始以来、陸海軍方面防衛戦闘《ぼうえいせんとう》ニ専念《せんねん》シ、県民ニ関シテハ殆《ほとん》ド顧《かえり》ミルニ暇《ひま》ナカリキ。然《しか》レドモ本職《ほんしょく》ノ知レル範囲《はんい》ニ於《お》テハ、県民ハ青壮年《せいそうねん》ノ全部ヲ防衛召集《ぼうえいしょうしゅう》ニ捧《ささ》ゲ、残ル老幼婦女子《ろうようふじょし》ノミガ相次グ砲爆撃《ほうばくげき》ニ家屋ト家財《かざい》ノ全部ヲ焼却《しょうきゃく》セラレ、……」

にもかかわらず、沖縄県民が総力《そうりょく》をあげて軍に協力し、敵《てき》上陸いらい戦いぬいている事実を大田《おおた》少将《しょうしょう》は記して、こう結んだ。

「沖縄県民斯《か》ク戦ヘリ。県民ニ対シ後世特別ノ御高配《ごこうはい》ヲ賜《たまわ》ランコトヲ」

日本軍は常《つね》に軍の作戦を至高至上《しこうしじょう》のものとし、日本国民はただそれに従《したが》うべきものときめて、日中戦争いらいのこの長い戦争を戦いつづけてきた。そのときに非戦闘員《ひせんとういん》にたいするかくも美しい心遣《こころづか》いを示《しめ》した軍人のいたことを、わたくしたちは心から誇《ほこ》っていい。

それともう一つは、沖縄ひめゆり学徒隊《がくとたい》隊長西平英夫《にしひらひでお》の最後の訓示《くんじ》である。六月十八日に野戦病院長より「学徒《がくと》動員は本日をもって解散《かいさん》を命ずる。自今行動は自由たるべし」との最後の命令がでる。それまでに死者十一名、ほか負傷者《ふしょうしゃ》多数をだしていたとはいえ、なお百四十名余《あまり》の隊員が残っていた。その夜、沖縄の戦場は青白い月明のもとにかがやいていたという。壕《ごう》内に生徒を集めて西平《にしひら》は別れの訓示《くんじ》を与《あた》えた。

「皇軍《こうぐん》の必勝を期して頑張《がんば》ってきたが、残念ながらこんな結果になってしまった。今となっては、われわれに残されている道は国頭突破《くにがみとっぱ》しかない。……皆《みな》が一かたまりになっていくわけにはいかないから、それぞれ四、五名の班《はん》をつくって行くことにする。……しかし戦線突破《とっぱ》は決してやさしいものではない。もし誰《だれ》かが傷《きず》つき動けないようなことがあったら捨《す》てて行け。戦争というものは不人情《ふにんじょう》なものなのだ。……不幸にして負傷《ふしょう》した場合には、負傷者《ふしょうしゃ》もその点はよく覚悟《かくご》をしなければならない。一人の負傷者《ふしょうしゃ》のために皆《みな》死んでしまってはなんにもならない。一人でも多く生き残らねばならない。

しかし——捕虜《ほりょ》になるな」

捕虜《ほりょ》になった沖縄女性《じょせい》に関する記事を、戦場で刷られたタブロイド判《ばん》の新聞・沖縄民報《みんぽう》で女生徒たちは読んでいた。命惜《お》しさに敵陣《てきじん》に走った女性《じょせい》が米兵にさんざんもてあそばれた末、軍《ぐん》艦《かん》に乗せられ毎夜のように彼女《かのじょ》たちの悲しい歌が海上に流れているという。敵中突破《てきちゅうとっぱ》して生き残れ、しかし捕虜《ほりょ》となるな、この大きな矛盾《むじゅん》を彼女《かのじょ》たちは当然のことと胸《むね》にうけとめた。

十九日午前一時、月明下の脱出《だっしゅつ》がはじまった。「先生、行きます」「気をつけて行け」。あとにつづくのは砲弾《ほうだん》の炸裂音《さくれつおん》と、幾筋《いくすじ》もの赤い火箭《かせん》であった。壕《ごう》は次第《しだい》に空間を多くしていき、無限《むげん》の闇《やみ》のなかに静まっていった。

その後のひめゆり部隊の記録は伝えている。戦死三十四名、行方《ゆくえ》不明六十名、生き残ったもの六十三名と。沖縄の戦いの民草《たみくさ》の悲惨《ひさん》とは、いわば共通してこのようなものであった。

◆「全員最後の攻勢《こうせい》」

そしてもう一話、すでに前にかいたことであるが、特攻《とっこう》隊員の遺《のこ》した川柳《せんりゅう》について記しておきたい。『きけわだつみのこえ』などで特攻《とっこう》隊員の遺書《いしょ》、あるいは悲痛《ひつう》な遺詠《いえい》の詩歌《しいか》は数多く目にするが、およそ川柳《せんりゅう》のあることは考えだにしないことであった。松田征士《まつだまさし》氏が発掘《はっくつ》したそれに川柳《せんりゅう》の総合雑誌《そうごうざっし》「川柳《せんりゅう》マガジン」で初めて接《せっ》したとき、しばし痛哭《つうこく》の涙《なみだ》が目に溢《あふ》れでてきたことがいまも忘《わす》れられない。

「前進基地《きち》の鹿児島県第一国分基地《こくぶきち》で、出撃《しゅつげき》待機中に川柳《せんりゅう》をつくった四人の若者《わかもの》がいた。（中略《ちゅうりゃく》）盛岡《もりおか》高等工業学校の及川肇《おいかわはじめ》（岩手県）、米沢《よねざわ》高等工業学校の遠山善雄《とおやまよしお》（山形県）、東京薬学専門《せんもん》学校の福知貴《ふくちたかし》（島根県）、日本大学の伊熊二郎《いくまじろう》（静岡県）である」と松田《まつだ》氏が紹《しょう》介《かい》しており、その遺《のこ》した川柳《せんりゅう》は百句《く》に及《およ》ぶという。

彼《かれ》らは神風《かみかぜ》特別攻撃《こうげき》隊第三御盾《みたて》隊として、三月三十日に陸軍の第一国分基地《こくぶきち》に進出している。米軍の沖縄上陸のまさに直前である。

　女とは良いものだぞと友誘《さそ》い

　未《ま》だ生きているかと友が訪《おとず》れる

　能筆《のうひつ》は、遺書《いしょ》に代筆よくはやり

自分の死も生も、すべて客観視《きゃっかんし》しているこのリアリズムこそ川柳《せんりゅう》の神髄《しんずい》であると思えるが、いや、四人の若《わか》ものはだれもが生きることをとうに諦《あきら》めきっていたのかもしれない。

　生きるのは良いものと気付く三日前

　後三日、酔《よ》ふて泣く者、笑ふ者

出撃《しゅつげき》予定は三日前に通達されたものと、これらの句《く》でわかる。その三日間、彼《かれ》らはどのような想《おも》いで朝夕を迎《むか》えていたのであろうか。

諸共《もろとも》と思へばいとしこのしらみ
アメリカと戦う奴《やつ》がジャズを聞き
人形を抱《だ》いて寝《ね》ている奴《やつ》もあり

四月六日、菊水《きくすい》一号作戦の発動で、出撃《しゅつげき》してふたたび還《かえ》らざる陸海軍協同の特攻機《とっこうき》二百十五機。及川《おいかわ》と遠山《とおやま》の二人がその一員として征《い》った。戦果は撃沈《げきちん》駆逐艦《くちくかん》三隻《せき》、損傷《そんしょう》空母一、駆《く》逐艦《ちくかん》十五隻《せき》など（米海軍発表による）。

生き残った二人はなおも句作《くさく》にはげんだ。

特攻隊《とっこうたい》神よ神よとおだてられ
慌《あわ》て者《もの》小便したいままで征《い》き
万歳《ばんざい》がこの世の声の出しをさめ
父母恋《こい》し彼女恋《かのじょこい》しと雲に告《つ》げ

四月十一日、特攻出撃《とっこうしゅつげき》三十九機。残っていた福知《ふくち》と伊熊《いくま》の名もそのなかにある。この日、わが艦艇《かんてい》に沈《しず》みしものなし、と米海軍省は得々《とくとく》として発表している。それにしても、とあらためて思う。再度《さいど》いいたい。スローガンにいう「一機一艦《かん》を屠《ほふ》る」が幻《まぼろし》であることをとくと承知《しょうち》しながら、数限《かぎ》りない有為《ゆうい》の青年たちを十死零生《じっしれいせい》の作戦敢行《かんこう》にかりたてていった指導者《しどうしゃ》たちの無責任《むせきにん》さというものについて、われわれは何をいうべきかと。言葉を失うだけなのである。

六月二十二日、米軍は沖縄戦の終了《しゅうりょう》と正式占領《せんりょう》を発表した。宇垣纏中将《うがきまとめちゅうじょう》は前日の二十一日の『戦藻録《せんそうろく》』に記した。

「四月一日敵《てき》沖縄に上陸いらい奮戦《ふんせん》をつづけたる第　卅《さんじゅう》二《に》軍も去る十九日最後の電を発し爾《じ》後敵情《ごてきじょう》もまったくなきに至《いた》れり。八旬《しゅん》（二カ月半余《あまり》）の援助《えんじょ》、至《いた》らざるなき奮闘《ふんとう》努力もついに当然の結果に陥《おちい》る。まことに悲憤《ひふん》の至《いたり》なり。本職《ほんしょく》の責《せき》浅からざるものあるが、顧《かえり》みてほかに撰《えら》ぶべき方途《ほうと》なかりしを信ず。しからばすべてかくなる運命なるべきか」

菊水《きくすい》一号より前日二十日の第十号まで、陸軍機八百五十機、海軍機一千五十機を投入し、精《せい》根《こん》をつくした特攻《とっこう》作戦もこの日で打ち切られた。戦後の米軍の記録は伝えている。米艦隊《かんたい》の損《そん》傷《しょう》三百六十八隻《せき》、沈没《ちんぼつ》三十六隻《せき》、飛行機七百六十八機を喪失《そうしつ》し、沖縄を占領《せんりょう》したことを。

この惨《さん》たる戦いの果ての敗北が、日本本土の民草《たみくさ》に知らされたのは三日後の二十五日である。新聞はこのとき〝玉砕《ぎょくさい》〟の言葉を使わなかった。「軍官民一体の善戦敢闘《ぜんせんかんとう》三カ月、二十日敵《てき》主力に全員最後の攻勢《こうせい》」と報《ほう》じた。玉砕《ぎょくさい》ではなく攻勢《こうせい》であった。沖縄県民の死者十二万二千二百二十八人（うち軍人・軍属《ぐんぞく》が二万八千二百二十八人）、他の都道府県出身の軍人の戦死者六万五千九百八人であるという。が、その数は当時は知らされていないゆえ、民草《たみくさ》にはほとんど動揺《どうよう》はなかった。うちつづく敗戦で研《と》ぎすまされた直感力は、沖縄の運命を通りこして、最悪の事態《じたい》をとうに見透《みとお》していたのである。

大本営《だいほんえい》は出血作戦といい常《つね》にこれぞ決戦と豪語《ごうご》しつつ、富士山《ふじさん》の頂上《ちょうじょう》に追いつめられても、まだ戦局はわが方に有利といいつづけるであろう、と民草《たみくさ》は陰《かげ》でささやき合った。沖縄決戦から九州決戦、さらに関東決戦、山梨決戦、信州決戦と永遠《えいえん》に決戦がつづくに違《ちが》いない、とひそかに国の運命と、ひいては自分の運命にあきらめをつけた。

参謀《さんぼう》本部は民草《たみくさ》の厭戦意識《えんせんいしき》となげやりの気持ちをすばやく察知する。『機密戦争日誌《きみつせんそうにっし》』の二十六日の項《こう》に「口伝《くでん》を各方面を通じて開始す。いまや国民に必勝作戦の具体的方策《ほうさく》を論《ろん》ぜざれば不可《ふか》」とある。たとえ沖縄で敗れようとも、本土決戦に必勝の確算《かくさん》があることを各方面を通してクチコミで宣伝《せんでん》、国民の士気《しき》を鼓舞《こぶ》せねばならぬ必要にせまられた。このままでは国内的に滅《ほろ》んでしまう。政府《せいふ》も、軍も、新聞も、ラジオもいっせいに本土決戦必勝を呼号《こごう》しはじめる。沖縄戦は本土決戦を前にして九十日の貴重《きちょう》な時をかせいだのである。敵《てき》に八万（事実は戦死一万二千五百人）の出血を与《あた》え、本土侵攻《しんこう》がいかに困難《こんなん》であるかを教えたのである！

しかし作家海野十三《うんのじゅうざ》は一カ月ぶりでかきだした日記で嘲笑《ちょうしょう》した。

「当局は（中略《ちゅうりゃく》）沖縄は天王山でも関ケ原でもなかった。そんなに重要でない。出血作戦こそわが狙《ねら》うところである——という風に宣伝内容《せんでんないよう》を変えてもみたが、これはかえって国民の反感と憤慨《ふんがい》とを買った。そんならなぜ初めに天王山だ、関ケ原だといったのだと、いいたくなるわけだ」（七月十四日）

漫談家《まんだんか》にして随筆家《ずいひつか》の徳川夢聲《とくがわむせい》も日記にかいている。

「鈴木首相《すずきしゅしょう》その他日本の指導者《しどうしゃ》たちは、如何《いか》なる見透《みとお》しのもとに戦争を続けているのか。見《み》透《とお》しなんてつかずにやっているのか？／新聞などで、この戦争必ず勝つ、きっと勝つと毎日のようにくり返しているが、そんなに勝つ勝つと念を押《お》さねばならぬようでは心細いではないか」

（七月三日）

◆全国民の軍隊化

A面の話ゆえに飛ばしてかいてきたが、じつは米軍が沖縄占領《せんりよう》を発表した六月二十二日に、大日本帝国《ていこく》は最重大な決定をしていたのである。『聖断《せいだん》』や『「昭和天皇《てんのう》実録」にみる開戦と終戦』（岩波ブックレット）など、いくつかの拙著《せつちょ》でこのことをくわしくかいているから簡略《かんりやく》にするが、この日の午後、天皇召集《てんのうしょうしゅう》による御前《ごぜん》会議（正しくは御前懇談《ごぜんこんだん》）がひらかれている。そこで天皇《てんのう》は明確《めいかく》にいった。

「戦争を継続《けいぞく》するのは当然であるが、また一面においては、戦争終結についても、この際《さい》いままでの観念にとらわれることなく、速《すみ》やかに研究することもまた必要であると思う」

これまでだれも口にしなかった「戦争終結」という言葉を、天皇《てんのう》が政治《せいじ》・軍事の指導者《しどうしゃ》の前で公然と語ったのである。大きく国家の舵《かじ》がやっと講和《こうわ》の方向に切られたことになる。何とも時間のかかりすぎる決断《けつだん》であったが、沖縄の民草《たみくさ》の大きな犠牲《ぎせい》を基《もとい》として、どうにか和平を探《さぐ》る突破口《とっぱこう》がみつかったのである。

その和平への突破口《とっぱこう》として、政府《せいふ》はただちにソ連を仲介《ちゅうかい》とする工作をすすめることを決定する。日露《にちろ》戦争のときに、米国を仲介《ちゅうかい》に和平の道を探《さぐ》った先人の政略《せいりゃく》があり、それが成功したという歴史《れきし》があろう。それに倣《なら》ってという思惑《おもわく》があったのであろう。されど、溺《おぼ》れるものは藁《わら》をもつかむ、それが藁《わら》以下の霞《かすみ》のような、いかに愚劣《ぐれつ》な政策《せいさく》であったことか、いまになると情《なさ》けないほど明らかになっている。

それが証拠《しょうこ》に、昭和十六年いらい、米ソ、英ソ間でそれぞれ相互援助条約《そうごえんじょじょうやく》が結ばれ、ルーズベルトが武器貸与《ぶきたいよ》法を制定《せいてい》して、ソ連に多量の武器援助《ぶきえんじょ》をしていることを、日本政府《せいふ》も軍部も知らないはずはなかったのである。戦時中、ソ連が米国から受けとったもの、大砲《たいほう》九千六百門、飛行機一万八千七百機、戦車一万八百台……と呆《あき》れるほど大量であった。

もちろん、民草《たみくさ》はだれ一人としてそんな重大なこととは存《ぞん》じてなんかいない。それよりも直《ちょく》接《せっ》にふりかかってきた思いもかけない新たな法制《ほうせい》に、腰《こし》をぬかさんばかりに驚《おどろ》いていた、としたほうがこの場合は正しかろうか。翌《よく》二十三日、議会の承認《しょうにん》を得《え》て成立した「義勇兵役《ぎゆうへいえき》法」と「戦時緊急措置法《きんきゅうそちほう》」が、この日ただちに施行《しこう》となった。早くいえば国民残らずが統帥権《とうすいけん》下におかれたのである。「兵隊」になるのである。

それは法律《ほうりつ》なんていうものではなく、一億国民の生命・財産《ざいさん》をあげて生殺与奪《せいさつよだつ》の権を政治《せいじ》に一任《いちにん》するという白紙委任状《いにんじょう》である。「秦《しん》の始皇《しこう》の政治《せいじ》に似《に》たり」と悪評《あくひょう》さくさくであったが、軍の強い要請《ようせい》があってそれは議会を通過《つうか》した。

たしかに、すでに四月から軍需《ぐんじゅ》、食糧《しょくりょう》の増産《ぞうさん》など戦力増強《ぞうきょう》のために国民義勇《ぎゆう》隊が編制《へんせい》されてはいた。それがさらに法律《ほうりつ》によって、十五歳《さい》から六十歳《さい》までの男子、十七歳《さい》から四十歳《さい》までの女子のすべてが義勇召集《ぎゆうしょうしゅう》をうけ、国民義勇戦闘《ぎゆうせんとう》隊を編制《へんせい》せねばならなくなった。全国民の軍隊化である。その数二千八百万人。

国民義勇戦闘《ぎゆうせんとう》隊は自分の住居地《じゅうきょち》を中心に陣地構築《じんちこうちく》、補給《ほきゅう》など軍の後方勤務《きんむ》にあたり、ときに、軍の遊撃戦《ゆうげきせん》を補助《ほじょ》するものと定められた。遊撃補助《ゆうげきほじょ》とは、軍の挺身《ていしん》斬《き》り込《こ》み戦法に協力することである。二千八百万人が本土戦場で玉砕《ぎょくさい》しようという大戦略《だいせんりゃく》。そのためにとくに教令をつくり、一人ひとりに配布《はいふ》し、軍は火のような闘志《とうし》と鉄の規律《きりつ》を義勇戦闘《ぎゆうせんとう》隊に求めるのである。その一つだけをかく。

「戦闘《せんとう》隊員は、激闘《げきとう》いかに熾烈《しれつ》となるも命なくして任務遂行《にんむすいこう》の職場《しょくば》を離るることあるべからず。たといその身重傷《じゅうしょう》を被《こうむ》るとも、これがため戦意を沮喪《そそう》することなきを要す」

もっとわかりやすいパンフレット「国民抗戦必携《こうせんひっけい》」というのもあった。たとえば、上陸してきた米兵との白兵戦となったとき、

「銃《じゅう》、剣《けん》はもちろん刀、槍《やり》、竹槍《たけやり》から鎌《かま》、ナタ、玄能《げんのう》、出刃庖丁《でばぼうちょう》、鳶口《とびぐち》に至《いた》るまで、これを白兵戦闘《せんとう》兵器として用いる。刀、槍《やり》を用いる場合は斬撃《ざんげき》や横払《ばら》いよりも背《せ》の高い敵兵《てきへい》の腹部《ふくぶ》目がけてぐさりと突《つ》き刺《さ》した方が効果《こうか》がある」

「鎌《かま》、ナタ、玄能《げんのう》、出刃庖丁《でばぼうちょう》、鳶口《とびぐち》などを用いるときは、後ろから奇襲《きしゅう》すると最も効果《こうか》がある。背後《はいご》からの奇襲《きしゅう》は卑怯《ひきょう》ではない。敵《てき》はわが神土へ土足で入りこんだ無礼者である。正面から立ち向った場合は半身に構《かま》えて、敵《てき》の突《つ》き出《だ》す剣《けん》を払《はら》い、瞬間胸元《しゅんかんむなもと》に飛びこんで刺殺《しさつ》す

る」

こうして当時の資料《しりょう》をかき写していると、何ともいえぬ心持ちになってくる。本気で陸軍中央は、かりに夢《ゆめ》であってもあり得《え》ないこんな阿呆《あほう》なことが民草《たみくさ》に〝できる〟と考えていたのであろうか。もし本土決戦が行われたなら、たしかに「一億総玉砕《そうぎょくさい》」「一億総特攻《そうとっこう》」の地獄図《じごくず》が実現《じつげん》し、民草《たみくさ》の屍《しかばね》が累々《るいるい》としてこの国の山野を埋《う》めたであろう。そこにあるのは祖国滅失《そこくめっしつ》のみではなかったか。

◆「勝札《かちふだ》」一等十万円

民草《たみくさ》は、しかし、とにかく純情《じゅんじょう》である。勝たねばならないと思っている。七月になると暑いなかで、全国の村々で村民総出《そうで》の竹槍《たけやり》訓練がはじまる。「気をつけぃッ」の号令で、顔を真ッ赤にして身体をもじもじさせたおばさんが「オラァ、子供《こども》さ産んでからおかしいの、こらえると小便でちまってよぅ。こんなこんで勝つずらかァ」とぼやく。いまになると笑い話としかいいようがないが、わたくしが新潟県長岡《ながおか》市在《しざい》の小さな村で実体験した、ほんとうの話なのである。

これ以上かいても同じような話のくり返しとなる。本土決戦に狂奔《きょうほん》する陸軍とそれに無理やり従《したが》わせられる民草《たみくさ》。このころの軍部には結局のところ、戦争とはただただ戦う行為《こうい》であり、そのために国民は命を捨《す》てるのが当然のこと、という考えしかなかった。もう勝つ意思も自信もなく、ただ戦うために戦う、戦うことが目的になっていた。そのために国民を道連れにすることに何のやましいところもないのである。

であるからA面的なことから離《はな》れて、あとはいくつか少しは楽しめる（?）B面の話題を拾うことにする。宝《たから》くじの前身とされる「勝札《かちふだ》」が政府《せいふ》のキモ煎《い》りで日本勧業《かんぎょう》銀行本・支店《してん》から売りだされたのが七月十五日のこと。一枚《まい》十円で、この日から発売して発売締切《しめき》りは一カ月後の八月十五日。各新聞が賑《にぎ》やかに報《ほう》じたが、ここには十五日付の朝日新聞を引く。

「一等に当れば十万円、籤運《くじうん》が悪く全然当らなくても勝《か》ち抜《ぬ》くための献金《けんきん》となる。この勝札《かちふだ》の抽籤《ちゅうせん》は売出締切《しめきり》十日後の八月廿五日《にじゅうごにち》、麴町《こうじまち》区内幸《うちさいわい》町勧銀《ちょうかんぎん》本店で一般《いっぱん》公開して行われる。第一回売出二億円（二千万枚《まい》）で十万枚《まい》一組に一等十万円一本、二等一万円九本、三等千円九十本、四等五十円九百本、五等十円一万九千本、計二万本の当り籤《くじ》があるから五本に一本は必ず当るわけ」

なお、抽選《ちゅうせん》は敗戦後の八月二十五日に本店では

戦争終盤、全国各地で銃後の女性たちも竹槍訓練に励んだ

なく勧銀《かんぎん》長野支店《してん》でたしかに行われた。が、十万円を受けとった一等当選者数は不明らしい。ところで十万円はいまの額《がく》にするといくらぐらいになるか。日銀の企業物価《きぎょうぶっか》指数で計算すると、二千百万円ほどになるそうな。

とにかく何となくのどかな日々が、地図の上からは抹消《まっしょう》され空襲《くうしゅう》のなくなった東京には訪《おとず》れていたらしい。七月二十二日、日曜日、前日の豪雨《ごうう》も遠のいて東京の空は綺麗《きれい》に晴れ上がった。作家高見順《たかみじゅん》は日記にかいている。

「焼跡《やけあと》の小屋のまわりで蒲団《ふとん》や衣類を乾《ほ》しているのが目立った。焼トタンで作った仮小屋《かりごや》は昨日のような豪雨《ごうう》では雨漏《あまも》りがするのであろう。いたましい。焼跡《やけあと》も赤錆《あかさび》の一色なら、仮小屋《かりごや》のトタンも赤く錆《さ》び、満目錆色《さびいろ》の荒涼《こうりょう》さ」

焼かれようと、食えなかろうと、民草《たみくさ》は生きるために、俗物《ぞくぶつ》的な強さ、あるいは動物的強さを発揮《はっき》している。赤錆《あかさび》のバラックだろうと、だれでもが少しでも住みよくする工夫《くふう》を自分でせっせとした。難破《なんぱ》して沈《しず》みかけている船の甲板《かんぱん》で、手すりの真鍮《しんちゅう》を熱心にみがいているような生き方といってよいかもしれない。それが戦争のなかの民草《たみくさ》われわれというものであった。

同じ日の日記に徳川夢聲《とくがわむせい》もかいている。

「夾竹桃咲《きょうちくとうさ》き初む。焼銀杏《いちょう》の返り若葉《わかば》勇ましくまた傷々《いたいた》し。観音堂《かんのんどう》は焼跡《やけあと》の前方に小さな仮本堂建築中《かりほんどうけんちくちゅう》。（中略《ちゅうりゃく》）浅草《あさくさ》の焼跡《やけあと》に生きているものは、興行《こうぎょう》街と、樹々《きぎ》の青葉のみ」

そして浅草《あさくさ》の劇場《げきじょう》がいずれも満員であることを、夢聲《むせい》は描写《びょうしゃ》した。

「ほかになにもなきこの興行《こうぎょう》街に、若《わか》き産業人たちが、地下鉄や都電を満員にしてやってくる。そしてガツガツと〈映画《えいが》や芝居《しばい》を〉二ツも三ツも見て行くのである。あわれふかき風景である」

あわれふかく、そしてそれは、なんとなく平和な風景ではなかったか。

しかし、地方の都市には爆撃《ばくげき》がつづき悲惨《ひさん》はなおつづいていた。

◆日本降伏《こうふく》の日

ソ連を仲介《ちゅうかい》とする和平工作はその後も遅々《ちち》として進まない。ソ連政府《せいふ》が曖昧《あいまい》な態度《たいど》をとり、返事をえんえんと引きのばすだけであったからである。それには、ベルリン西郊《せいこう》のポツダムで、米英ソ三国首脳《しゅのう》会議がひらかれるゆえいま忙《いそが》しい、という理由もつけられていた。

七月十七日、そのポツダム会議が開催《かいさい》される。その前日の朝に、米ニュー・メキシコ州アラモゴードで、人類初の原子爆弾《ばくだん》の爆発《ばくはつ》実験が行われ、それが成功した。結果として、国際情勢《こくさいじょうせい》は激変《げきへん》する。日本の降伏《こうふく》を促《うなが》すためには、ソ連の対日参戦が必要と考えていたアメリカの政策《せいさく》は、「戦争は原子爆弾《ばくだん》を投下すれば終る」と一転した。いっぽうソ連政府《せいふ》はスパイによってアメリカの原爆《げんばく》実験の成功を知るや、戦後の分け前とともに、アジアにおける発言権《はつげんけん》の確保《かくほ》のためにも、一日も早く対日参戦しなければならないと、ソ満国境線《こっきょうせん》での戦闘準備《せんとうじゅんび》を急ぎだした。

そうした裏側《うらがわ》の動きのいっさいに無知である日本政府《せいふ》は、ただ一途《いちず》にモスクワだけをあてにして、和平仲介《ちゅうかい》乗りだしの返事を鶴《つる》のように首を長くして待ちのぞんでいたのである。

二十五日、トルーマン米大統領の承認《しょうにん》を得《え》た原爆《げんばく》投下命令が、ポツダムよりワシントンに送られる。これがただちに軍に伝えられる。

二日後の二十七日は東京の中枢部《ちゅうすうぶ》が震撼《しんかん》した日である。降伏《こうふく》を勧告《かんこく》するポツダム宣言《せんげん》が送られてきたのである。宣言《せんげん》は、即座《そくざ》に降伏《こうふく》する以外の「日本国の選択《せんたく》は、迅速《じんそく》かつ完全なる壊《かい》滅《めつ》あるのみとす」と明確《めいかく》に謳《うた》いあげていた。「完全なる壊滅《かいめつ》」とは原子爆弾攻撃《ばくだんこうげき》を意味していたという。にもかかわらず、原爆《げんばく》実験の成功をまったく知らない日本はなお強気であった。翌日《よくじつ》の新聞は「笑止《しょうし》！　自惚《うぬぼ》れを撃砕《げきさい》せん」と壮語《そうご》し、煽《あお》られて政府《せいふ》も、せっかくソ連に和平の仲介《ちゅうかい》を頼《たの》んでいるのであるからという理由もあって、こう声明する。

「このポツダム宣言《せんげん》は重大な価値《かち》があるとは考えない。ただ黙殺《もくさつ》するのみである」

この黙殺《もくさつ》（ノー・コメント）が連合国には何としたことか、「日本はポツダム宣言《せんげん》をignore（無視《むし》）」、さらに「reject（拒絶《きょぜつ》）した」と報《ほう》ぜられてしまうのである。そしてこれがのちの原《げん》爆《ばく》投下やソ連参戦を正当化するための口実に使われてしまったことはよく知られている。

これからあと、八月六日の広島への原爆《げんばく》投下、九日未明のソ連の満洲侵攻《まんしゅうしんこう》、そして長崎への原爆《げんばく》投下。これらをうけての十日と十四日の二度の御前《ごぜん》会議による〝聖断《せいだん》〟と、十五日正午の天皇《てんのう》放送による日本降伏《こうふく》までの波瀾万丈《はらんばんじょう》については、もうくどくどとかくことはやめる。すでに周知の事実であろうし、わたくしは何冊《なんさつ》もの本をかいている。

一つ、B面的な話としては、広島への原爆《げんばく》投下を報《ほう》じた新聞記事のことを付記しておきたい。よく知られているように、「原子爆弾《ばくだん》」ではなく、「新型爆弾《しんがたばくだん》」とされていた上に、それまで空襲《くうしゅう》の被害《ひがい》はきまって「軽微《けいび》」としてきたものを、このときは「相当の被害《ひがい》」と大本営《だいほんえい》は発表した。そしてそのあとである。各新聞は長々とした説明を記している。

「戦争遂行《すいこう》中において新型《しんがた》兵器が出現《しゅつげん》すると、その威力《いりょく》が過大《かだい》に評価《ひょうか》されるのを例とする。例えばドイツのV1号出現《しゅつげん》の際《さい》のごとき、英国は相当の被害《ひがい》をみせたが、その対策《たいさく》完成とともに冷静に帰したるごときその例である。わが方は敵《てき》の非人道《ひじんどう》に断固《だんこ》報復《ほうふく》を講《こう》ずるであろう」

聞くところによれば、これが太平洋戦争において軍がだした最後の「指導《しどう》記事」であったという。いまになると、ただア然とするばかりの指導《しどう》ということになる。

そして八月十五日、当時この世に生きていた民草《たみくさ》の一人ひとりが、朝からの雲一つない晴天と、沁《し》みいるような蟬《せみ》の声を覚えている。気温はどこも三十度を超《こ》えていた。名古屋三十六度五分、京都は三十六度三分、そして東京は三十二度三分を示《しめ》している。その日、青天《せいてん》の霹靂《へきれき》ともいうべき天皇《てんのう》放送をどこで、どんな想《おも》いで聞いたか。すでに故人《こじん》である何人かの人を代表に。

小林桂樹《こばやしけいじゅ》（俳優《はいゆう》）　愛知県で本土決戦に備《そな》えて穴掘《あなほ》りをしていた。玉音放送で戦争が終ったことはわかった。泣いた記憶《きおく》はある。生きて帰りたかった。陸軍兵長。

林家三平《はやしやさんぺい》（落語家）　千葉県で本土決戦用の穴掘《あなほ》りをしていた。放送を聞いて、中隊百人とともに号泣《ごうきゅう》。それから虚脱状態《きよだつじょうたい》に。恐怖《きょうふ》感がわいた。陸軍上等兵。

峠《とうげ》三吉《さんきち》（詩人）　広島の爆心地《ばくしんち》より三キロの自宅《じたく》にいて、昼食中ひょっこり帰ってきた父から、放送のことを聞いた。事の意外なるに暫《しば》し呆然《ぼうぜん》。山に籠《こも》り命をいずれ捨《す》つる覚悟《かくご》なりしを。ただ情《なさ》けなく口惜《くや》しき思いに堪《た》えず。

加藤芳郎《かとうよしろう》（漫画家《まんがか》）　二十年九月半ばまで、八路軍《はちろぐん》の進撃《しんげき》を阻止《そし》しようとする蔣介石《しょうかいせき》軍の計画で、北京《ペきん》の北の古北口《こほくこう》にとどまって忙《いそが》しかった。部隊の芸能班《げいのうはん》の一員でもあった。陸軍一等兵。

淡谷《あわや》のり子（歌手）　公演《こうえん》旅行で山形県にいて、演奏《えんそう》中止となってホッとして、宿でぼんやりしていた。

植草甚一《うえくさじんいち》（エッセイスト）　映画館《えいがかん》新宿《しんじゅく》文化の主任《しゅにん》。一階は満員。放送を場内に流さんとしたが、ラジオが拡声器《かくせいき》に入らず失敗。伊勢丹《いせたん》前に群衆《ぐんしゅう》。声なし。会社の方途《ほうと》は如何《いか》になることかと心配。

丹波哲郎《たんばてつろう》（俳優《はいゆう》）　立川航空整備隊《たちかわこうくうせいび》所属《しょぞく》の陸軍少尉《しょうい》であった。僕《ぼく》は本来楽天家だから、その場その場でうまくやっていた。その日もそうであった。

奥野信太郎《おくのしんたろう》（中国文学者）　北京《ペきん》の輔仁《ほじん》大学で教鞭《きょうべん》をとっていた。放送を聞く。すでに天暗く、雨沛然《はいぜん》として至《いた》る。永《なが》い病人が息をひきとったという以外、感想もなにもない。

そして、八十五歳《さい》で健在《けんざい》のわたくし自身である。勤労動員《きんろうどういん》先の軍需《ぐんじゅ》工場で放送を聞いた。祖《そ》国《こく》敗戦、奴隷《どれい》にされるのなら人生の楽しみを早く知っておこうというので、使わなくなった防《ぼう》空壕《くうごう》で悪友たちと生まれて初めてタバコをくゆらした。味はまったく覚えていない。その夜、帰宅《きたく》したわたくしは、さっぱりとした顔になっているおやじに、男は全員が南の島で一生奴隷《どれい》に、女はみなアメ公の妾《めかけ》になるのだという話の真偽《しんぎ》をたしかめた。聞き終るなりおやじはとてつもない大声をだして一喝《いっかつ》した。

「バカもん、なにをアホなことを考えているのだ。日本の男を全員南の島に運んでいくのに、いったいどれだけの船がいると思っているのかッ」

「日本中の女性《じょせい》を全員アメリカ人の妾《めかけ》にしたら、アメリカの女たちはどうするんだ、黙《だま》っていると思うか。馬鹿野郎《ばかやろう》」

この一喝《いっかつ》に、わたくしはパッと目が覚めた。のちになって知ったのであるが、久保田万太郎《くぼたまんたろう》の八月十五日を詠《よ》んだ句《く》に、じつにいい句《く》がある。

何もかもあっけらかんと西日中

この夜のわたくしの目覚めた気持ちが見事にいい表わされている。当時の民草《たみくさ》すべての人が同じような思いを味わっていたのではないか。じつにあっけらかんとなった気分で、廊下《ろうか》でぼんやりしていたわたくしの眼《め》の前には、たしかに、国破《やぶ》れても美しい越後《えちご》の山河《さんが》がいっぱいにひろがっていたのである。

エピローグ

天《てん》皇《のう》放送のあとに

この章の
ポイント

一九四五（昭和二十）年八月十五日、日本国民は天皇《てんのう》のラジオ放送で敗戦を知り、その胸中《きょうちゅう》にはさまざま思いが交錯《こうさく》します。東久邇宮《ひがしくにのみや》首相《しゅしょう》は記者会見で「一億総懺悔《そうざんげ》」と語り、政府《せいふ》だけでなく国民も反省すべきと求めましたが、多くの人びとは首相《しゅしょう》の言葉を受け入れたようです。指導者《しどうしゃ》の戦争責任《せきにん》をあいまいにするものでもありましたが、人びとはそれほど関心を持たず、とにかく一億総動員《そうどういん》で臨《のぞ》んだ戦争がやっと終わり、生きのびたことに安心し、空腹《くうふく》を満たすことに懸命《けんめい》になっていました。

キーワード

天皇《てんのう》放送／東久邇宮稔彦《ひがしくにのみやなるひこ》／一億総懺悔《そうざんげ》／ヤミ市／特殊慰安施設《とくしゅいあんしせつ》／石原莞爾《いしはらかんじ》／国民総被害者《そうひがいしゃ》／降伏《こうふく》調印／自由と寛容《かんよう》と公正／「終戦」

九月二日まで

長い長い戦乱《せんらん》の時代は終った。大日本帝国《ていこく》の降伏《こうふく》は、厳密《げんみつ》にいえば九月二日の米戦《せん》艦《かん》ミズーリ号艦上《かんじょう》での降伏《こうふく》文書の調印によって完了《かんりょう》するのである。が、日本国民の実感としては、やはり天皇《てんのう》放送をもって戦争がやっと終ったの感のほうが強い。その日、夕闇《ゆうやみ》が迫《せま》ってくると、灯《ひ》がともりはじめた。電灯や窓《まど》を覆《おお》っていた黒い布《ぬの》はとり払《はら》われる。ロウソクの火であってもよかった。その明かりがもう爆《ばく》撃《げき》の目標にならないのである。常《つね》に死と隣《とな》り合《あ》わせの、長く苦闘《くとう》に満ちた時代のなかで、日本人がひとしく待ちのぞんでいたのは、その赤い暖《あたた》かい光であったのである。

それだけに面白《おもしろ》いことは、今日になっても戦時下を生きた人びとのほとんどは八月十五日のことは憶《おぼ》えているが、驚《おどろ》くほど翌《よく》十六日の記憶《きおく》は失っている。そのあとのことも然《しか》り。のちの米戦略爆撃調《せんりゃくばくげきちょう》査《さ》団《だん》の報告《ほうこく》「敗戦直後の国民意識《いしき》」が語るように、本土にあった民草《たみくさ》の大多数は、空《むな》しさ、悲しみ、惨《みじ》めさ、無念さ、幻滅《げんめつ》、そして将《しょう》来《らい》の不安をもって敗戦を迎《むか》えた。そうした混淆《こんこう》した複雑《ふくざつ》な感情《かんじょう》をもてあましているものに、記憶《きおく》にとどめるべきその後の日々のことのあろうはずはなかったのである。

放送のあと九月二日までに、占領軍先遣隊《せんりょうぐんせんけんたい》の日本到着《とうちゃく》（二十八日）、首相《しゅしょう》東久《ひがしく》邇宮稔彦《にのみやなるひこ》の「一億総懺悔《そうざんげ》」の新聞発表（三十日）、占領軍総《せんりょうぐんそう》司令官マッカーサー元帥《げんすい》の厚木着《あつぎ》（同）などなど、ふれなければならないこともあるが略《りゃく》して、われら民草《たみくさ》がいったいどんな思いで、あのくそ暑く鬱々《うつうつ》として気の抜《ぬ》けた天皇《てんのう》放送後の夏を過《す》ごしていたか、そこにだけ視点《してん》をあてて、以下に蛇足《だそく》みたいな探偵報告《たんていほうこく》を綴《つづ》ってみる。

◆◆◆◆◆

◆ヤミ市とRAA

戦後の「虚脱《きょだつ》」と一言でいう。要は無気力ということである。大袈裟《おおげさ》にいえば、天皇《てんのう》放送以後、日本人の多くにとっては自分たちが懸命《けんめい》に生きてきた〝歴史《れきし》〟というものが一気に消えてしまった。非常時《ひじょうじ》そして戦時下の名のもとにことごとにうるさくいわれていたことが無に帰すと、つまり制約《せいやく》が一切合財《いっさいがっさい》なくなってしまうと、妙《みょう》なことに人びとは無目的となりなぜか落ち着かなくなってしまう。忠君愛国《ちゅうくんあいこく》、撃《う》ちてし止《や》まむ、挙国一致《きょこくいっち》、一億総特攻《そうとっこう》といったきびしい体制《たいせい》が、いわば社会秩序《ちつじょ》になっていたのに、一瞬《いっしゅん》にして、それらからわけもわからず解《と》き放《はな》たれてしまうと、何らかの精神的退廃《せいしんてきたいはい》に陥《おちい》ってしまうのか、と思えてならない。

あの日の慟哭《どうこく》と嗚咽《おえつ》が遠ざかるにつれて、その反面で日本人はアッという変貌《へんぼう》をみせはじめる。その勢《いきお》いたるやすさまじいものがあった。死ぬ必要がなくなり、いまや生きるための欲望《よくぼう》に憑《つ》かれてしまった人びとの関心のなかには、これからの祖国《そこく》の行方《ゆくえ》も、民族の誇《ほこ》りも精神《せいしん》も、いや隣人《りんじん》も他人もなくなった。生きぬくためには、もう自分のことしか考えられなくなった。

八月十八日、都内の主要三紙にこんな広告《こうこく》が掲載《けいさい》された。

「転換《てんかん》工場ならびに企業家《きぎょうか》に急告《きゅうこく》！　平和産業の転換《てんかん》はもちろん、その出来上り製品《せいひん》は当方自発の〝適正価格《てきせいかかく》〟で大量引受けに応《おう》ず。希望者は見本および工場原価《げんか》見積書を持参至急《しきゅう》来談あれ。淀橋《よどばし》区角筈《つのはず》一の八五四（瓜生邸跡《うりゅうていあと》）新宿《しんじゅく》マーケット　関東尾津《おづ》組」

長く新宿《しんじゅく》に根をおろし、露天《ろてん》商人を統括《とうかつ》してきたテキヤ尾津《おづ》組の尾津喜之助《おづきのすけ》親分がだしたもの。その着眼《ちゃくがん》は見事に的を射《い》て、この広告《こうこく》は一種の旋風《せんぷう》を捲《ま》き起《お》こした。勝たんがために昼夜もなく一所懸命《いっしょけんめい》につくったのに、突然《とつぜん》の終戦で納入先《のうにゅうさき》が消えてなくなり、多量の製品《せいひん》をかかえ途方《とほう》にくれていた軍需《ぐんじゅ》産業の町工場や下請《したう》け業者が、広告《こうこく》をみてぞくぞく尾津《おづ》組事務所《じむしょ》に詰《つ》めかけたのである。

新宿《しんじゅく》は当然のことながら焦土《しょうど》、荒涼《こうりょう》たる瓦礫《がれき》の街である。その焼《や》け跡《あと》の新宿《しんじゅく》駅東口に、広告《こうこく》のでた二日後の二十日、突如《とつじょ》として、裸電球《はだかでんきゅう》が紐《ひも》で吊《つ》るされてずらりと並《なら》び、露店街《ろてんがい》が出現《しゅつげん》したのである。売られているのは、だれもが生きるために必要としている日常雑貨《にちじょうざっか》。たとえばご飯茶碗《ちゃわん》一円五十銭《せん》、下駄《げた》二円八十銭《せん》、フライ鍋《パン》十五円、手桶《ておけ》九円、ベークライト製《せい》の食器・皿・汁椀《しるわん》三つ組八円といったところ。飛行機用材のジュラルミンやアルミニウムを急遽《きゅうきょ》加工してつくった鍋《なべ》や弁当箱《べんとうばこ》も並《なら》べられる。いずれも粗悪品《そあくひん》であるが、とぶように売れた。

それはもう、国家権力《けんりょく》が介入《かいにゅう》できないアナーキーな、自由市場であった。非合法《ひごうほう》なマーケットゆえに「ヤミ市」とよばれるが、民草《たみくさ》は欠乏《けつぼう》と疲弊《ひへい》と混乱《こんらん》のなか、ともかくも生きぬくためには法律《ほうりつ》などをかまってはいられないのである。売るものも日用品から食糧《しょくりょう》、衣類、酒類へとひろがっていき、食うためのあらゆるものがそこにゆけば手に入るまでになる。民草《たみくさ》は、まことに、たくましく生活しはじめたのである。つまり〝戦後〟がはじまったのである。

たくましい、という形容詞《けいようし》でいえば、あるいはあてはまらないかもしれない。尾津《おづ》組の新聞広告《こうこく》がでた日の一日前の十七日、内務省《ないむしょう》警保《けいほ》局長橋本政美《はしもとまさみ》が各庁《かくちょう》・府県長官あてに、とてつもない指令を発している。しかも秘密《ひみつ》電で。これもかき落とせない。「進駐軍特殊慰安施設《しんちゅうぐんとくしゅいあんしせつ》について」と題するその設置準備《せっちじゅんび》令なのである。すなわち、現下《げんか》において急速に充実《じゅうじつ》をはかるべきものは、日本にやって来る連合軍将兵《しょうへい》用の性的慰安施設《せいてきいあんしせつ》、飲食施設《しせつ》、娯楽施設《ごらくしせつ》であり、

「これら営業《えいぎょう》に必要なる婦女子《ふじょし》としては、芸妓《げいぎ》・公私娼妓《こうししょうぎ》・女給・酌婦《しゃくふ》・常習密売淫犯《じょうしゅうみつばいいんぱん》らを優先的《ゆうせんてき》にこれを充足《じゅうそく》するものとす」

という内容《ないよう》の指令である。

これが、要するに「良家の子女の〝防波堤《ぼうはてい》〟」として準備《じゅんび》した、というので悪名高いRAA(特殊慰安施設《とくしゅいあんしせつ》協会)設立《せつりつ》指令なのである。しかもこの日に、天皇《てんのう》の親任式《しんにんしき》を終えたあと、東《ひがし》久邇宮内閣《くにのみやないかく》は初閣議《はつかくぎ》をひらいている。閣議《かくぎ》で何が討議《とうぎ》されたか不明となっているが、このRAAはどう考えてもその日の閣議《かくぎ》決定にもとづくものであったと考えられる。まったく日本人の早手回しには呆《あき》れるほかはないし、そこにあるのは、勝者にたいする迎合《げいごう》、阿諛《あゆ》、卑屈《ひくつ》といった情《なさ》けない敗者の姿勢《しせい》ということになる。

この協会の理事であった山下茂《やましたしげる》が「サンデー毎日」昭和四十九年九月一日号で語っている。

「池田《いけだ》さんの『いくら必要か』という質問《しつもん》に野本《のもと》さん〈協会副理事長〉が『一億円ぐらい』と答えると、池田《いけだ》さんは『一億で純潔《じゅんけつ》が守れるなら安い』といわれた」

池田《いけだ》さんとは勇人《はやと》、当時の大蔵省主税《おおくらしょうしゅぜい》局長、のちの首相《しゅしょう》である。

結果として、第一号の占領軍《せんりょうぐん》用の慰安婦施設《いあんふしせつ》は、八月二十七日に大森《おおもり》の小町園《こまちえん》で開業する。そして記録によれば、占領軍《せんりょうぐん》の第一陣《じん》が本土に上陸してくるはずのその二十七日（じつは台風で二日遅《おく》れるが）までに、千三百六十人の慰安婦《いあんふ》が確保《かくほ》されていた。そして歴史的《れきしてき》事実は、千人を募集《ぼしゅう》したところ、応募《おうぼ》してきた女性《じょせい》は四千人という驚《おどろ》くべき数を記している。なんという大和撫子《やまとなでしこ》のたくましさ。ほんとうに、国破《やぶ》れて……の感を深くする。

◆「街を明るくせよ」

もう一つ、ちょっぴり情《なさ》けない話をかいてしまうと、これら親分や女性《じょせい》にくらべると、この宮様《みやさま》を首相《しゅしょう》とする新内閣《ないかく》はどことなく動きのにぶい内閣《ないかく》であった。万事《ばんじ》に後手後手となって心ある人をヤキモキさせた。その一人に天皇《てんのう》がいる。見るに見かねたのであろうか、その天皇《てんのう》みずからが内閣《ないかく》についに注文をつけている。すなわち「十九日午前十時、東久邇《ひがしくに》首相宮殿下《しゅしょうみやでんか》を宮中にお招《まね》きになり、畏《かしこ》くも戦争終結後の国民生活の速《すみ》やかに明朗《めいろう》にするようにせよ、例えば灯火管制《かんせい》を直ちに中止して街を明るくせよ、娯楽《ごらく》機関の復興《ふっこう》を急ぎ、また信書などの検閲《けんえつ》を速《すみや》かに停止《ていし》せよ、との心から国民生活を御軫念《ごしんねん》あらせられる有難《ありがた》き御言葉《おことば》があった」と二十日付の各新聞が報《ほう》じているとおりである。

これが『昭和天皇《てんのう》実録』になると、こうなる。

「午後二時よりの閣議《かくぎ》において、首相《しゅしょう》は本日拝謁《はいえつ》の際《さい》、天皇《てんのう》より国民生活の明朗《めいろう》化のため、灯火管制《かんせい》の即時停止《そくじていし》、娯楽《ごらく》機関の速《すみ》やかな復興《ふっこう》、信書検閲《けんえつ》等の即時停止《そくじていし》につき御沙汰《ごさた》を下された旨《むね》を発言する。御沙汰《ごさた》の趣旨《しゅし》は閣議《かくぎ》決定となり、翌《よく》二十日正午を以《もっ》て警戒準備管制《けいかいじゅんびかんせい》が解除《かいじょ》される」

こうしてやっと宮様内閣《みやさまないかく》は重い腰《こし》をあげる。そして二十日の夜から日本中の家庭の電灯は天下晴れてあかあかと光を戸外にこぼし、町や村はいっぺんに明るくなり生気をとり戻《もど》した。作家海野十三《うんのじゅうざ》が日記にその喜《よろこ》びを記している。

「電灯の笠《かさ》を元どおりに直す。防空遮蔽笠《ぼうくうしゃへいかさ》（ボール紙製《がみせい》）を取除《とりのぞ》き、元のようなシェードに改めた。家の中が明るくなった。明るくなったことが悲しい。しかし光の下にしばらく座《すわ》っていると、『即時《そくじ》灯火管制《かんせい》を廃《はい》して、街を明るくせよ』といわれた天皇《てんのう》のお言葉が、つよく心にしみてきて、涙《なみだ》をおさえかねた」（二十四日）

同じ十七日に、内務省《ないむしょう》は東京都、神奈川県そして千葉県の民草《たみくさ》に「連合軍本土進駐《しんちゅう》前の心得《こころえ》」なるものを配布《はいふ》している。その一部を。

「（一、二、三、四を略《りゃく》す）

五、婦女子《ふじょし》はふしだらな服装《ふくそう》をせぬこと。また人前で胸《むね》を露《あら》わにしたりすることは、絶対《ぜったい》にいけない。
六、外国軍人がハローとかヘエとか片言《かたこと》まじりの日本語で呼《よ》びかけても婦女子《ふじょし》は相手にならず避《さ》けること。
七、特に外国軍隊駐屯地《ちゅうとんち》付近に住む婦女子《ふじょし》は夜間はもちろん昼間でも人通りのすくない場所はひとり歩きをしないこと」

こうして官僚《かんりょう》どもがみずからがつくった幻《まぼろし》の恐怖《きょうふ》から、やたらと神経質《しんけいしつ》な指令を発し、その上にデマがひとり歩きをはじめ、とんだ大騒《おおさわ》ぎがいたるところで起こることになる。

「県で婦女子《ふじょし》は逃《に》げた方がいいと触《ふれ》したのが誇大《こだい》につたわり……駅に避難《ひなん》民殺到《さっとう》す。あさましき姿《すがた》なり。横浜《よこはま》では警官《けいかん》の持場を捨《す》てて逃亡《とうぼう》続出すと。役人からこの姿《すがた》なのだから国民がうろたえ騒《さわ》ぐのは当然である。日本人のどこに美しく優《すぐ》れたところがあったのか。絶望的《ぜつぼうてき》である」（『大佛次郎《おさらぎじろう》　敗戦日記』十七日）

「鎌倉《かまくら》のある町内会長は、五才以上〔以下の誤記《ごき》か〕の子供《こども》をどこかへ隠《かく》せ、敵《てき》が上陸してくると軍用犬の餌《えさ》にするから……そういいふれて歩いたとのこと。何という馬鹿馬鹿しい、いや情《なさ》けない話であろう」（『高見順《たかみじゅん》日記』二十三日）

警官逃亡《けいかんとうぼう》のことを大佛《おさらぎ》日記が歎《なげ》いているのに触発《しょくはつ》されて、軍人逃亡《とうぼう》のことについてもふれておきたくなった。しかもそのことを日記に残しているのが野田毅《のだつよし》航空《こうくう》少佐。と、かいて**も**ほとんどの読者にはだれのことか思い当たらないであろう。昭和十二年の項《こう》でふれておいたが、新聞で百人斬《ぎ》り競争（でたらめの話であったが）で大いにもてはやされた二人の少尉《しょうい》どののうちの一人である。のちに飛行科に移《うつ》り、このとき本土決戦のため第十六飛行団《だん》司令部部員として熊本にあった。そして克明《こくめい》な日記を残している。その八月二十一日の項《こう》。

「……川辺《かわべ》大尉《たいい》、小林《こばやし》中尉《ちゅうい》、臼井《うすい》中尉《ちゅうい》は鉄道の貨車の整理が終ると、そのまま帰郷《ききょう》してしまったらしい。命令もないのに勝手なことをして、これはまさに戦時逃亡罪《とうぼうざい》である。しかも敵《てき》前《ぜん》であるから死刑《しけい》に値《あたい》する。かくの如《ごと》きは許《ゆる》すべからざる行為《こうい》である。俺《おれ》は断《だん》じてこれらの将校《しょうこう》を殺《ころ》す。かくの如《ごと》き将校《しょうこう》がいるから日本は敗れたのだ。下士官《かしかん》、兵にも劣《おと》る犬畜生《ちくしょう》だ。今度あったら半殺《はんごろ》しか、生かしておかないか、どちらかだ。……」（阿羅健一《あらけんいち》監修《かんしゅう》『野田《のだ》日記』）

このように逃亡《とうぼう》する情《なさ》けない軍人がいたのもたしかだが、その逆《ぎゃく》に、このときになってもまだ一部にはこのように抗戦《こうせん》的な、一種狂的《きょうてき》な軍人もいたことをこの日記は示《しめ》している。それにしても権力《けんりょく》を笠《かさ》に着て威張《いば》りちらしていた軍人や役人の無責任《むせきにん》な逃亡《とうぼう》ぶりには、大佛《おさらぎ》さんが絶《ぜっ》望的《ぼうてき》と歎《なげ》くのもむべなるかな、と思うばかりである。

◆一億総懺悔《そうざんげ》とは⁉

天皇《てんのう》にせかされたゆえの効果《こうか》もあったのかもしれないが、町や村が明るくなるとともに、政《せい》府《ふ》をはじめとして、地方行政《ぎょうせい》のほうも動きをどうやらとり戻《もど》しはじめた。東京都では、大量の食糧《しょくりょう》の配給をさっそく実施《じっし》。本土決戦にそなえて軍が保有《ほゆう》していたものの大盤振舞《おおばんぶるま》いである。缶詰《かんづめ》が一人当たり三個《こ》、乾《かん》パン、砂糖《さとう》、漬《つ》けもの、するめ。平和ということの有難《ありがた》さがそのままに配給品のなかにこめられているかのように、焼野原に掘《ほ》っ立《た》て小屋《ごや》を建てて住んでいる都民のだれもが感じた。

また、八月二十二日の、作家長与善郎《ながよよしろう》の日記に心娯《たの》しくなる記載《きさい》がある。

「今日から、四年振《ぶ》りか、ラジオの天気予報《よほう》が開始された。／小笠原《おがさわら》西方面——とかに低気《ていき》圧《あつ》がある、とか何とか遠くでいっている。久《ひさ》しぶりの懐《なつか》しい声のような感じがある。丁度《ちょうど》久《ひさ》方《かた》ぶり天候あやしくなり、所々どす黒くなった空に、さっと夕立の前触《まえぶ》れらしい秋風が吹《ふ》き、木の葉を飛ばしている。悪くない」

さらに二十三日には、音響管制解除《おんきょうかんせいかいじょ》、電報《でんぽう》小包み制限解除《せいげんかいじょ》、電話も個人《こじん》の架設許可《かせつきょか》、休演《きゅうえん》中の映画《えいが》・演劇再開《えんげきさいかい》と、つぎつぎに平和の有難《ありがた》さを感じさせるような指令がだされてくる。そのいっぽうでこの日、広島と長崎の原子爆弾《ばくだん》による死傷者《ししょうしゃ》概数《がいすう》が発表された。

当時、日本交通公社に勤《つと》めていた美術評論家《びじゅつひょうろんか》富永次郎《とみながじろう》が日記に書きとめている。

「台風去る。（中略《ちゅうりゃく》）広島死者五万三千、長崎三万余《あまり》、しかしそんなものではないらしい。記事にも続々死亡者《しぼうしゃ》が増加《ぞうか》していることを記している。今でも、この土地に二、三時間とどまると生理に異状《いじょう》を来たすらし、またこの土地には今後相当の年数植物が生長しない。数年ともいうし、五十年ともいう」

わたくしもその当時たしかに、広島にはこれから五十年草木一本も生えない、と人に教えられたのか新聞で読んだのか、その記憶《きおく》がある。

同じ日の、当時世田谷《せたがや》区新町《しんまち》に住んでいた東京文理大教授《きようじゆ》福原麟太郎《ふくはらりんたろう》の日記もかきとめておこう。当時の東京の交通事情《じじよう》をそれとなく知ることができるから。

「門の扉《とびら》がたおれ、垣根《かきね》の一部が傾《かたむ》いている。真に台風一過《いつか》の趣《おもむ》き。（中略《ちゆうりやく》）十時頃《ごろ》家を出たが、玉電《たまでん》が通っておらぬので三軒茶屋《さんげんぢやや》まで歩き、そこから電車、渋谷《しぶや》へついたのが十一時半。十二時まで待っても省線が来ないので引き返す。こんどは電車で帰り中食《ちゆうじき》」

もう一つ、二十五日の項《こう》。

「保障占領《ほしようせんりよう》地区よりのわが軍隊撤退《てつたい》のため、東京鉄道管区内汽車電車一般《いつぱん》利用禁止《きんし》なれば家に居《い》る。米機しきりに監視《かんし》飛行を行なうといえども雨雲のため見えず。驟雨《しゆうう》しばしば襲《おそ》い来る」

東京都内の交通事情《じじよう》はまだかなりの不便をきたしていたようである。

ところが、もうこのころの湘南《しようなん》の海岸では、ビーチパラソルを立て海水浴でバチャバチャ、大いにはしゃいでいる人たちが多くいたというのである。彼《かれ》らはみんな敗戦などどこ吹《ふ》く風と安心しきった顔をしていたなと、実見したわが友が一つ話のように語っていた。

そして、いよいよ米軍先遣隊《せんけんたい》による日本本土への進駐《しんちゆう》が開始された日、すなわち二十八日、読売報知《ほうち》新聞に元陸軍中将《ちゅうじょう》石原莞爾《いしはらかんじ》のインタビュー記事が載《の》った。これを読んで、「どいつも愚劣《ぐれつ》なやつばかりと思っていた軍人にも、少しは土性骨《どしょうぼね》の据《す》わったのがいるもんだねえ」とおやじがひどく感心していたのが思いだせる。

「戦《いくさ》に敗《ま》けた以上はキッパリと潔《いさぎよ》く軍をして有終の美をなさしめて、軍備《ぐんび》を撤廃《てっぱい》した上、今度は世界の輿論《よろん》に、吾《われ》こそ平和の先進国である位の誇《ほこ》りを以《もっ》て対したい。将来《しょうらい》、国軍に向けた〔日本国民の〕熱意に劣《おと》らぬものを、科学、文化、産業の向上に傾《かたむ》けて、祖国《そこく》の再建《さいけん》に勇往邁進《ゆうおうまいしん》したならば、必ずや十年を出《いで》ずしてこの狭《せま》い国土に、この尨大《ぼうだい》な人口を抱《いだ》きながら、世界の最優秀国に伍《ご》して絶対《ぜったい》に劣《おと》らぬ文明国になり得《う》ると確信《かくしん》する。世界は、猫額《ねこひたい》大の島国が剛健優雅《ごうけんゆうが》な民族精神《せいしん》を以《もっ》て、世界平和と進運に寄与《きよ》することになったら、どんなにか驚《おどろ》くであろう。こんな美しい偉大《いだい》な仕事はあるまい」

　明日に何が待ちうけているか皆目《かいもく》不明であり、ただ戦々恐々《せんせんきょうきょう》としている民草《たみくさ》が、はたしてどれほどの冷静さと深い思考とをもってこれを読んだことか。ほとんど夢物語《ゆめものがたり》として屑籠《くずかご》に捨《す》てられたにちがいあるまいと思う。

　もう一つ、同じ二十八日にこっちは歴史《れきし》に残っている言葉が発表されている。東久邇宮首相《ひがしくにのみやしゅしょう》が記者会見で、とつとつとして太平洋戦争の敗因《はいいん》について語ったのである。

「ことここに至《いた》ったのはもちろん、政府《せいふ》の政策《せいさく》のよくなかったからでもあったが、また国民の道義《どうぎ》のすたれたのも、この原因《げんいん》の一つである。このさい私《わたし》は軍官民、国民全体が徹底的《てっていてき》に反省し懺悔《ざんげ》しなければならぬと思う。一億総懺悔《そうざんげ》することが、わが国再建《さいけん》の第一歩であり、わが国内団結《だんけつ》の第一歩と信ずる」

首相《しゅしょう》から「懺悔《ざんげ》せよ」と諭《さと》された民草《たみくさ》が、これを読んだのは三十日の朝刊《ちょうかん》紙上においてである。ところが、なぜ、超大国《ちょうたいこく》を敵《てき》としての戦争に敗《ま》けたことをわれわれが反省し懺悔《ざんげ》しなければならないのか、懺悔《ざんげ》と詫《わ》びねばならぬのは政府《せいふ》・軍部たち指導者《しどうしゃ》ではないか、ときびしく考えた人はあまりいなかったようなのである。むしろ首相《しゅしょう》の明快率直《めいかいそっちょく》な言葉のいちいちに同感を禁《きん》じ得《え》なかったらしい。詩人岡本潤《おかもとじゅん》も、作家高見順《たかみじゅん》も日記にそうかいている。

つまりは、戦後日本は、生活面のたくましさとともに、精神面《せいしんめん》では、いわば首相《しゅしょう》によって表明されたこの「一億総懺悔《そうざんげ》」からはじまったといえるのかもしれない。よく考えれば、戦時中のスローガン〝一億一心〟を裏返《うらがえ》しにしたものである。戦争指導者《しどうしゃ》の責任《せきにん》は、国民全体の責任《せきにん》へと拡散《かくさん》されて転嫁《てんか》され、国民一人ひとりの責任《せきにん》は全体へともやもやとまぎれこんで、結局は雲散霧消《うんさんむしょう》した。そして国民総被害者《そうひがいしゃ》という思考の図式が自然にでき上がっていくのである。しかもそれを戦争を煽《あお》ったメディアがさかんに報《ほう》じるとは。とにかく日本人はみんなして心を一つにして責任逃《せきにんのが》れをしようとしていたのではないか。

もっとも、あからさまにいえば、そんな責任《せきにん》がどうのいうよりも、とにかく民草《たみくさ》は空腹《くうふく》を満たすことのほうに一所懸命《いっしょけんめい》な日々を送っていたのである。正義《せいぎ》も空腹《くうふく》には勝てぬということか。それで食うに困《こま》っているからエッと驚《おどろ》くようなものすごいこともいまや堂々《どうどう》と実行されていた。

長野県立松本《まつもと》高女校長を退職《たいしょく》したばかりの森下二郎《もりしたじろう》の、その事実を語る貴重《きちょう》な日記がある。八月二十二日と少し前のことになるが。

「牛肉一人当り八〇匁《もんめ》配給あり。これは上よりの命令にて各部落一頭宛《ずつ》の牛を屠殺《とさつ》し配給すべしとの事にて、当諏訪形《すわがた》部落においては下村丈一《しもむらたけかず》氏の牛を買いあげ屠殺《とさつ》したるものなり。代《だい》価《か》は一〇〇匁《もんめ》三円五〇銭《せん》なり。／何と思いてのこの肉の配給なりや。まさか敗北祝にはあらざるべし。敵進駐軍《てきしんちゅうぐん》の徴発《ちょうはつ》をおそれてというならばその愚《ぐ》や及《およ》ぶべからず。（中略《ちゅうりゃく》）／いずれにもせよばかばかしき配給なり。しかもそれが隣家《りんか》の牛、春いらい水田つくり、畑への肥料《ひりょう》運びなどにて幾度《いくど》も世話になりし牛の肉なり。余《よ》は食べる気がせず」（西尾実《にしおみのる》・清水義穂《しみずよしお》編『神と愛と戦争』太平出版社《しゅっぱんしゃ》）

もう一つ、これは新宿《しんじゅく》中村屋の創業者《そうぎょうしゃ》相馬愛蔵《そうまあいぞう》の妻黒光《つまこっこう》の日記から。八月三十一日の項《こう》。

「豆腐屋《とうふや》に申込《もうしこ》み、大豆一升《しょう》をやり豆腐《とうふ》十二丁を受取る。久《ひさ》し振《ぶ》りの好物に家中の喜《よろこ》びと期待大なり。これで主食としてのお米よりも多量に配給される大豆の使いみち一部明るくなる。しかし手に入れるまでには三回位無駄足《むだあし》をし、バケツなどかついで豆腐屋《とうふや》へ通わねばならない」（相馬愛蔵《そうまあいぞう》・相馬黒光《そうまこっこう》『晩霜《ばんそう》』東西文明社）

たったの二例ながら、敗戦直後の民草《たみくさ》の日々の食糧事情《しょくりょうじじょう》がどんなものであったかが、そこはかとなく察せられるであろう。民草《たみくさ》はほんとうに腹《はら》を空《す》かしていたのである。「武士《ぶし》は食わねど」の矜持《きょうじ》はあっさり捨《す》てられていたのである。

◆降伏調印《こうふく》のこと

九月二日、東京湾《とうきょうわん》に錨《いかり》をおろした米戦艦《せんかん》ミズーリ艦上《かんじょう》で行われた降伏《こうふく》調印式での、連合国軍最高司令官マッカーサーの演説《えんぜつ》は、わずか三分間であった。しかし、その一語一語は、居並《いなら》ぶかつての敵味方《てきみかた》の将兵《しょうへい》の心を打った。その全文を載《の》せることにする。

「本日私《わたし》たちは、この度《たび》の戦争の主要な参加国を代表し、平和を取り戻《もど》すための重要な最終合意を交《か》わすためにここに集《つど》いました。私《わたし》たちがそれぞれにいだく理想やイデオロギーには大きな隔《へだ》たりがありますが、その立場の違《ちが》いにより引き起こされた様々な問題については、世界を舞台《ぶたい》にしたこれまでの戦いで既《すで》に決着がついており、ここで議論《ぎろん》するものではありません。また私《わたし》たちは、地球の大多数の人々の代表として、不信や悪意や憎悪《ぞうお》をぶつけあうためにここに来たわけでもありません。今ここで、私《わたし》たち勝者と敗者が一堂《いちどう》に会して成すべきことは、私《わたし》たちの目指す崇高《すうこう》な目的に唯一《ゆいいつ》かなう尊厳《そんげん》ある高い見地に立ち、この場で正式合意される取り決めを私《わたし》たちの国々の国民全てに余《あま》すところなく忠実《ちゅうじつ》に履行《りこう》させるべく行動することであります。

私《わたし》は、いや全人類は、心から祈念《きねん》します。今日この場で行なわれる荘重《そうちょう》な儀式《ぎしき》よりのち、過去《かこ》の流血と虐殺《ぎゃくさつ》の惨事《さんじ》から得《え》た教訓をもとに、より良い世界が始まりますように。すなわち、信仰《しんこう》と相互理解《そうごりかい》を基礎《きそ》とし、人類の尊厳《そんげん》、そして人類が最も強く希求する自由と寛容《かんよう》と公正さ

への願いがかなえられる世界となりますように」（黒田敏彦《くろだとしひこ》氏の訳《やく》による）

丸腰《まるごし》の開襟《かいきん》服で乗りこんできた征服者《せいふくしゃ》が、いま「自由と寛容《かんよう》と公正」とを説《と》くのである。日本全権《ぜんけん》たちは隠《かく》しきれない讃嘆《さんたん》の眼《め》をもって、彼《かれ》をまじまじと見つめるばかりであったという。

太平洋戦争は大日本帝国《ていこく》の降伏《こうふく》をもってこの日に終ったのである。

さて、日本の民草《たみくさ》ははたしてどこまでこの日に戦争が降伏《こうふく》をもって終結したのかがわかっていたであろうか。近代日本になってから日清《にっしん》・日露《にちろ》・第一次世界大戦と十年おきに三度の大戦争に勝者となった時代に育った日本人が、降伏《こうふく》するということの意味を、そして国際《こくさい》法的な正式な手続きについてよく理解《りかい》していたとは思えない。

すでに一度、拙著《せっちょ》『十二月八日と八月十五日』でかいたことであるが、あえてくり返す。明らかに敗戦であるのに「終戦」と呼《よ》び替《か》えたことが、「敗《ま》けた」という事実を認《みと》めようとしない、あるいはそれを誤魔化《ごまか》そうとする指導者《しどうしゃ》たちの詐術《さじゅつ》のごとくに、いまきびしく批判《ひはん》する人がいる。それはもうそのとおりである。しかし、そこには一億総特攻《そうとっこう》、一億総玉砕《そうぎょくさい》という総動員体制《そうどういんたいせい》がスウーと一日にして消え去ったという安堵感《あんどかん》があり、とにかくこれ以上戦わなくていいのだ、死ななくていいのだ、戦争がともかくも終ったのだという安心した気持ちに「終戦」という言葉がぴったりで、国民的な実感がそこにあったから、という気がしてならない。と同時に、いまもう一点つけ加えると、降伏《こうふく》ということにたいする無知と錯覚《さっかく》が当時の日本人にはあったゆえ、とも考えられる。それは多くの人の日記の九月二日の項《こう》をみることで、それとなく察せられるのではないかと思われる。

たとえば、しばしば引用した高見順《たかみじゆん》日記。小説家にして詩人のこの人はこの日のことを微細《びさい》に街での見物をかいている。その一部。

「牛肉が氾濫《はんらん》している。もちろん、闇《やみ》だが。／一斉《いつせい》に密殺《みつさつ》したらしい。香風園《こうふうえん》でも牛肉の大盤《おおばん》振舞《ぶるまい》だった。牛肉を買わないかという話が、私《わたし》たちのところへもいろいろな方からやってくる。／横浜《よこはま》に米兵の強姦《ごうかん》事件《じけん》があったという噂《うわさ》。／『敗《ま》けたんだ。殺《ころ》されないだけましだ』／『日本兵が支那《しな》でやったことを考えれば……』／こういう日本人の考え方は、ここに書き記しておく『価値《かち》』がある」

そして降伏《こうふく》調印に関しては、読売報知《ほうち》新聞の記事を切りぬいてペタンと貼《は》りつけておくだけですましている。

作家大佛次郎《おさらぎじろう》の日記には調印に関しては一行もなし。これもその一部を。

「午食《ひる》の後横浜《よこはま》へ行き米軍上陸の日の街を見る。門田《かどた》君と歩く。ニュウグランドはマッカーサーが入ったことで歩哨《ほしよう》が立っている。上陸したばかりの兵隊どもが道路に休憩《きゆうけい》し珍《めず》らしそうにこちらを見ている。野暮《やぼ》ったい百姓《ひやくしよう》臭《くさ》い奴《やつ》がいると思ったら蘇聯《それん》兵である」

そして愛読する永井荷風《ながいかふう》の『断腸亭日乗《だんちようていにちじよう》』ときたら、

「昨夜木戸《きど》氏東京より来りて一泊《ぱく》せり、午後その書斎《しよさい》に入りて余《よ》の災前に預《あず》け置きし書冊《しよさつ》の恙《つつが》なきを見る、またその語る所によりて五叟《ごそう》〔杵屋五叟《きねやごそう》〕の熱海《あたみ》に移居《いきよ》せし事情《じじよう》、および木《き》戸《ど》氏ここより東京中野《なかの》に家を購《あがな》い急ぎて移転《いてん》せし訳《わけ》を知《し》り得《え》たり」

と、たったこれだけ。相変わらず天下国家のことなどわれにかかわらずわれに関せずということなのである。

いくら何でもこれだけでは残念なので、眼《め》をいくらか皿にして探偵《たんてい》し、いくつかみつけた。その一つは民俗学《みんぞくがく》の泰斗《たいと》柳田國男《やなぎたくにお》の『炭焼日記』（修道《しゅうどう》社）。ただし、ただの一行。

「降伏条約《こうふくじょうやく》調印の報《ほう》をきき浩歎《こうたん》す。大きな歴史《れきし》なり」

作家海野十三《うんのじゅうざ》は少しくわしくかいている。

「かくて建国三千年、わが国最初の降伏事態《こうふくじたい》発生す。／この日雨雲低く、B29その他百数十機、頭上すれすれに、ぶんぶん飛びまわる。（中略《ちゅうりゃく》）／降伏《こうふく》文書調印に関する放送も、二度聞くともうたくさんで、三度目、四度目はスイッチを切って置いた。飯がまずくなる」

もう一人は大物で、陸軍大将《たいしょう》の宇垣一成《うがきかずしげ》の九月三日の項《こう》の全文を。

「昨日横浜《よこはま》沖合米艦上《かんじょう》にて無条件降伏条約《むじょうけんこうふくじょうやく》の調印成れり。屈辱《くつじょく》!!! 千秋の恨事《こんじ》也《なり》。咄《とつ》!! 敵《てき》を恨《うら》まず他を咎《とがめ》ず身から出た錆《さび》と諦《あきら》め、内に省《かえり》み、自ら戒《いまし》めて新日本の建設皇国《けんせつこうこく》の興《こう》隆《りゅう》に粉骨砕身《ふんこつさいしん》すべきである!!」

そして偉《えら》そうにかいてきたわたくし自身であるが、まったく何一つ覚えていない。八月二十八日に文部省が通達した「九月中旬《ちゅうじゅん》までに全学校の授業《じゅぎょう》を再開《さいかい》するようにせよ」にもとづいて、在学《ざいがく》する新潟県立長岡《ながおか》中学校（現長岡《げんながおか》高校）は九月一日から二学期の授業《じゅぎょう》をはじめている。ただし、この日は土曜日で、始業式の校長の長い長い訓示《くんじ》と全校内の総《そう》がかりの大掃除《おおそうじ》で終った。それまで軍需《ぐんじゅ》工場へ出勤《しゅっきん》していたから、わたくしにとっては初めて三年二組の教室で自分の机《つくえ》の前に坐《すわ》ったことになる。あたりはすべて初対面といっていい同級生ばかり。あまり頭のよさそうな面魂《つらだましい》のやつがいないのにホッと安堵《あんど》したことは覚えているが。

翌《よく》二日は日曜日。真向いに聳《そび》える鋸《のこぎり》連峰《れんぽう》を眺《なが》めながら、ほぼ一日中自分の家の畠《はたけ》仕事に精出《せいだ》した。この年はかぼちゃの当たり年で、こやつらの手入れに汗《あせ》をいっぱい流していた。いま思えば、宇垣《うがき》元大将《たいしょう》のいうとおり「粉骨砕身《ふんこつさいしん》」し、人糞肥料《じんぷんひりょう》の桶《おけ》をエッサエッサとかついできて、かぼちゃよ大きくなれよ、と長い柄杓《ひしゃく》で撒《ま》いてやっていた。そんな中学生に、戦争に敗北するとはいったいどういうことなのか、わかるはずもなかったのである。

しかも、これまでの戦争中のことを思い返して、苦しかったし長かったが、ビンタをさんざん喰《く》らい、苦しみつつも最善《さいぜん》をつくし、そして堪《た》えてきたこと。そして空襲《くうしゅう》で死にそこなったのに、なぜか生き残ったこと。空襲《くうしゅう》で黒焦《くろこ》げて焼死《しょうし》した人を山ほども見たこと。歓呼《かんこ》の声で送りだして戦って戦ってほんとうに多くの人が死んだこと。生き残ったものはそれを黙《だま》って見守るしかなかったこと。その責任《せきにん》はいったいだれがとるのかということ。そうした大事なことをこの日にまったく考えようともしなかったのはたしかである。

そのことがいまは、せっかく生きのびたのに情《なさ》けないことであったと思っている。

あとがき

　またまた部厚《ぶあつ》い本をだして読んで下さる皆《みな》さんにご迷惑《めいわく》をかけることになりました。もう少し簡潔《かんけつ》に、要領《ようりよう》よくかけないものか、オレも相当に耄碌《もうろく》したなと、ゲラを読み直しながら、つくづくとそう思いました。タイトルにはB面という、あるいは死語になっているかもしれない言葉を使いました。いまはインターネットを介《かい》してやりとりする音楽ファイルが全盛《ぜんせい》とかで、レコード屋とかレコードジャケットとかの言葉を耳にする機会がほとんどなくなりましたが、昔は、わが下町でもちょっと裕福《ゆうふく》な家には、そのレコードなる円盤《えんばん》をのせて回転する蓄音機《ちくおんき》というオーディオ機器があったものです。そしてそのレコードには主となるほうのA面と、その裏《うら》側《がわ》に従《じゆう》となるB面とがありました。それにならえば、昭和史《しようわし》も政治《せいじ》・経済《けいざい》・軍事・外交といった表舞台《おもてぶたい》をA面、そしてそのうしろの民草《たみくさ》の生きるつつましやかな日々のことをB面と呼《よ》んでも、それほどおかしくないと勝手に考えました。

　思い起こすと五十年前に『日本のいちばん長い日』をかいたときも、また十二年前に『昭和《しようわ》史《し》』をだしたときも、かかれているのは表舞台《おもてぶたい》の出来事だけで、裏側《うらがわ》の庶民《しよみん》の生活がネグレクトされていると、それとなくお叱《しか》りをうけたりしました。そのたびに、よし、いつかそれを主題にかいてやるぞ、と決意を固めるのですが、なかなか手につきませんでした。それに国民という集団的《しゅうだんてき》な物語は、その時々の政治《せいじ》や経済《けいざい》にとりこまれやすくて、それだけをとりだすのは非常《ひじょう》に困難《こんなん》なのです。とくに昭和史《しょうわし》の場合はそれに軍事が大きくからむ。これら大きくはだかる歴史的《れきしてき》事実を抜《ぬ》きにして、〝喜《よろこ》びも悲しみも〟をもっぱらとする歴史《れきし》をかくことは手に余《あま》ると、正直にいって後込《しりご》むものがあったのです。そんな逡巡《しゅんじゅん》するわが尻《しり》を叩《たた》いたのが、『昭和史《しょうわし》』の編集者《へんしゅうしゃ》でもある山本明子さんです。

「新聞などには、よく〝疾風怒濤《しっぷうどとう》のような〟と形容《けいよう》される昭和十三、四年ごろと、いまのわが国の剣呑《けんのん》さはそっくり、などと識者《しきしゃ》がいっていますが、実のところはどうなのですか。歴史《れきし》はほんとうにくり返すのでしょうか」

以下は略《りゃく》しますが、とにかくこの調子で大いにハッパをかけてきたのです。そうなると、そこは下町生まれのおっちょこちょい、尻《しり》に帆《ほ》をかけて退散《たいさん》とはいかなくなる。「こちとら餓鬼《がき》のうちから一度たりとも敵《てき》にうしろを見せたこたァねえや」などと、たちまちに大発奮《はっぷん》して、という次第《しだい》なのです。本書はこのように山本さんの鼓舞激励《こぶげきれい》によってでき上がったものです。

たしかに「歴史《れきし》はくり返す」と昔からいわれています。わたくし自身はかならずしもそうは思っていないのですが、かなりそのとおりと確信《かくしん》している人が多くいます。なるほど、歴史《れきし》をふり返ると、そう考えても間違《まちが》ってはいないように思われる共通点がある。たとえば、国力が弱まり社会が混沌《こんとん》としてくると、人びとは強い英雄《えいゆう》（独裁者《どくさいしゃ》）を希求するようになる。また、人びとの政治的《せいじてき》無関心が高まると、それに乗じてつぎつぎに法が整備《せいび》されることで権力《けんりょく》の抑圧《よくあつ》も強まり、そこにある種の危機《きき》が襲《おそ》ってくるともう後戻《あともど》りはできなくなる。あるいはまた、同じ勇ましいフレーズをくり返し聞かされることで思考が停止《ていし》し、強いものに従《したが》うことが一種の幸福感となる。そして同調する多くの仲間が生まれ、自分たちと異《こと》なる考えをもつものを軽蔑《けいべつ》し、それを攻撃《こうげき》することが罪《つみ》と思われなくなる、などなど。そうしたことはくり返されていると、やっぱり歴史《れきし》はくり返すのかなと思いたくなってしまいます。

それに、歴史《れきし》は人間がつくるものなのです。つくった当事者は去っていっても事実は残ります。そのあとに、その当事者とはまったく異種《いしゅ》の人間が生まれ育たないかぎり、多分に同じようなことをするに違《ちが》いないのです。征服欲《せいふくよく》、虚栄心《きょえいしん》、攻撃性《こうげきせい》、名誉欲《めいよよく》、暴力《ぼうりょく》への恍惚《こうこつ》といった感情《かんじょう》が、素地《そじ》として植えつけられた人間があとを継《つ》ぐ限《かぎ》り、太平洋戦争のように国民が大政翼賛《たいせいよくさん》の空気に押《お》し流《なが》され、ちょっとしたきっかけで暴発《ぼうはつ》することは、永遠《えいえん》にくり返されるのかもしれません。人間が断々乎《だんだんこ》として、無謀《むぼう》で悲惨《ひさん》な殺《ころ》し合《あ》いを拒否《きょひ》する意思を保《たも》たなければ、歴史《れきし》はくり返すというほかはないかと、いまはわたくしもそう考えないわけにはいかないかなという気持ちになっています。

しかし、『戦争論《ろん》』で知られるクラウゼヴィッツは「戦争は、それ以前の事態《じたい》にまったく関わりなく突如《とつじょ》として勃発《ぼっぱつ》するものではない」といっています。それはそのとおりで、教訓としなければならないのは戦争への過程《かてい》、つまり前段階《ぜんだんかい》です。あとになって「あのときがノー・リターン・ポイントだった」と悔《く》いないためにも、わたくしたち民草《たみくさ》がどのように時勢《じせい》の動きに流され、何をそのときどきで考えていたか、つまり戦争への過程《かてい》を昭和史《しょうわし》から知ることが、平和でありつづけるための大事な日常的《にちじょうてき》努力ではないかと思われるのです。

過去《かこ》の戦争は決して指導者《しどうしゃ》だけでやったものではなく、わたくしたち民草《たみくさ》がその気になったのです。総力《そうりょく》戦の掛《か》け声《ごえ》に率先《そっせん》して乗ったのです。それゆえに実際《じっさい》に何があったのか、誰《だれ》が何をしたのか、それをくり返し考え知ることが大事だと思います。無念の死をとげた人びとのことを忘《わす》れないこと、それはふたたび同じことをくり返さないことに通じるからです。少々疲《つか》れる努力ですが。本書が少しでもその役に立てばありがたいと本気で願っています。

なお、引用の日記や回想などの文献《ぶんけん》は、詩歌句《しいかく》をのぞいてほとんどすべて、若《わか》い読者のために読みやすさを考慮《こうりょ》して、旧字《きゅうじ》を新字にし、カタカナをひらがなに替《か》える、漢字をかなに改める、句読点《くとうてん》を付す、などの改変をほどこしていることをお断《ことわ》りいたします。

二〇一五年十二月十五日

半藤一利《はんどうかずとし》

平凡社《へいぼんしゃ》ライブラリー版《ばん》あとがき

本書の単行本が世にでたのは二〇一六年二月。それから今日までのおよそ三年近い間にもう一冊《さつ》、本書と同じくらいに部厚《ぶあつ》い『世界史《せかいし》のなかの昭和史《しょうわし》』を書きあげて、同じように平凡社《へいぼんしゃ》さんから出版《しゅっぱん》していただいております。今年（二〇一八年）の二月のことでした。そしてそのとき、同じように部厚《ぶあつ》い一冊《さつ》『昭和史《しょうわし》 1926-1945』と三冊《さつ》をならべて、昭和史《しょうわし》三部作をやっと完成させることができたぞ、とホクホクしていたことを思いだします。

そういえば、本書に筆をそめてから『世界史《せかいし》のなかの昭和史《しょうわし》』を書き終えるまで、わたくしは結構《けっこう》この連続的な大仕事を愉《たの》しみました。愉《たの》しむことは愉《たの》しんだのですが、同時に、終わってみればこの三年間に大いに年をとったようなのです。早い話がすっかり老いぼれました。三冊《さつ》を重ねてタオルで包んで枕《まくら》にし、たちまちに居眠《いねむ》りを愉《たの》しんだほどに、という次第《しだい》です。なにしろ、わざわざ指を折って数えてみるまでもなく、八十八歳《さい》になっていたのです。そんな老《ろう》骨《こつ》が、鉛筆《えんぴつ》で原稿《げんこう》用紙のマス目をシコシコ埋《う》めながら、一枚一枚《いちまいいちまい》また一枚《いちまい》と、『昭和史《しょうわし》』に手をつけたときから志《こころざ》していた三部作をものにしたのですから、くたびれないわけはない。身体のみならず頭のほうも……。やむを得《え》ません。

はて、以上は愚痴《ぐち》をのべているのか自慢《じまん》ばなしをしているのか、と書きながら思いました。自《じ》慢《まん》高言は馬鹿のうち、と昔からいいますのでこれでやめにしますが、ともかくも、本書が刊行《かんこう》されることで、また多くの方に読まれることを喜《よろこ》んでいることはたしかなのです。

ところで、本書の単行本が上梓《じょうし》され、それが今度ライブラリー版《ばん》となってふたたび世にでるまでのこの三年間、この国の、すなわち民草《たみくさ》の心のもちようが急速に変わってきているように思われてならないのですが。どう変わったと感じるのか？　と問われれば、さながら木書の昭和十三、四年ごろの変わり方にさも似《に》たり、と答えたらいいでしょうか。簡略《かんりやく》にいえば集団《しゅうだん》主義《しゅぎ》への傾向《けいこう》が強くなりつつある。個人《こじん》の価値《かち》なんかどうでもよろしい、集団《しゅうだん》の調和のほうが大事、すべて国家の利益《りえき》（国益《こくえき》）を先行させるべきである、そんな声が大きくなっている、というわけです。

具体的にいうと、「集団的自衛権《しゅうだんてきじえいけん》の容認《ようにん》」で憲法《けんぽう》九条《じょう》の空洞化《くうどうか》に成功し、以下、いまの日本の指導層《しどうそう》はまことにウソ（？）をつくのが上手になり、平気になった。たとえば戦闘《せんとう》を「武《ぶ》力衝突《りょくしょうとつ》」、共謀罪《きょうぼうざい》を「テロ等準備罪《じゅんびざい》」、公文書の情報《じょうほう》公開を阻《はば》む法律《ほうりつ》を「特定秘密保護法《ひみつほごほう》」、武器輸出《ぶきゆしゅつ》を「防衛装備移転《ぼうえいそうびいてん》」、カジノ法を「統合型《とうごうがた》リゾート実施法《じっしほう》」、さらに移民《いみん》を「外国人材」、単純《たんじゅん》労働者を「特定技能《ぎのう》」者、空母を「多用途《たようと》運用護衛艦《ごえいかん》」、そして肝腎《かんじん》の安保法制《あんぽほうせい》を

「平和安全法制《ほうせい》」エトセトラ。まるで戦中の大本営《だいほんえい》発表のようです。そして世の風潮《ふうちょう》は、というと、そんな言語操作《そうさ》は気にせんでよろしい、政治家《せいじか》は誠実《せいじつ》さよりも経済《けいざい》安定が大事、国益《こくえき》が大事、国威《こくい》強化が大事なんだ、結果がすべてだ、という声のほうが大勢《たいせい》を占《し》めつつある。そして憲法《けんぽう》改正で「緊急事態法《きんきゅうじたいほう》」という名の国家総動員法《そうどういんほう》が成立すればすべて完了《かんりょう》ということになるのでしょう。かつての日本の軍部や政治家《せいじか》が〝現人神《あらひとがみ》〟天皇《てんのう》の名をかりてほしいままに国《こく》政《せい》を動かしたように、いまの日本のトップにある人もだれかの名をかりて負《お》ぶさって勝手にふるまい、戦後七十年余《あまり》、営々《えいえい》として築《きず》いてきた議会制《ぎかいせい》民主主義《しゅぎ》そして平和を希求する国民の願いをなきものにしようとしている、かのように考えられてならないのです。

本書を読めばわかってもらえるかと思いますが、昭和十三、四年ごろから、この国の民草《たみくさ》（というより国民とすべきか）はどんどん大勢順応的《たいせいじゅんのうてき》になっていきました。少々不満でもリーダーに追従《ついじゅう》していきました。そしていま眼前《がんぜん》のことにだけ、指導者《しどうしゃ》の説《と》く危機《きき》感にだけ関心が強くて、過去《かこ》や未来との関係をとおして現在《げんざい》の行動を判断《はんだん》することが、がぜん少なくなりました。過去《かこ》の事実、ことに不快《ふかい》な事実をみんなして正面から見ようとはしなくなる。いや、目の前にある難題《なんだい》についても「われわれの一つにまとまった大和魂《やまとだましい》で何とかなる」「起こって困《こま》るようなことは起こらない」と考えはじめたようなのです。昔の日本人は歴史《れきし》をしっかり学ばなかったため、善《よ》し悪《あ》しを考えずにどちらへでもふらふらし得《え》たし、そのため過去《かこ》を容易《ようい》に「悪くはなかった」と認《みと》めてしまった。そして、この大勢順応主義《たいせいじゅんのうしゅぎ》が選択《せんたく》し断定《だんてい》し決断《けつだん》したものが、無謀《むぼう》ともいえる太平洋戦争への道でした。

大勢順応《たいせいじゅんのう》の危険なのはそれで、いまの日本の戦争を知らない若《わか》い世代にもそのことをよくよく心得《こころえ》ていただきたいのです。過去《かこ》をきちんと直視《ちょくし》しなければ、過去《かこ》のくり返しの可能性《かのうせい》はかならずある。みんなが一致《いっち》協力するというのは、いい決断《けつだん》をしたときはいいですが、目標が誤《あやま》っているときには方向転換《てんかん》が不可能《ふかのう》で、破局《はきょく》までいってしまうものなのです。

だれの名言であるか忘《わす》れましたが、「戦争はうその体系《たいけい》である」というのがあります。その名言にそっていえば、わたくしは物心ついてから十五歳《さい》まで、その「うその体系《たいけい》」のなかで生きてきました。その後の七十年余《あまり》の平和は、そのことをじっくり考えさせてくれました。本書は、その七十年余《あまり》のうちの六十年近くの間、コツコツと、ほんとうに一歩一歩、考えを進めながら、調べてきたことを基礎《きそ》として書いた〝探偵報告《たんていほうこく》〟といえるものです。その根本的な主題は、戦場だけではなく日本本土における戦争の事実をもごまかすことなしにはっきりと認《みと》めることでありました。民草《たみくさ》の心の持ちようの変化を丹念《たんねん》に追うということです。決して昔の思い出話なんかではなく、じつは現在《げんざい》の問題そのものを書いているんだとの思いでした。いや、未来につながる重要なことを示唆《しさ》している事実を書いているのだと、うぬぼれでなくそう思って全力を傾《かたむ》けました。しかし、およそもの書きというものは自分ではどんなに苦闘《くとう》していると思っていようとも、読者にとって面白《おもしろ》いかどうか、それは関わりのないことです。それがいわば宿命なのです。ですから、いまは、ただそうあれかしと願っているばかりなのです。

それにしても、わたくしは八十歳《さい》をすぎてから「老耄《おいぼれ》になったので」とか「耄碌爺《もうろくじじ》いとなりまして」とかいう言葉を頻繁《ひんぱん》に使うようになりました。もっぱら何かを断《ことわ》るときの科白《せりふ》なのですが。それで試みに白川静《しらかわしずか》先生の『字訓』と『常用字解《じょうようじかい》』（ともに平凡社《へいぼんしゃ》）をのぞいてみましたら、思わずホッホッと声がでました。六十を耆《し》といい、七十を老といい、八十を耄《もう》という。つまり老いるとは耆《し》・老・耄《もう》の順で、老の耂は長髪《ちょうはつ》の人を横から見た形で、匕は化からでて死に近いという意味、とあるではありませんか。間違《まちが》った使い方をしていなかったなという安心感から、わたくしは思わず嘆声《たんせい》を発したようなのです。

そうなると、老耄と書いてはたしてオイボレと読み仮名《よがな》をふるのは正しいか、という疑問《ぎもん》がでてきました。それが案に相違《そうい》しまして、『字訓』にも、耄《もう》は「ホル」とも読み、ぼんやりとして放心の状態《じょうたい》になること、そして「惚《ほ》れる」の古語なり、と記されているではありませんか。これこれ、これあるかなと掌《てのひら》を何度も打ちたくなります。

そもそも惚《ほ》れるとは何ぞや。要は、正気を失うとか、正常《せいじょう》心を失うの意で、読者の多くの方も身に覚えがあることと思います。青春時代に異性《いせい》にぞっこんとなって我《われ》を忘《わす》れる、ふわふわふわと酔生夢死《すいせいむし》の状態《じょうたい》となる、これぞ惚《ほ》れたということなのは、ご存《ぞん》じのとおり。となると、異性《いせい》に惚《ほ》れるというのは、心ここにあらざる、すなわち放心状態《じょうたい》になるということで、ボケたことに通じるのではないですか。

と、勝手に解釈《かいしやく》しまして、いまのオレは老いてボケているんじゃない、若き日《わかひ》に美女に惚《ほ》れたが如《ごと》くに、いま老いにホレぬいているんじゃ。そりゃ爺《じじ》いになるということは、人生の終わりに向かって一日一日と進んでいるのはたしかであるけれども、終わりは真底からのゴールであって、それまではゆったり老いにホレながら、そして一杯《いっぱい》やりながらの人生は結構《けっこう》楽しいものなのである。ホレ、『論語《ろんご》』にも「老いて死なず」という有名な一句《く》があるじゃないか、と、またまた元気をだしているのです。そのなによりの証《あか》しが本書というわけなのです。ですから、爺《じじ》いをいっそう励《はげ》ますと思い、どうぞご愛読のほどを——。

ついでにもう一言。このわたくしにとっての「昭和史《しょうわし》」とは、つまり絶世《ぜっせい》の美女代わり、というところなのでしょうか。

最後になりましたが、編集者《へんしゅうしゃ》の山本明子さん、まさかあなたが〝絶世《ぜっせい》の美女代わり〟(?)。いやいや、こんどもいろいろお世話になりました、ありがとうございました。

二〇一八年十二月吉日《きちじつ》

半藤一利《はんどうかずとし》

半藤《はんどう》先生の「昭和史《しょうわし》」で学ぶ非戦《ひせん》と平和

戦争と人びとの暮《く》らし 1926~1945 下

解説《かいせつ》

文 山本明子《やまもとあきこ》
（「昭和史《しょうわし》」シリーズ編集者《へんしゅうしゃ》）

人は生まれる時代も、国も選ぶことはできません。

仮《かり》に、あなたが世界の大国の一般《いっぱん》家庭に生まれ、不自由なく育ち、中学生ぐらいの年齢《ねんれい》になったとします。国には軍隊があり、男子はいずれ徴兵《ちょうへい》にとられます。ある日、政府《せいふ》の判断《はんだん》で隣《りん》接《せつ》する小さな国への攻撃《こうげき》をはじめました。「子どもの喧嘩《けんか》の延長《えんちょう》の国盗《くにと》り合戦」のようなものだとしても、国民のあなたは影響《えいきょう》をこうむらざるをえません。すぐに勝って終わると思っていたら、苦戦を強《し》いられて戦いは長引き、すでに現役《げんえき》を終えたお父さんが出征《しゅっせい》を命じられます。拒否《きょひ》すれば捕《つか》まるかもしれません。そのうち、まだ二十歳《はたち》にならないお兄さんも出征《しゅっせい》を余儀《よぎ》なくされそうです。お母さんの心配はいかばかりでしょうか。あなたはどんな気持ちに襲《おそ》われるでしょうか。

それでも休むことなく日常《にちじょう》はつづきます。自分の住む街はまだ平穏《へいおん》が保《たも》たれています（攻撃《こうげき》された国の同じ歳《とし》の子どもたちはどんな目にあっていることか）。侵攻《しんこう》を非難《ひなん》する外国から物が入ってこなくなり、スーパーやデパートでは品数が減《へ》ってきます。物価《ぶっか》も上がり、ほしい物が手に入らなくても我慢《がまん》しなくてはなりません。

「国にとっていいこと」だけをテレビやインターネットで見ているうちに、自国を守る正しい戦いなのだと思《おも》い込《こ》み、勝つことしか考えられなくなります。いつしか相手の国から攻撃《こうげき》を受けはじめ、自分の暮《く》らす街が「戦場」になったとします。あなたは恐怖《きょうふ》を感じ、初めて必死で逃《に》げる経験《けいけん》をします。近所の家や学校や劇場《げきじょう》や病院が壊《こわ》され、やがて友人や知人が怪我《けが》をしたり、命を落とした噂《うわさ》を耳にするようになります。相手国の人びとの状況《じようきよう》が他人事《ひとごと》ではなくなります。打ち負かしたいその敵《てき》の一人ひとりにも毎日の暮《く》らしがあり、あなたと同じように家族がいます……。今日も爆撃《ばくげき》があり避難《ひなん》しました。明日もどうなることやら。戦いはいつ終わるのか、誰《だれ》にもわかりません。

百年前にもならない時代、日本人は似《に》たような日々を過《す》ごしていました。下巻《げかん》で描《えが》かれているのは、そんな人たちの話です。そしていつかあなたの物語になるかもしれません。昭和前半にもぐりこんで国民の一人になったつもりで読むと、何が見えてくるでしょうか。

＊

ここからは各話ごとに、戦時下の人びとの心の動きや変化を軸《じく》にして読みどころをピックアップしてみます。

第六話（昭和十四年〜十六年）は、日中戦争が長期化するうちにヨーロッパで第二次世界大戦がはじまり、やがて日本は太平洋戦争へと突入《とつにゆう》します。人びとは国と一緒《いつしよ》になって勝利を目指し、暮《く》らしのあらゆる面で戦闘態勢《せんとうたいせい》に入ってゆきます。

この章で述《の》べられていることを一言でいえば「愚《おろ》かさの総和《そうわ》」です。太平洋戦争への道を決めるにあたっての、「近代日本になっていらい敗《ま》けたことのない無敵《むてき》日本という自己過信《じこかしん》、アメリカの国力に対する無知、ドイツの勝利への根拠《こんきょ》なき確信《かくしん》、そしていまや好戦的と変わった国民の心情《しんじょう》」などの積み重なりです。悲しいことに「日本人はその程度《ていど》にしか賢明《けんめい》でなかった」のであり、その「愚《おろ》かさ」には指導部《しどうぶ》だけでなく、背後《はいご》の確かな存在《そんざい》として好戦的になっていた国民が含《ふく》まれていました。そんなふうになったのは理由があります。

冒頭《ぼうとう》から、相撲《すもう》の関取・双葉山《ふたばやま》の三年半をかけた七十連勝が惜《お》しくも達成ならず、という話題（それまでの六十九連勝は日中戦争の「無敵皇軍《むてきこうぐん》」の象徴《しょうちょう》とみなされ、この敗北が旭日《きょくじつ》昇天《しょうてん》の勢《いきお》いの〝陥落《かんらく》〟の暗示《あんじ》ともとれる、という話も歴史《れきし》を知る面白《おもしろ》さの一つでしょう）と、海軍の零戦《ぜろせん》試作第一号の完成の話題が並《なら》んでいます。無関係にみえて、いずれも国民がこぞって歓声《かんせい》を上げる話題であることがミソです。「国家権力《けんりょく》というものは、こうした国民的な一致《いっち》した歓声《かんせい》というものをどんどんつづけていきたくなるもの」で、戦時下という非常時《ひじょうじ》には「個々《ここ》のアイデンティティではなく、これらを一つに集めた集団《しゅうだん》としてのアイデンティティ、集団《しゅうだん》の結集力、民草《たみくさ》の顔をみんな同じ方向に向けたいという欲求《よっきゅう》を強くする」、なぜなら権力者《けんりょくしゃ》にとってそのほうが「万事《ばんじ》やりやすい」からです。つまり「国家ナショナリズム（民族主義《しゅぎ》・国《こく》粋主義《すいしゅぎ》）の強調」です。国民が厭戦《えんせん》的・嫌戦《けんせん》的にならず、挙国一致《きょこくいっち》をすすめられるよう法制《ほうせい》をどんどん変えていったというのです。こうして戦時下において一人ひとりの「個《こ》」は無きものとなり、国の誘導《ゆうどう》でまとまった「集団《しゅうだん》」となっていきました。

そういう状況《じょうきょう》では排他主義《はいたしゅぎ》が大手《おおで》を振《ふ》りはじめます。敵《てき》と味方とをきっちりと分け、敵《てき》とみなせば徹底的《てっていてき》に排除《はいじょ》する。他人事ではありません。著者《ちょしゃ》は似《に》た例として、「いまの日本の、できるかぎりアメリカの『世界戦略《せんりゃく》』に協力すべきだという『積極的平和主義《しゅぎ》』なんか、その最たるものといえる」と、八十年前の話が少しも古くないことを訴《うった》えています。「そんな排他的《はいたてき》同調主義《しゅぎ》の時代の到来《とうらい》はほんとうに恐《おそ》ろしいと思うが……」。憂慮《ゆうりょ》は深刻《しんこく》です。

ここで日中戦争の戦況《せんきょう》を伝えるニュース映画《えいが》が大そう人気を集めたという話が紹介《しょうかい》されています。今はテレビやネットを通じて遠くで行なわれている戦闘《せんとう》を見ることは珍《めずら》しくありませんが、当時も最前線の動く映像《えいぞう》をこの目で見たいという人びとの欲求《よっきゅう》は自然だったでしょう。しかしそれが当局の監視下《かんしか》、「日の丸を掲《かか》げて万歳《ばんざい》する兵隊たちが毎回でてきて、勝った勝ったとやっている」などのワンパターンな映像《えいぞう》となったとたん、逆《ぎゃく》に〝事実〟がまるで伝わらないニュースと化してしまいます。なのに、見たというだけで国民が満足し喜《よろこ》ぶのですから、まったくたちが悪いのです。今や映像《えいぞう》も画像《がぞう》も簡単《かんたん》に創作《そうさく》や操作《そうさ》ができる時代です。戦闘《せんとう》においても、捏造《ねつぞう》された偽《にせ》の情報《じょうほう》がインフルエンサーによって拡散《かくさん》され、流布《るふ》しているとのこと。情《じょう》報《ほう》に対峙《たいじ》するときに必要な慎重《しんちょう》さは増《ま》しつづけているというわけです。

統制《とうせい》が厳《きび》しくなると、「ぜいたくは敵《てき》だ」の〝名言〟が書かれた看板《かんばん》がやたらと街頭に立てられましたが、誰《だれ》ぞ「ユーモラスな反抗精神《はんこうせいしん》の持ち主」が「敵《てき》」の上に「素《す》」と書きこんで「ぜいたくは素敵《すてき》だ」にしました。さしずめ昭和のバンクシーでしょうか。日々の節約で眉間《みけん》にしわを寄《よ》せていた人も、これには一瞬《いっしゅん》くすっとなったかもしれません。古今東西、人間はユーモアと諷刺《ふうし》精神《せいしん》を失うことができない生きもののようです。オーソドックスなやり方だけでなく、抵抗《ていこう》や批判《ひはん》はさまざまなかたちで表現《ひょうげん》できるのです。

昭和十六年、「生きて虜囚《りょしゅう》の辱《はずかしめ》を受けず」で知られる将兵《しょうへい》の心得《こころえ》「戦陣訓《せんじんくん》」が全陸軍に下されると、影響《えいきょう》は庶民《しょみん》にまで及《およ》びました。「上のもののいうことはゼッタイ」となり、半《はん》藤《どう》少年も何かにつけて「文句《もんく》をいうな、バカモン」と怒声《どせい》を浴びたといいます。実際《じっさい》に今、「サザエさん」の波平さんのように「バカモン!」と怒鳴《どな》る声を聞くことはほとんどありませんね。ハラスメントの指摘《してき》に敏感《びんかん》になった風潮《ふうちょう》も一因《いちいん》でしょうか。的を射《い》た一喝《いっかつ》は人を成長させることもあると思いますが、理不尽《りふじん》な怒声《どせい》は心にひっかかって長く尾《お》を引くようです。半藤《はんどう》さんも、さんざんしぼられた小学校の〝超軍国主義《ちょうぐんこくしゅぎ》〟の先生を晩年《ばんねん》までフルネームで覚えていて、かなり根にもっていることがうかがえました。こうして上から精神的《せいしんてき》に誘導《ゆうどう》され、反抗《はんこう》すれば咎《とが》められるうちに、人びとは「集団催眠《しゅうだんさいみん》」にかかったように一丸となって戦勝をめざす国民になっていったのです。そしてとうとう太平洋戦争がはじまりました。

第七話（昭和十七年〜十八年）、序盤《じょばん》の連勝から一転して戦局があやしくなり、本土空襲《くうしゅう》がはじまると人びとの内面には微妙《びみょう》な変化もきざしはじめます。同時に悲壮《ひそう》な「撃《う》ちてし止《や》まむ」の雄叫《おたけ》びを高めてゆきます。

太平洋戦争がはじまって四カ月たった昭和十七年四月十八日、「遠くにあった戦火が、突如《とつじょ》としてわが頭上に襲《おそ》いかかってきた」と、著者《ちょしゃ》ははじめて敵機《てっき》の爆撃《ばくげき》を受けた体験をつづっています。「午前一時ごろに空襲警報《くうしゅうけいほう》のサイレンが鳴《な》り渡《わた》り、叩《たた》き起《お》こされたときは、真っ暗な家の中で右往左往《うおうさおう》した著者《ちょしゃ》は、「戦争がびっくりするくらい近くにあるんだと、たしかにその夜は思った」。それまで知らない土地で行なわれていた戦争が、一気に自分の住む町にやってきたのです。東京、中京、阪神方面などでの本土初空襲《くうしゅう》でした。バンザイ三唱して見送った出《しゅっ》征兵士《せいへいし》の笑顔《えがお》の裏《うら》の本音も知らず、どこかまだ余所事《よそごと》だったかもしれない戦争は、老若男女《ろうにゃくなんにょ》を問わず〝自分事〟となりました。

注目したいのは、これを機に、戦争開始直後から「わが軍の防禦《ぼうぎょ》は鉄壁《てっぺき》であり、本土空襲《くうしゅう》ということなどあり得《え》ない」と豪語《ごうご》していた軍部や政府《せいふ》への〝小さな不信感〟が芽生えたのではないか、という指摘《してき》です。必勝の信念で絶対的《ぜったいてき》な強さばかりを吹《ふ》き込《こ》む上層部《じょうそうぶ》に対して「どことなく戦争指導者《しどうしゃ》を信頼《しんらい》できない国民の気持ち」が生まれつつあった。背景《はいけい》には、配給以外に、髪型《かみがた》、服装《ふくそう》、儀礼《ぎれい》など生活全面におけるあらゆる統制《とうせい》の窮屈《きゅうくつ》さがあったのでは、と著者《ちょしゃ》は推測《すいそく》します。戦争はいつだって「自衛《じえい》のためのやむにやまれぬ戦争」、すべて外敵《がいてき》の仕業《しわざ》、そう聞かされてきた国民ですが、自分が痛《いた》い目にあったことで芽を出した不信感を心の片隅《かたすみ》に積もらせていった人もいたはずです。しかし同時に、不信感を表に出せばたちまち「非国民《ひこくみん》め！」と糾《きゅう》弾《だん》される世の中にもなりつつありました。

いったい非国民《ひこくみん》とはなんでしょうか。「国民としての義務《ぎむ》を守らない者。国家を裏切《うらぎ》るような行為《こうい》をする者」と広辞苑《こうじえん》にあります。ほんとうの意味で国を思い、憂《うれ》えての考えも口に出せば

「非国民《ひこくみん》」となるのが戦時下。国のためすべてを捧《ささ》げて勝つ、それが「愛国心」と信《しん》じ込《こ》まされ、「勝たねばならぬ」の強迫的《きょうはくてき》心理に悩《なや》まされ、戦局はウソの発表で覆《おお》い隠《かく》され、「知らせぬは当局者、知らぬは国民のみ」という状態《じょうたい》でした。素直《すなお》に考えれば、国家を裏切《うらぎ》る行為《こうい》をする「非《ひ》国民《こくみん》」は、「知らせぬ当局者」のほうになるはずですが。

この時代を象徴《しょうちょう》するかのような標語「撃《う》ちてし止《や》まむ」は、陸軍が「国民に一億総突撃《そうとつげき》の精神《せいしん》を奮《ふる》い立《た》たせる」ために打ち出したものです。『古事記』の戦勝を祈願《きがん》する歌からとられた言葉ですが、意味は「敵《てき》を打《う》ち破《やぶ》ったなら戦いをやめよう」ですので、「敵《てき》を倒《たお》せないうちは戦いをやめない」ということになります。政府《せいふ》や軍部や国民は本気でそれが可能《かのう》と考えたのでしょうか。半藤《はんどう》さんに言わせれば、最たる「リアリズムの欠如《けつじょ》」ですが、個人《こじん》が霧消《むしょう》して集団《しゅうだん》の人格《じんかく》となっている非常時《ひじょうじ》では、一人ひとりが深い思考や冷静な判断能力《はんだんのうりょく》というものをもちつづけることが難《むずか》しくなる、そのまま教訓となる身近な例です。

「リアリズムの欠如《けつじょ》」といえば、当時の知識人《ちしきじん》もその一端《いったん》を担《にな》っていたらしい気になる話が紹介《しょうかい》されています。昭和十七年七月に行なわれた座談会《ざだんかい》「近代の超克《ちょうこく》」は、河上徹太郎《かわかみてつたろう》を司会に、小林秀雄《こばやしひでお》や亀井勝一郎《かめいかついちろう》ら、哲学《てつがく》、科学、芸術《げいじゅつ》、文学などの専門家《せんもんか》十三人が「開戦一年の知的戦慄《せんりつ》のうちに」、西洋の近代文明をのりこえて「現代《げんだい》日本人は如何《いか》にして可能《かのう》なるか」（河上《かわかみ》）について議論《ぎろん》したものです。これまでさまざまな評価《ひょうか》がされてきましたが、著者《ちょしゃ》はどこをどう切り取ったのか。「戦争となって敵《てき》の機械文明を相手にしなければならぬ」という話の流れで、科学史家《しか》でもある哲学者《てつがくしゃ》の下村寅太郎《しもむらとらたろう》と文芸評論家《ひょうろんか》の小林秀雄《こばやしひでお》のやりとりに着目しています。「機械も精神《せいしん》が作ったものである」、だから「機械を造《つく》った精神《せいしん》を問題にせねばならぬ」と主張《しゅちょう》する下村《しもむら》に、「機械的精神《せいしん》というものはない」と小林《こばやし》は「精神《せいしん》と機械は別」という態度《たいど》をとります。著者《ちょしゃ》はここで「機械」を「飛行機」と置《お》き換《か》え、「操縦者《そうじゅうしゃ》を大事にする米軍機とこれを軽《かろ》んじる日本機の違《ちが》いはこのころから歴然《れきぜん》としてきた」と述《の》べます。たとえば芸術《げいじゅつ》的《てき》な曲線美を描《えが》く日本の零式戦闘機《れいしきせんとうき》と比《くら》べ、アメリカの戦闘機《せんとうき》は格好《かっこう》など気にせず大量生産され、操縦席《そうじゅうせき》の防禦壁《ぼうぎょへき》によって死者数も少なく抑《おさ》えられたとのこと。一方、「生命を軽《かろ》んじる日本の戦闘機《せんとうき》を墜《お》とすには搭乗員《とうじょういん》を狙《ねら》え」が、米軍の戦法になったというのです。「生命を軽《かろ》んじる日本」という言葉には、戦争末期の特攻《とっこう》作戦への批判《ひはん》もこめたのではないでしょうか。小《こ》林《ばやし》は「魂《たましい》は機械が嫌《きら》いだから（中略《ちゅうりゃく》）それを相手に戦いということはない」とも発言しています。そういった「精神《せいしん》は精神《せいしん》だ」という小林《こばやし》の論《ろん》は、「やっぱり文学的にすぎる」というように、本来は言論《げんろん》で指導者《しどうしゃ》を覚醒《かくせい》させるべき知識人《ちしきじん》の思考に対しても、いかんともしがたい甘《あま》さやリアリズムの欠如《けつじょ》を嘆《なげ》かざるを得《え》ないのです。

一方で、「撃《う》ちてし止《や》まむ」と叫《さけ》んでいたはずが、戦局がとんでもない悲惨《ひさん》の連続となるや、「瓦全《がぜん》より玉砕《ぎょくさい》」という言葉がいわれるようになりました。「カワラとなって無事に生きのびるよりも、玉となって砕《くだ》けるのが日本男子のいさぎよさだ」とはあんまりです。思い出されたのは、哲学者《てつがくしゃ》で思想家でもある串田孫一《くしだまごいち》さん（一九一五―二〇〇五）が、戦時下に師《し》のフランス文学者、渡辺一夫《わたなべかずお》さん（一九〇一―七五）から教わった「腐儒瓦全《ふじゅがぜん》」という言葉です。「役に立たない学者としていたずらに生きながらえる」という意味で、「瓦全《がぜん》より玉砕《ぎょくさい》」をもじったとも考えられます。「どんな状況《じょうきょう》でも砕《くだ》けてしまうより、瓦《かわら》となっても生き延《いの》びて学問をまっとうし続けるべきだ」と教え子に伝えた、卑下《ひげ》を装《よそお》った強い反戦の思いでもありましょう。戦争が終わると渡辺《わたなべ》さんは「これで玉砕《ぎょくさい》しないですんだと思い、身も心もくたくたになりました」と述《の》べたそうです。死ぬことも大ごとですが、生き延《いの》びることが身も心もくたくたにする大仕事だったのです。戦争はないに越《こ》したことはない、でも戦争なんかで命を落とすことがあってはならない、「生きながらえる」ことこそがもっとも大切だと。この言葉を共有した二人は、戦後、それぞれ余人《よじん》をもって代えがたい仕事を遺《のこ》しました。たとえそのときいくら叩《たた》かれようとも、生き抜《ぬ》いてこそ未来があるのです。

終盤《しゅうばん》は、動物園のクマやライオンなど大型《おおがた》動物が「時局に殉《じゅん》じ」て毒殺《どくさつ》された話、数万人におよぶ若《わか》い学生が戦地に送られた学徒出陣《がくとしゅつじん》の話、空襲《くうしゅう》を避《さ》けて都会の子どもが親と離《はな》れ疎《そ》開《かい》する話など、いずれも戦争ゆえに人間も動物も痛《いた》ましく悲しい話題の連続です。「日本にいながら日本から亡命《ぼうめい》したつもり」で「この国の情《なさ》けなさをよくみている」永井荷風《ながいかふう》は日記に書きました、「今は勝敗を問わず唯《ただ》一日も早く戦争の終了《しゅうりょう》をまつのみなり」と。

第八話（昭和十九年～二十年）は、敗戦への道のりです。原爆《げんばく》投下の二年ほど前に、戦争を終結させる巨大《きょだい》な力の予感を民草《たみくさ》の知恵《ちえ》が察知していたとは!?

「今日《こんにち》の物理学の進歩は、原子の力を利用することができるまでに発達し（中略《ちゅうりやく》）マッチ箱ぐらいの大きさの爆弾《ばくだん》で（中略《ちゅうりやく》）軍艦《ぐんかん》一隻《せき》を沈《しず》め得《う》る見込《みこ》みがついている」。政府《せいふ》と軍部に反省を求めた物理学の権威《けんい》・田中舘愛橘博士《たなかだてあいきつはかせ》の昭和十八年の演説《えんぜつ》はショッキングかつキャッチーであったため新聞の見出しとなり、中学一年だった著者《ちょしゃ》も「マッチ箱の爆弾《ばくだん》で軍艦《ぐんかん》一隻《せき》」のフレーズを、空想科学小説めいた夢物語《ゆめものがたり》としてでも級友と話題にした記憶《きおく》がたしかにあるといいます。実際《じっさい》の戦局も知らず科学的知識《ちしき》もないなかで、「戦局の前途《ぜんと》に多難《たなん》を察知しはじめた民草《たみくさ》の智恵《ちえ》が、戦争を一挙に終結してしまうであろう強大な力をそこに予感した」というのです。「歴史《れきし》というものの巨大《きょだい》にして強力な流れの恐《おそ》ろしさ」をそこに感じながら――。なぜならアメリカで原子爆弾《ばくだん》はすでに〝現実《げんじつ》の新兵器〟になりつつあり、その標的は同じ白人種のドイツではなく「もう一つのほう」、いうまでもなく我《われ》らが日本と決まっていたのです。やがて原爆《げんばく》は歴《れき》史《し》からあらゆる人間らしさを排除《はいじょ》していきます。

　昭和十九年元旦《がんたん》、情報局総裁《じょうほうきょくそうさい》の「意思と意思、戦意と戦意との戦いである。（中略《ちゅうりやく》）もう一押《ひとお》し、押《お》し切《き》った方が、最後の勝利を獲得《かくとく》する」といった「年頭の辞」が新聞に掲載《けいさい》され、読んでいた著者《ちょしゃ》の父親が突然《とつぜん》、「その押《お》し切《き》る力が、ロクに食うものもなくちゃ出やしねえじゃないのか、ッていってるんだよ」と大声で聞えよがしに毒《どく》づいて新聞を放り投げた、といいます。本書でしばしば顔を出す〝反戦おやじ〟の言動は、当時の東京下町の人びとの表に出せない本音を垣間見《かいまみ》させてくれるとともに、著者《ちょしゃ》の思いを代弁《だいべん》し、ときに主張《しゅちょう》を助ける役回りとして、むしろ意図的にキャラクター化されている印象《いんしょう》があります。ベルリン・オリンピックでは「前畑《まえはた》がんばれ、がんばれ」と上半身真《ま》ッ裸《ぱだか》で大酒を飲んで祝い（第四話）、山本五十六《やまもといそろく》が戦死すると「総大将《そうだいしょう》が戦死したり、守備隊《しゅびたい》が全滅《ぜんめつ》したりする戦《いく》さに、勝利の戦《いく》さなんてないことはわが国の歴史《れきし》が証明《しょうめい》している」（第七話）と子ども相手に諭《さと》したりしています。この父親のおかげで半藤《はんどう》さんは「愛国熱血少年」にならずにすんだ、とも回顧《かいこ》しています。

おやじこと半藤末松《はんどうすえまつ》氏は新潟に生まれ、水兵やおまわりさんを経《へ》て結婚《けっこん》し、上京後は現在《げんざい》の墨田区《すみだく》で運送業を営《いとな》んでいました。区会議員になると地元住民の相談を解決《かいけつ》すべく母親（かつて名産婆《さんば》として活躍《かつやく》しました）と二人三脚《ににんさんきゃく》で奔走《ほんそう》したといいます。長男の著者《ちょしゃ》が大学生のとき、胃《い》がんを患《わずら》い四十七歳《さい》の若《わか》さで亡《な》くなりましたが、本書からもうかがえるように息子《むすこ》に与《あた》えた精神的《せいしんてき》な影響《えいきょう》は大きかったようです。二〇二一年に永眠《えいみん》するまで、書斎《しょさい》に末松《すえまつ》氏の口ひげを生やし目元が凛々《りり》しい肖像《しょうぞう》写真を飾《かざ》っていました。子どもは、その時々に深く考えたり整理するわけでなくとも、親や周囲《しゅうい》の人たちの言動を取捨選択《しゅしゃせんたく》しながら心に刻《きざ》み、知らず知らずアレンジしながら自身の考えとして血肉にしてゆくのですね。もちろんいい影響《えいきょう》だけではないでしょうが（そういえば半藤《はんどう》さんも大酒飲みで声が大きく、自宅《じたく》では上半身裸《はだか》に近い姿《すがた》でうろつく姿《すがた》も拝見《はいけん》しました）。いずれ皆《みな》さんが親となり、戦時下の半藤《はんどう》さん親子のやりとりが何かの参考になる日がくるでしょうか？

「一億一心」「鬼畜《きちく》米英」など連戦連敗を紛《まぎ》らわすように多発されるスローガンに煽《あお》られ〝国

家第一主義《しゆぎ》〟の日々を送るうち、民草《たみくさ》のほとんどすべてが「無感覚」になっていった、との指摘《してき》にはゾッとさせられます。「防空服装《ぼうくうふくそう》」や「焼夷弾《しょういだん》の退治法《たいじ》」など、当局が出した真面目に読むと「つい吹《ふ》きだしたくなるような」空襲対策《くうしゅうたいさく》にも考えることなく従《したが》っていた、それが事実なら、人びとはこの時期、人形のような表情《ひょうじょう》で命のみを繋《つな》いでいたのでしょうか。

とはいえB29による本土空襲《くうしゅう》がはじまった十一月二十四日以降《いこう》、住む町は戦場どころか〝生《い》き地獄《じごく》〟と化します。「無残な死は、すべての民草《たみくさ》のすぐ隣《とな》りにあった」。敗《ま》けたくない、国を信じたい、けれどやはり人間、当局の豪語《ごうご》とは正反対の事態《じたい》に忘《わす》れていたい疑惑《ぎわく》も再燃《さいねん》するというものです。翌《よく》昭和二十年三月十日、東京大空襲《だいくうしゅう》で著者《ちょしゃ》も命を落としかけます。本書では詳《くわ》しく述《の》べていませんが、学生服のまま寝《ね》ていた夜中に父親の大声と空襲警報《くうしゅうけいほう》で飛び起き、半纏《はんてん》をはおりゴム長靴《ながぐつ》をはいて外に出るとすでに火の海。B29が低空飛行で焼夷弾《しょういだん》をばらまいていました。「風上に逃《に》げろ」という父親の言葉にしたがって走るうちに背中《せなか》に火がつき、半纏《はんてん》を脱《ぬ》ぎすててまた走り、川岸にたどりつきます。そこにやってきた船に乗せてもらいましたが、おぼれかけていた女の人を引っぱり上げようとしたとき、肩《かた》をつかまれて川に落ちてしまいました。水中では大勢《おおぜい》の人があがいています。水を飲み、意識《いしき》が遠のきつつあったとき、長靴《ながぐつ》がぬげて沈《しず》んでいくのが見え、水面が逆《ぎゃく》の方向だと知ります。死にものぐるいで、つかんでくる手を振《ふ》り払《はら》い、人をおしのけてうかび上がろうともがき、水面に頭を出したとき、たまたまそこにいた別の船に引き上げられて助かったのです。

九死に一生を得《え》たこの経験《けいけん》を、半藤《はんどう》さんは以前はあまり語ろうとはしませんでした。しかし老いにさしかかったころ、機会があれば語り、書くようになりました。やはり伝えねばならないという気持ちに変わったのだと思います。そして、この大空襲《だいくうしゅう》を境《さかい》に「絶対《ぜったい》」という言葉を使わないと誓《ちか》った、という話もくりかえし綴《つづ》っています。

「猛火《もうか》がおさまってからトボトボと焼け死体を数多く目にしながら、自分の家の焼《や》け跡《あと》に戻《もど》りました。そこで満目蕭条《まんもくしょうじょう》たる風景を半ばボーとして眺《なが》めて、どうしてこんなことになっちゃったのかと思いました。このとき、ボンクラ頭だけど本気になって考えたのは、『絶対《ぜったい》という言葉は死ぬまで使わないぞ』ということ。自分の頭で真剣《しんけん》にものを考えた最初でした。それまで『絶対《ぜったい》に日本は敗《ま》けない』『絶対《ぜったい》に焼夷弾《しょういだん》は消せる』『絶対《ぜったい》に神風《かみかぜ》が吹《ふ》く』……周りにたくさんの『絶対《ぜったい》』があった。『絶対《ぜったい》に人を殺《ころ》さない』ということも。しかし、それらはみんな嘘《うそ》だと――たった一つの、それが自作の哲学《てつがく》でした」（『わが昭和史《しょうわし》』）

生涯《しょうがい》もちつづけた自作の哲学《てつがく》は、過酷《かこく》な経験《けいけん》から生まれたのです。亡《な》くなる二年前、はじめての絵本『焼けあとのちかい』でも、大空襲《だいくうしゅう》の体験とともに「戦争《せんそう》の本当のおそろしさとは、自分が人間でなくなっていることに気がつかなくなってしまうことです」と書きました。そして、あえて「絶対《ぜったい》」という言葉をつかってどうしても伝えたいたったひとつの思いとして「戦争だけは絶対にはじめてはいけない」と結んでいます。

「満目蕭条《まんもくしょうじょう》」の日本にもはや「B面の物語」があるはずもなく、次に著者《ちょしゃ》の筆は特攻《とっこう》作戦に及《およ》びます。反戦や厭戦《えんせん》を口にした人への取《と》り締《し》まりの厳《きび》しさでさえ「何度くどくどかいても足りないとの思いが残る」と吐露《とろ》し、特攻《とっこう》作戦の悲劇《ひげき》などどうしたって伝えきれないと知りつつ、それでも何度でも、あらゆる角度から伝える努力をせねばならない、そんな思いが随所《ずいしょ》から読みとれます。ここでは特攻《とっこう》作戦への反対論《はんたいろん》をぶちあげた、当時まだ若手《わかて》の元海軍少佐・美濃部《みのべ》正《ただし》氏に著者《ちょしゃ》が後年インタビューした話が紹介《しょうかい》されます。「練習機までつぎ込《こ》んでいる戦略戦術《じゅつ》のあまりにも幼稚《ようち》な猪突《ちょとつ》で、ほんとうに勝てると思っているのですか」「訓練も行《い》き届《とど》かない少年兵、前途《ぜんと》ある学徒《がくと》を死突《しとつ》させ、無益《むえき》な道づれにして何の菊水《きくすい》作戦でありますか」と海軍からの抹殺《まっさつ》を覚悟《かくご》で身体を震《ふる》わせながら発言をつづけた――こんな証言《しょうげん》こそ、歴史《れきし》から抹殺《まっさつ》されてはならないのです。

　やがて伊勢神宮《いせじんぐう》が焼夷弾《しょういだん》で焼け落ちました。「伊勢《いせ》の大神さまこそが国難《こくなん》を救《すく》い給《たま》う神通力のある神」と国民は信じていた、いや信《しん》じ込《こ》まされていたのに。父親は「神がかりで戦争に勝てるはずがない（中略《ちゅうりゃく》）お前もその覚悟《かくご》をしろ」と言ったそうですが、神がかりと対極にあるのは「焼夷弾攻撃《しょういだんこうげき》をうけたならばいち早く逃《に》げて逃《に》げて逃《に》げ、火の及《およ》ばないところにゆくしか助かる道はない」という著者《ちょしゃ》が経験《けいけん》から得《え》たリアリズムの教訓でした。逃《に》げる足のない伊勢《いせ》神宮《じんぐう》は焼け落ちるしかなかったのです。二十世紀《せいき》の戦いとは思えないほど神や精神力《せいしんりょく》にすがるしかなくなった戦争末期は、沖縄戦で多くの国民が命を落としたことをはじめ、「B面がA面に収斂《しゅうれん》されてゆく過程《かてい》」を綴《つづ》る著者《ちょしゃ》の無念もピークの感があります。一民草《たみくさ》だった青年が最前線に引きずり出され、特攻兵士《とっこうへいし》となって詠《よ》んだ川柳《せんりゅう》はおしなべて「自分の死も生も、すべて客観視《きゃっかんし》している」驚《おどろ》くべき作で、はじめて読んだ著者《ちょしゃ》は「痛哭《つうこく》の涙《なみだ》が目に溢《あふ》れでてきた」といいます。人間いかに生くべきか、死を前に自分ならばどのような心境《しんきょう》でありえるか、深く考えさせられます。

日本は敗《ま》けるべくして敗《ま》けました。「国破《やぶ》れても美しい越後《えちご》の山河《さんが》がいっぱいにひろがっていた」というその日の著者《ちょしゃ》の記憶《きおく》に何を感じるでしょうか。今、私《わたし》は祈《いの》りにも似《に》た沈黙《ちんもく》を促《うなが》されます。

エピローグは、敗戦直後のようすが描《えが》かれます。

昭和二十年八月十五日、天皇《てんのう》のラジオ放送で民草《たみくさ》は敗戦を知ります。「空《むな》しさ、悲しみ、惨《みじ》めさ、無念さ、幻滅《げんめつ》」、そして将来《しょうらい》への不安……、一人ひとりの心のなかに、さまざまな感情《かんじょう》が去来し、渦巻《うずま》いたことでしょう。しかし、です。

「あの日の慟哭《どうこく》と嗚咽《おえつ》が遠ざかるにつれて、その反面で日本人はアッという変貌《へんぼう》をみせはじめる。その勢《いきお》いたるやすさまじいものがあった。死ぬ必要がなくなり、いまや生きるための欲望《よくぼう》に憑《つ》かれてしまった人びとの関心のなかには、これからの祖国《そこく》の行方《ゆくえ》も、民族の誇《ほこ》りも精神《せいしん》も、いや隣人《りんじん》も他人もなくなった。生きぬくためには、もう自分のことしか考えられなくなった」……。

これを著者《ちょしゃ》は「精神的退廃《せいしんてきたいはい》」とみます。それまで「総動員《そうどういん》」で一丸となって敵《てき》に向かっていた状態《じょうたい》に、膨《ふく》らんだ風船がいっぺんに破裂《はれつ》したような衝撃《しょうげき》がやってくれば、人は一気に変貌《へんぼう》してしまう。たくましさの半面、人間とはとても弱い生きものです。

東《ひがし》久邇宮《くにのみや》首相《しゅしょう》が敗因《はいいん》について記者会見で語った言葉が歴史《れきし》に残っています。「一億総懺悔《そうざんげ》することが、わが国再建《さいけん》の第一歩」と述《の》べた、「一億総懺悔《そうざんげ》」――総動員体制《そうどういんたいせい》の戦争が終わってなお、国のトップがこの精神《せいしん》を訴《うった》えたのです。これをきいて人びとは政府《せいふ》や軍に腹《はら》を立てるどころか、同感を禁《きん》じ得《え》なかった、とは意外な気もしますが、著者《ちょしゃ》はこの言葉を戦時中の〝一億一心〟の裏返《うらがえ》しととらえます。日本人があいまいな精神性《せいしんせい》の持ち主と言われる所以《ゆえん》で、「戦争指導者《しどうしゃ》の責任《せきにん》は（中略《ちゅうりゃく》）全体へともやもやとまぎれこんで、結局は雲散霧消《うんさんむしょう》した」。そうなると今度は「国民総被害者《そうひがいしゃ》」です。「赤信号みんなで渡《わた》ればこわくない」というフレーズがありましたが、つまるところ「個《こ》」は苦手、あるいは居心地《いごこち》がよくなく、「総」でくくられる方が日本人は安心していられるということでしょうか。

末尾《まつび》は、著者《ちょしゃ》自身が敗戦までを振《ふ》り返《かえ》った総括《そうかつ》に実感がこもります。誰《だれ》もが己《おのれ》の力ではどうしようもなかったとはいえ、多くの人が死んだなかで自分が生き残ったという事実。なのに、「その責任《せきにん》はいったいだれがとるのか」という大事なことを終戦時に「まったく考えようともしなかった」「そのことがいまは、せっかく生きのびたのに情《なさ》けないことであった」と振《ふ》り返《かえ》ります。しかし、疎開先《そかいさき》で食べることに精一杯《せいいっぱい》の中学生に「戦争に敗北するとはいったいどういうことなのか」わかるはずもありませんでした。ただ、その問いは宿題となり、あらゆる経験《けいけん》が、何十年もたってこうして後世へと歴史《れきし》を伝える力に育ったわけです。すべて、あの日焼夷弾《しょういだん》から逃《に》げて逃《に》げて逃《に》げまくり、どうにか生きのびてくれたからこそ、です。

＊

「歴史《れきし》はくり返す」とよく言われます。最後になって著者《ちょしゃ》はその真偽《しんぎ》を再考《さいこう》せざるを得《え》なかったようです。「必ずしもそうは思わない」、でも人間心理を考えれば「やっぱり歴史《れきし》はくり返すのかなと思いたくなってしまいます」と言わざるを得《え》ないのは、歴史《れきし》は人間がつくるからです。その揺《ゆ》れも含《ふく》め、最晩年《さいばんねん》の自伝『わが昭和史《しょうわし》』で次のように語っています。

「私《わたし》は歴史《れきし》というのは『人間学』だと思っています。歴史《れきし》はくり返すとよく言いますが、単純《たんじゅん》にそうとは言えないんじゃないでしょうか。というのも、時代によって状況《じょうきょう》が異《こと》なるし、国際的《こくさいてき》な交流関係が昔と今とでは全然違《ちが》うからです。ただし、歴史《れきし》をつくっている人間というのは、いくら文明が進歩してもあまり変わらない。たとえ将棋《しょうぎ》でＡＩに負けたとしても、人間は変わりませんから、同じ策謀《さくぼう》をし、同じような状況《じょうきょう》で同じような判断《はんだん》をし、同じ過《あやま》ちをします。いちばん大事なときに手前勝手な見込《みこ》みのもとに判断《はんだん》をするから、いっぺん間違《まちが》うと、次のときにまた判断《はんだん》を誤《あやま》るんです」

要は、くり返してはならない歴史《れきし》を飽《あ》きるほど、血肉となるまで人は学ばねばならない、ということでしょう。そのためにも一人ひとりが戦争への過程《かてい》、つまり前段階《ぜんだんかい》を知ることが大事ともいいます。「あのときがノー・リターン・ポイントだった」と悔《く》いないために、「わたくしたち民草《たみくさ》がどのように時勢《じせい》の動きに流され、何をそのときどきで考えていたか、つまり戦争への過程《かてい》を昭和史《しようわし》から知ることが、平和でありつづけるための大事な日常的《にちじようてき》努力ではないか」。ならば今すぐにでも周囲《しゆうい》を、世界をしっかりとみつめなければなりません。私《わたし》たちは「犠牲《ぎせい》者《しや》然とせず、くり返し考え知り、疲《つか》れる努力をあえてするのが大事」なのです。「目標が誤《あやま》った大勢順応《たいせいじゆんのう》の危険《きけん》、過去《かこ》を直視《ちよくし》する必要」を、戦争を知らない若《わか》い世代に著者《ちよしや》は懸命《けんめい》に伝えようとしています。それは過去《かこ》を書きながら「現在《げんざい》の問題そのものを書いている」という言葉からも推《お》し量《はか》れます。著者《ちよしや》は近年、集団主義《しゆうだんしゆぎ》への傾向《けいこう》が強まっていることに憂《うれ》いを隠《かく》しません。個人《こじん》の価値《かち》よりも国益《こくえき》を先行させるべき、そんな声が高まっている、と。

＊

本書が書かれた経緯《けいい》をお話ししておきますと、『昭和史《しようわし》　戦後篇《へん》』の刊行《かんこう》から八年、雑誌連《ざつしれん》載《さい》が二年八カ月に及《およ》んだ『日露戦争史《にちろせんそうし》』全三巻《かん》の刊行《かんこう》を終え、次の連載《れんさい》について相談した二〇一四年二月、半藤《はんどう》さんは四つのテーマを提案《ていあん》してきました。①向島《むこうじま》物語（愛する故郷《こきよう》の話）、②加藤友三郎《かとうともさぶろう》とワシントン軍縮《ぐんしゆく》会議（大正史《たいしようし》の一側面かつ昭和前史《ぜんし》）、③新聞が壊滅《かいめつ》させた昭和史《しょうわし》（マスコミが日本をダメにした昭和五、六～九年）、そして④日本国民の昭和史《しょうわし》――です。どれがいいかと訊《たず》ねられ、迷《まよ》わずお願いしたのが④でした。おそらく唯一《ゆいいつ》これまで手をつけていなかった、もっとも大仕事となるテーマですが、八十四歳《さい》の半藤《はんどう》さんは泰然《たいぜん》としていました。軍事や政治《せいじ》などいわば「A面」の裏面史《りめんし》という意味で、「B面昭和史《しょうわし》ですね」「よし、わかった」。連載《れんさい》はその場で決まりました。

当初は大まかに七回ほど連載《れんさい》し、原稿《げんこう》用紙（四百字）計二百八十～三百五十枚《まい》で一冊《さつ》にまとめる計画でした。しかし、いざはじまれば分量はみるみる膨《ふく》れ上《あ》がり――半藤《はんどう》さんは四方に余《よ》白《はく》が大きい紀伊國屋製《きのくにやせい》の二百字詰《じづ》め原稿《げんこう》用紙に、軟《やわ》らかい鉛筆《えんぴつ》で執筆《しっぴつ》しましたが、マス目を気にしないうえ余白《よはく》にどんどん加筆するため、毎回、受け取った枚数《まいすう》で計算した字数を大きく超《こ》えていました――結果的にこのような読《よ》み応《ごた》えある大冊《たいさつ》となったのです。

四文字七音のスローガン

ところで、「暴支膺懲《ぼうしようちょう》」「挙国一致《きょこくいっち》」など、この上下巻《じょうげかん》では国を挙げて国民を一つの方向へもっていこうとするスローガンが数多く登場しました。著者《ちょしゃ》はこのことについて亡《な》くなる直前の二〇二〇年秋、「四文字七音の昭和史《しょうわし》」と題してまとめています（私《わたし》が著者《ちょしゃ》から受け取った最後の原稿《げんこう》となりました)。幕末《ばくまつ》、吉田松陰《よしだしょういん》や勝海舟《かつかいしゅう》までが用いた「皇国《こうこく》」という語が先駆《さきが》けとなり、「外圧《がいあつ》に押《お》し潰《つぶ》されそうになったとき、国家指導者《しどうしゃ》にとっては、一つにまとまった国家意識《いしき》の高揚《こうよう》が大事」、そのためにはいつの時代も「キーワードが必要」で、それによって国民的意識《いしき》の統合《とうごう》をはかったのです。幕末《ばくまつ》においてはその原動力となったのが夷狄《いてき》にたいする「皇国《こうこく》」でしたが、やがてキーワードは「調子よく、少々音引きや促音《そくおん》をごまかして発音することによって七音でまとめ、まことに口当たりのいい言葉となり、くり返すことによって、民草《たみくさ》を煽《あお》るのに成功した」といいます。なるほど、その後は「尊王攘夷《そんのうじょうい》」「王政復古《おうせいふっこ》」ほか、明治に入ると「殖産興業《しょくさんこうぎょう》」「富国強兵」……そして昭和の戦争の時代においては、本書で見てきた四文字七音のスローガン乱発《らんぱつ》だったというわけです。

「忠君《ちゅうくん》愛国」「国体明徴《こくたいめいちょう》」「聖戦完遂《せいせんかんすい》」「八紘一宇《はっこういちう》」「瓦全玉砕《がぜんぎょくさい》」など、探《さが》せば枚挙《まいきょ》にいとまがありません。振《ふ》り返《かえ》って著者《ちょしゃ》は「それにしても多すぎませんか。そしてそのスローガンに動かされすぎてきませんでしたか」と嘆息《たんそく》し、「四文字七音の言葉には、日本人の心をとりこんで、雪崩現象《なだれげんしょう》を起こさせる魔性《ましょう》が秘《ひ》められているのか」と考えるのです。そこには、若《わか》い人たちにとって「不惜身命《ふしゃくしんみょう》とか一死報国《ほうこく》とか、生命の軽々としていた時代、お前たちの生命は二十年だぞといわれ、生きることよりいさぎよく死ぬ覚悟《かくご》をひたすら鍛《きた》えていた時代」があったこと、「三百十万人もの『したいこともできず』生命を散らしていった尊《とうと》い犠牲者《ぎせいしゃ》の上に、はじめて自由と繁栄《はんえい》が得《え》られた」ことが忘《わす》れられてゆく危機《きき》感をもち、そんな時代が再来《さいらい》することだけは何があっても阻止《そし》しなくては、と切に祈《いの》る九十歳《さい》の著者《ちょしゃ》がいました。降《ふ》ってきた調子のよいスローガンをどう受け止めどう行動するかは、未来の本書の主人公である皆《みな》さんに託《たく》されているのです。

関連年表

	元号（西暦）	首相	B面の話題	A面その他のおもな出来事（＊は世界の出来事）
大正	大正十五（一九二六）	若槻礼次郎	12月25日、初めてテレビのブラウン管の画面上に「イ」の字が映る	12月25日、大正天皇が亡くなる
昭和	昭和元		「昭和」改元に際し、「光文」などの他案が巷で噂される／宮中大奥のお局制度廃止が決定	同日、皇太子裕仁親王が第百二十四代天皇に即位して、昭和改元
	二（一九二七）	田中義一	円本ブームで文士ほくほく／のち流行語にもなる「小田急」や西武鉄道が開通／芥川龍之介自殺（7月24日）／日本初の地下鉄が上野―浅草間で開通	大蔵大臣の「東京渡辺銀行破綻」の失言で銀行が次々に倒産、金融恐慌へ／陸軍が第一次山東出兵
	三（一九二八）		相撲の実況が初めてラジオで流れる／菊池寛が衆院選で落選／アムステルダム・オリンピックに日本参加、陸上三段跳びの織田幹雄選手が金メダル、女子八百メートル競走で人見絹枝選手が銀メダル／「東京行進曲」大流行	最初の衆議院普通選挙が行われる／三・一五事件の大検挙／第二次山東出兵により済南事件／張作霖爆殺事件（満洲某重大事件）／パリ不戦条約調印／石原莞爾が「満蒙問題」に関して次々提案
	四（一九二九）	浜口雄幸	エノケン出演のカジノ・フォーリーが大入、モボ・モガ、ステッキガールなどが盛り場を賑わす／映画『大	＊ウォール街株式市場が大暴落、世界的不況に

昭和			
五(一九三〇)		学は出たけれど』封切、就職難で流行語に／「説教強盗」出没 帝都復興祭／★著者誕生(5月21日)／「ルンペン」がはびこる／東北の農村で娘の身売りが頻繁となる／都会では「エログロ・ナンセンス」が流行／カフェー文化隆盛／川崎で「エントツ男」出現／谷崎潤一郎の「細君譲渡事件」／産児制限に関する相談所開設	ロンドン海軍軍縮条約の調印をめぐり統帥権干犯問題が浮上、政界の権力争い激化／海軍部内で条約派と艦隊派が対立
六(一九三一)	若槻礼次郎(第二次)	「のらくろ」登場／中村草田男「降る雪や明治は遠くなりにけり」とよむ／女性の断髪・洋装流行／肉厚のトンカツが初登場	中村震太郎大尉、中国軍に虐殺される／満洲で万宝山事件起こる／満洲事変(柳条湖事件)起こる／チチハル占領
七(一九三二)	犬養毅 斎藤実	「爆弾三勇士」ブーム／お歯黒どぶバラバラ事件／坂田山心中で「天国に結ぶ恋」流行歌に／満洲国建国で開拓移民はじまる／「非常時」が流行語に	錦州占領／山海関に進出／上海事変／血盟団事件／中国東北部に満洲国建国／上海事変停戦調印／五・一五事件／リットン調査団報告、国際連盟が日本の満洲からの撤退勧告
八(一九三三)		三原山で自殺ブーム／小林多喜二の拷問死／滝川事件／国定教科書全面改訂／松竹歌劇団の踊り子が「桃色スト」／ソ連を仮想敵国に防空演習が行われる／「東京音頭」完成／『キ	国際連盟脱退、「栄光ある孤立」へ／このあと海軍から良識派が去りはじめる

昭和			
		ング・コング』初封切	
九(一九三四)	岡田啓介	渋谷駅前に忠犬ハチ公の銅像完成／パパ・ママ論争(?)	溥儀、正式に満洲国皇帝となる／ワシントン軍縮条約廃棄決定
十(一九三五)		「二人は若い」大流行歌に／贅沢封じに東京でネオン制限	天皇機関説問題起きる／国体明徴声明発表／永田鉄山暗殺(相沢事件)
十一(一九三六)	広田弘毅	プロ野球初の公式戦、東京巨人軍が地元名古屋金鯱軍に敗北／阿部定事件に世間騒然／ベルリンオリンピック水泳で「前畑がんばれ」コール／都市で結婚ブーム／吉屋信子『良人の貞操』が爆発的人気	二・二六事件／軍部大臣現役武官制復活／不穏文書取締法、日独防共協定調印／「大日本帝国」の呼称決定／＊西安事件により中国は抗日民族統一戦線へ
十二(一九三七)	林銑十郎 近衛文麿	〝躍進日本〟が世界的評判に／志賀直哉『暗夜行路』、堀辰雄『風立ちぬ』、川端康成『雪国』、永井荷風『濹東綺譚』、吉川英治『宮本武蔵』など昭和文学興隆／「神風」号がロンドンに飛び大ブーム／「露営の歌」「愛国行進曲」「海行かば」など流行	盧溝橋事件をきっかけに、日中戦争はじまる／南京陥落
十三(一九三八)		発禁が相次ぎ言論の自由が脅かされる／『愛染かつら』の映画と主題歌が大ヒット／〝やくざ唄〟の流行／日中戦争の激化で銃後の千人針が広まる／漢口陥落で旗行列、提灯行列続く	トラウトマンの和平工作打ち切り／「蔣介石を対手にせず」の近衛首相声明／国家総動員法成立／「東亜新秩序声明」発表／＊ドイツでウランの核分裂実験成功

昭和

十四(一九三九)	平沼騏一郎 阿部信行	双葉山の連勝記録が69でストップ／ゼロ戦誕生／大学生の軍事教練を徹底／賃銀統制令公布／映画法施行／満蒙開拓青少年義勇軍計画発表／国民精神総動員委員会の設置で「生活刷新」を推進／〝九・一八ストップ〟政策の反動で「ヤミ市」広がる／「結婚十訓」発表／「創氏改名」(朝鮮戸籍令改正)	三国同盟締結をめぐり五相会議盛んに開催／ノモンハン事件／＊スターリンが独ソ不可侵条約承諾／アメリカが日米通商航海条約廃棄を通告／＊ドイツとソ連が不可侵条約締結／山本五十六が連合艦隊司令長官に／＊ドイツのポーランド侵攻、第二次世界大戦起こる
十五(一九四〇)	米内光政 近衛文麿 (第二次)	「不敬」な芸名など改名／芸人慰問集団「わらわし隊」が中国大陸へ／「ぜいたくは敵だ」のスローガンのもと統制が盛んに／「産めよ殖やせよ」と叫ばれる／ダンスホール閉鎖／皇紀二六〇〇年の大式典開催／「わしゃかなわんよう」の悲鳴が流行る	＊オランダ降伏、ブリュッセル陥落、ドイツがパリ占領／ヒトラー特使シュターマー来日／日本軍が北部仏印に進駐／＊イギリスが独軍からの本土防衛成功／アメリカが屑鉄の日本輸出禁止／日独伊三国軍事同盟調印
十六(一九四一)	近衛文麿 (第三次) 東条英機	「生きて虜囚の辱を受けず」の「戦陣訓」が示達される／李香蘭の出演で日劇七廻り半の行列／小学校が国民学校となり、小学生は少国民に／金属類特別回収令が施行され、家庭の鍋釜、小学校の二宮金次郎銅像などがどしどし供出される／落語家自重で「はなし塚」建立	松岡外相訪欧、ヒトラーと会談、モスクワでスターリンと日ソ中立条約調印／＊ドイツがソ連に進攻／第一回御前会議／アメリカが在米日本資産凍結／日本軍が南部仏印進駐／アメリカが対日石油輸出全面禁止を通告／第三回御前会議で対米開戦決意／「ハル・ノート」届く／真珠湾攻

年号	年	首相	事項	世界の動き
昭和				撃、太平洋戦争開戦／マレー沖海戦、イギリス東洋艦隊撃沈、香港攻略
	十七(一九四二)		衣服が切符制に／「愛国百人一首」が新聞に掲載、その後発売／日本文学報国会結成／「欲しがりません勝つまでは」の標語登場／全国寺院の梵鐘が供出される／新聞統制が強化される／「近代の超克」座談会	マニラ占領、シンガポール攻略／アメリカによる東京初空襲／ミッドウェイ海戦で大敗／米軍ガダルカナル島上陸
	十八(一九四三)		米英語の店名や雑誌名など強制改名／「撃ちてし止まむ」の決戦標語が登場／中学校の徴兵延期が廃止に／学徒出陣はじまる／戦前最後の早慶戦／疎開が本格的に	＊米英首脳がカサブランカで会談／ガダルカナル島奪取される／山本五十六戦死／アッツ島玉砕／＊イタリア無条件降伏／＊カイロ会談
	十九(一九四四)	小磯国昭	横浜事件(42～45年)／「竹槍事件」起こる／「決戦非常措置要綱」が決められる／学童疎開はじまる／検閲や監視が厳しくなり雑誌の廃刊促進／神社が一斉に撃滅祈願／学徒勤労動員広まる／本土空襲がはじまる	米機動部隊トラック島大空襲／＊ノルマンディー上陸作戦開始／インパール作戦惨敗／サイパン島陥落／神風特別攻撃隊初出撃／連合艦隊フィリピン沖でほぼ全滅
	二十(一九四五)	鈴木貫太郎 東久邇宮稔	義勇兵役法が議会通過、竹槍訓練盛んに／東京大空襲で下町が大被害／沖縄で地上戦、20万人の犠牲者を出して潰滅／広島・長崎に原爆が投下され計約23万人の犠牲者を出す／	＊ヤルタ会談／「本土決戦完遂基本要綱」決定／硫黄島での敗退／日ソ中立条約廃棄の通告／＊ルーズベルト死／＊ムッソリーニ銃殺。ヒトラー自殺、ドイツ降伏／ソ連に和平交

昭和
彦王
満洲居留民・開拓民たちの必死の逃亡／8月15日昼、国民が天皇放送をきく
渉の仲介を願い出る／ポツダム宣言が日本に届く／ソ連が満洲侵攻／ポツダム宣言を受諾、終戦の詔書／マッカーサー来日、ミズーリ艦上での降伏文書調印

参考文献（著者の五十音順。全体にわたって参照した主なものを挙げた）

朝日新聞「検証・昭和報道」取材班『新聞と「昭和」』（朝日新聞出版・二〇一〇）
荒俣宏『決戦下のユートピア』（文藝春秋・一九九六）
石川弘義編著『娯楽の戦前史』（東京書籍・一九八一）
石田文四郎編『新聞記録集成・昭和大事件史』（錦正社・一九五五）
伊藤整『太平洋戦争日記』全三巻（新潮社・一九八三）
稲垣吉彦『流行語の昭和史』（読売新聞社・一九八九）
稲垣吉彦・吉沢典男監修『昭和ことば史60年』（講談社・一九八五）
今西光男『新聞――資本と経営の昭和史』（朝日新聞社・二〇〇七）
岩崎爾郎『物価の世相100年』（読売新聞社・一九八二）
宇垣一成『宇垣一成日記』3（みすず書房・一九七一）
宇垣纏『戦藻録』（原書房・一九六八）
内田百閒『東京焼尽』（講談社・一九五五）
遠藤一夫『おやじの昭和』（ダイヤモンド社・一九八一、のち中公文庫・一九八九）
小木新造『昭和庶民文化史』全二巻（日本放送出版協会・一九七〇〜七一）
大佛次郎『敗戦日記』（草思社・一九九五）
加太こうじ『歌の昭和史』（時事通信社・一九八五）
加藤秀俊・井上忠司・高田公理・細辻恵子『昭和日常生活史』一巻（角川書店・一九八五）
加藤文三『昭和史歳時記』（青木書店・一九七八）
川島高峰『銃後――流言・投書の「太平洋戦争」』（読売新聞社・一九九七）
木下宗一『号外昭和史』（同光社磯部書房・一九五三）
清沢洌『暗黒日記』（岩波文庫・二〇〇四、ほか）

軍事史学会編『機密戦争日誌』(錦正社・一九九八)
昭和ビジネス研究会『昭和ビジネス60年誌——企業・人物・事件がわかるデータブック』(ダイヤモンド社・一九八七)
杉森久英『昭和史見たまま』(読売新聞社・一九七五)
高橋健夫『油断の幻影——一技術将校の見た日米開戦の内幕』(時事通信社・一九八五)
高見順『高見順日記』第三・四巻(勁草書房・一九六四)
立川昭二『昭和の跫音』(筑摩書房・一九九二)
筑紫磐井『標語誕生!——大衆を動かす力』(角川学芸出版・二〇〇六)
戸川猪佐武『素顔の昭和　戦前』(光文社・一九七八、のち角川文庫・一九八一)
徳川夢声『夢声戦争日記』第四・五巻(中公文庫・一九七七)
鳥越信『子どもの替え歌傑作集』(平凡社・一九九八)
永井荷風『断腸亭日乗』全七巻(岩波書店・新版二〇〇一~〇二)
長岡健一郎『銃後の風景——ある兵事主任の回想』(STEP・一九九二)
永沢道雄・刀祢館正久・雑喉潤『昭和のことば——キーワードでたどる私たちの現代史』(朝日ソノラマ・一九八八)
中村隆英『昭和史』上巻(東洋経済新報社・二〇一二)
中村稔『私の昭和史』(青土社・二〇〇四)
長與善郎『遅過ぎた日記——終戦のころから』上下(朝日新聞社・一九五四)
橋本哲男編『海野十三敗戦日記』(講談社・一九七一)
原田勝正『昭和世相史——記録と年表でつづる世相と事件』(小学館・一九八九)
日置英剛編『新国史大年表』第七・八巻(国書刊行会・二〇一一~一二)
三國一朗『戦中用語集』(岩波新書・一九八五)
森田一義監修(日本世相史研究会編)『あの日、何があったか?〈昭和1年より昭和57年まで〉——昭和の珍事件集』(ランダム出版・一九八三)
森輝『風は過ぎ行く——私の戦中ノート』(隣人社・一九六七)
安岡章太郎『僕の昭和史』全三巻(講談社・一九八四~八八)

安田武『昭和東京私史』(新潮社・一九八二)
矢野誠一『昭和の演藝　二〇講』(岩波書店・二〇一四)
山田風太郎『戦中派不戦日記』(番町書房・一九七一)
同『戦中派虫けら日記——滅失への青春』(大和書房・一九七三)
山本七平『昭和東京ものがたり』全二巻(読売新聞社・一九九〇)
読売新聞社編『時事川柳百年』(読売新聞社・一九九〇)

や行

ら行

～事項索引　た行

な行

は行

ま行

さ行

た行

や行

ら行

わ行

事項索引《じこうさくいん》

あ行

か行

は行

ま行

た行

な行

か行

さ行

半藤《はんどう》先生の「昭和史《しょうわし》」で学ぶ非戦《ひせん》と平和

戦争と人びとの暮《く》らし 1926~1945〔下〕 索引《さくいん》

・本文、解説《かいせつ》にあらわれた主な人名と事項《じこう》名を五十音順に並《なら》べました。
・人名は原則《げんそく》として姓《せい》、名の順に表記しています。
・同一の人物に複数《ふくすう》の名前がある場合、同一の事項《じこう》で異《こと》なる表記がある場合は「⇒」で参照しました。
・項目《こうもく》の直後の(　)は、その語の補足《ほそく》説明です。

人名索引《じんめいさくいん》

あ行

半藤一利（はんどう・かずとし）
1930年、東京生まれ。東京大学文学部卒業後、文藝春秋入社。「週刊文春」「文藝春秋」編集長、取締役などを経て作家。著書は『日本のいちばん長い日』『漱石先生ぞな、もし』（正続、新田次郎文学賞）、『ノモンハンの夏』（山本七平賞）、『「真珠湾」の日』（以上、文藝春秋）、『幕末史』（新潮社）、『Ｂ面昭和史 1926－1945』『世界史のなかの昭和史』（以上、平凡社）など多数。『昭和史 1926－1945』『昭和史　戦後篇　1945－1989』（平凡社）で毎日出版文化賞特別賞を受賞。2015年、菊池寛賞を受賞。2021年１月12日永眠。

＊初出＝『こころ』Vol. 26～28（2015年８月～12月）、エピローグは『Ｂ面昭和史 1926-1945』（2016年２月）書き下ろし

半藤先生《はんどうせんせい》の「昭和史《しょうわし》」で学《まな》ぶ非戦《ひせん》と平和《へいわ》

戦争《せんそう》と人《ひと》びとの暮《く》らし 1926-1945 下《げ》

撃《う》ちてし止《や》まむ、学童疎開《がくどうそかい》、日本降伏《にほんこうふく》の日《ひ》

発行日　2023年６月23日　初版第１刷

著者　半藤一利
発行者　下中美都
発行所　株式会社平凡社
〒101-0051 東京都千代田区神田神保町3-29
電話　03-3230-6579（編集）
03-3230-6573（営業）
平凡社ホームページ　https://www.heibonsha.co.jp/
印刷・製本　株式会社東京印書館
編集協力　山本明子
装幀　木高あすよ（株式会社平凡社地図出版）
DTP　有限会社ダイワコムズ

ISBN978-4-582-45464-2

シリーズ 半藤《はんどう》先生の「昭和史《しょうわし》」で学ぶ非戦《ひせん》と平和

「きちんと読めば、歴史《れきし》は将来《しょうらい》にたいへん大きな教訓を投げかけてくれます」という半藤一利《はんどうかずとし》さんの教えをもとに、「昭和史」シリーズを近《きん》現代史《げんだいし》学習の基本《きほん》図書として再編集《さいへんしゅう》しました。

『戦争の時代 1926〜1945』上・下

なぜ日本は愚《おろ》かな戦争をはじめたのか。「底なしの無責任《むせきにん》」がひき起こした過《あやま》ちを繰《く》り返《かえ》さないために、今こそ読み直すべき昭和史《しょうわし》。

『復興《ふっこう》への道のり 1945〜1989』上・下

焼《や》け跡《あと》からの復興《ふっこう》、講和条約《こうわじょうやく》、高度経済《けいざい》成長、バブル崩壊《ほうかい》の予兆。現代《げんだい》日本のルーツを知り、私たちの未来を考えるための一冊《さつ》。

『戦争と人びとの暮《く》らし 1926〜1945』上・下

国民の視点《してん》で「あの時代」とは何だったのか。著者《ちょしゃ》の少年期の体験も盛《も》り込《こ》み、太平洋戦争終戦までの昭和の人びとの様子を詳細《しょうさい》に綴《つづ》る。

『世界史《せかいし》のなかの日本 1926〜1945』上・下

〈二〇二三年七月刊行予定〉

昭和の日本はヒトラーやスターリンが動かす世界とどう関わったのか。アジアの「持たざる」小国の敗戦《はいせん》までを世界史《せかいし》の視点《してん》から読《よ》み解《と》く。